创业教育生态化

马小辉　著

本书得到浙江省高校重大人文社科项目攻关计划规划重点项目"创业教育生态化理念、体系及实现途径"（项目编号：2014GH004）资助。

科学出版社
北　京

内 容 简 介

生态文明时代，如何准确理解和定位创业教育价值、模式和方法，将创业教育从"可能的生态空间"转化为生态文明建设的现实需求，这既是一个重要的理论问题，也是高校人才培养模式改革的实践难题。本书以创业教育生态发展为主线，从人类创业历史的哲学评述出发，在分析创业教育的生成、嬗变与迁移的基础上，论述了创业教育的生态文明、创业教育的时代创新、创客空间与创客教育生态化、创业型大学的创业教育生态化等内容，提出了创业活动的"混沌关系"和"雨林结构"，以及创业企业的战略观、经营观、资源观的生态转型。

本书对致力于探索创业教育生态发展的科学规律、研究国家战略需求下创业教育转型升级、培养生态创业人才的教学科研人士具有参考价值。

图书在版编目（CIP）数据

创业教育生态化/马小辉著. —北京：科学出版社，2019.5
ISBN 978-7-03-061369-1

Ⅰ. ①创… Ⅱ. ①马… Ⅲ. ①大学生-创业-研究 Ⅳ. ①G647.38

中国版本图书馆 CIP 数据核字（2019）第 099797 号

责任编辑：高立凤 唐寅兴 / 责任校对：陶丽荣
责任印制：吕春珉 / 封面设计：东方人华平面设计部

科学出版社 出版
北京东黄城根北街 16 号
邮政编码：100717
http://www.sciencep.com
新科印刷有限公司 印刷
科学出版社发行 各地新华书店经销
*
2019 年 5 月第 一 版 开本：787×1092 1/16
2019 年 5 月第一次印刷 印张：14 3/4
字数：345 000
定价：58.00 元
（如有印装质量问题，我社负责调换〈新科〉）
销售部电话 010-62136230 编辑部电话 010-62135763-2052（VZ22）

前　言

近现代以来，由于人类对自身和自然社会的不正确认识和盲目开发利用行为，工业文明在促进人类社会进步的同时，也导致了全球性环境问题，进而发展成为当今人类所面临的生态危机。生态问题古已有之，但生态危机的全球化却是资本主义生产方式在世界范围内不断扩张的结果。生态文明是人类遵循人、自然、社会和谐发展这一客观规律而取得的物质与精神成果的总和，也是以人与自然、人与人、人与社会和谐共生、良性循环、全面发展、持续繁荣为基本宗旨的社会形态。中国是在联合国会议上提出"生态文明"概念的国家之一，这是一个拥有五千多年悠久历史的文明古国在建设中国特色社会主义的过程中，面对自身及全球日益严重的生态危机，对中国特色社会主义及生态问题本质的深入思考的结果，它是中国日益摆脱自近代以来西方文明中心论的思想影响，更加自觉和自信地选择符合中国国情的发展道路的证明。

相比于西方学者起始以社会文明形式的高度来思考生态文明，作为中国生态农业的奠基人、中国生态文明的首创者的著名生态学家叶谦吉，最早是从生态学和生态哲学的视角来界定生态文明的。党的十七大以来，生态文明业已成为研究重点。有学者认为生态文明应作为高等教育可持续发展的方法论，高等教育的生态文明建设也是当前高等教育质量提升的根本性、基础性战略。以培养人才和传承文化为主要功能的大学，应从实现中华民族伟大复兴中国梦的高度，培养人才、推广文化、提供服务。

创业教育是使受教育者能够在社会、经济、文化、政治广袤领域进行行动创新、开辟或拓展新的发展空间，并为他人和社会发展提供机遇的探索性行为的教育活动。"生态化"不仅是一个具有前瞻性、时代性、创新性、战略性、方向性的词汇，而且是人类与时俱进的具体体现，是社会发展的必然。创业教育生态化不是简单地把创业教育化作为生态学的组成部分，而是给创业教育印上生态化的烙印，寻求经济价值、精神价值和生态价值的统一。创业教育生态化不仅是当前创业教育研究的重点领域，还是国内外高校创业教育发展的规律性要求。从分散发展的非生态化阶段到局部协同的准生态化阶段，直至系统共生的生态化阶段，是高校回应生态文明建设要求，有效推进创业教育生态发展的关键所在。

本书是作者根据国家战略视野探索创新创业人才素质结构和战略布局，从哲学、法学、教育学、历史学等角度研究中国特色"原理、方法、史论和比较"四位一体的创新创业教育理论体系，促进高校创新创业教育转型升级的部分成果。

本书探讨的创业教育、生态文明、创客教育、商业生态等内容，借鉴了不少学者的真知灼见，已在相关参考文献中列出，在此一并表示感谢！

由于作者水平有限，加之时间仓促，书中不足之处在所难免，望广大读者批评指正。

马小辉

2018 年 10 月

目　　录

绪　　论

第一节　创业教育生态化问题的提出

一、生态文明发展对创业教育的内在诉求

近现代以来的工业文明在促进人类社会进步的同时，也导致了生态、环境和资源压力的急剧增大，使我们面临严峻的经济社会可持续发展问题。在全球经济竞争激烈和生态环境保护的双重压力下，建设和谐中国、美丽中国，实现中华民族伟大复兴的中国梦和建设生态文明的目标，必须大力开发与生态文明发展密不可分的现代科学技术和教育方式。当前，创业推动创业型经济发展及建设创新型国家的理念得到普遍认同，创业教育逐渐成为大学教育的重要组成部分。生态文明的思维方式、方法在实现创业教育可持续发展的同时，促使高等教育适应从工业文明到生态文明根本性变革的要求。这将有助于认知上狭隘"视窗"的转变，使我国创业教育尽快从"感性发动"转变为"理性自觉"。

创业教育生态化不是将创业教育化为生态学的组成部分，而是在创业教育中使学生树立生态意识、生态精神，使创业教育带有明显的生态保护性质，寻求经济价值、精神价值和生态价值的统一。在教育模式与教育方法上，用生态整体、非线性的规则，让学生在宽广的时空中实现对整体知识的把握，并通过创办创业型大学提升创业教育的成效。运用生态化理念、知识，对"双创"生态环境、商业生态进行分析，增强学生生态创业的素质和能力。正是这样，创业教育生态化将创业精神、创业知识和创业行为融为一体，使创业教育从"可能的空间"转化为生态文明建设"现实的需求"。

二、创业教育生态化促进生态文明发展

创业教育生态化包括创业教育的价值观范式、知识论结构和行为学要求 3 个方面。价值观范式解答了创业教育的价值观问题，是对创业教育的"必然的价值解读"；知识论结构提供的是创业教育所需的各种知识，是接受创业教育后的"实然的领悟"；行为学要求为创业教育实现理想提供 "应然的行为追求"。其体系结构如下：以激发受教育者的价值观范式为内核，以培养受教育者的知识论结构为中介，以实现受教育者行为学要求为目标，构成创业教育生态化的主线。

人类的任何一种活动，由于目标设定的层次、取向的不同，行为主体要设计不同的行为方式以达到不同层次的目标。创业教育的目标也是一个体系，它是由不同的创业教育板块分目标所构成的，如优化知识结构，深化课程体系、教学内容和改革教学方法，

实现学生知识、素质和能力协调发展，通过政府、企业和学校的共同努力最终成就创业教育生态化总目标。这个总目标就是培养出一代具有生态意识和创业能力、不同层次及类型的生态创新创业人才，为生态文明建设提供源源不断的人力资源，推动人与自然社会和谐发展。

第二节　创业教育生态化研究现状

一、创业教育相关研究

（一）国外研究

1970 年，美国第一次创业学术会议在普渡大学召开，42 位专家主要围绕创业成功案例进行交流，代表性的案例主要有麻省理工学院的分拆公司、硅谷的启示等，内容也涉及了大学在促进创业发展中的作用。1973 年，第一届创业研究国际会议在加拿大多伦多举行，来自波士顿大学、得克萨斯大学、卡耐基梅隆大学及密歇根大学的学者们就创业的案例研究与大学的创业教育双向互动关系进行阐述。1974 年，在美国管理学会的年会期间组建了创业研究兴趣团体。1980 年，"第一届当前创业研究发展水平"研讨会在贝勒大学召开，此后，该研讨会每 5 年召开一次。1981 年，美国百森商学院开始举办"百森创业研究年会"，佐治亚理工学院、沃顿商学院、圣路易斯华盛顿大学、匹兹堡大学、华盛顿大学及伦敦商学院渐次成为该年会的协办者。1987 年，美国管理学会将创业研究作为一个分领域正式纳入管理学科。联合国教育、科学及文化组织（以下简称"联合国教科文组织"）在 1989～1998 年召开了数次关于世界高等教育如何面向 21 世纪的大型会议，提出要给学生发第三本护照——创业能力护照，培养创业技能与主动精神，毕业生将越来越不再仅仅是求职者，而首先将成为工作岗位的创造者。在美国，创业教育已成为美国现代教育理念，它通过探究创业的一般规律，传承创业的基本理论与方法，培养大学生创业的意识、精神、知识及心理品质，使大学生具备企业家所拥有的特质——企业家精神，以适应社会的变革。美国现将培养创业人才提升到国家战略的高度，认为创业是美国经济发展的强大动力。美国要在世界上保持其政治和经济上的领导地位，企业家精神就是其核心竞争优势。

创业教育的发展与经济发展、社会就业存在密切的联系。它经历了从业余课程教学到专业教学再到学位教学的过程，经历了从片面的职业前训练到系统性教学的过程。当下，创业教育研究在国外呈现飞速发展的态势。

1. 创业教育的内涵

Bechard 和 Gregoire（2005）提出，创业教育是一种新的教学模式，它以正式化的教学方式，教育与训练每一个对商业创造或企业发展有兴趣的人。创业教育不能仅仅被当作一种纯粹的、以营利为唯一目的的教育活动，而更应是渗透于人们生活中的一种思维方式和行为模式。

Timmons（1999）指出，创业是一种思考、推理和行为方式，是一种追求机会、整体权衡、具有领导能力的行为。创业导致价值的产生、增加、实现和更新，不只是为所有者，也为所有的参与者和利益相关者。创业教育的思维方法由单一走向整体，由教育系统内部的"自娱自乐"走向全社会的"全民参与"。

Jones 和 Jack（2004）则提出，创业教育是提供学生具备认知创业机会能力的一种教育过程，可以使学生具备创业行动所需的观察力、知识和技能。它是培养人的创业意识、创业思维、创业技能等各种创业综合素质，并最终使被教育者具有一定的创业能力的教育。

2. 创业教育的功能

Plaschka 和 Welsch（1990）指出，创业教育是创新、生产力和有效竞争力的关键。创业教育是一种新的生产力，它造就了大批具有创新精神和创造能力的人才，他们运用掌握的知识和技术创办企业，将科学技术转化为劳动生产力或物质生产力，直接提高了科学成果的转化率，极大地促进了高科技产业的发展。因此，创业教育是一种经济发展的主要推动力。

Gorman 等（1997）通过对 1985～1994 年 10 年创业文献的整理研究，提出创业教育是产业和经济发展的重要推动力，要鼓励和引导大学生创业，进一步论述了创业能力可以被学习，应该通过创业教育鼓励和帮助更多有创业想法的人。创业教育是培养创新精神的重要途径。

Kuratko 和 Hodgetts（2004）指出，创业教育为市场经济做出了不可或缺的贡献。创业教育改变了市场结构，重建市场经济的发展进程，贯穿于市场经济的各个组成部分。创业教育在推动创新上发挥了巨大作用，成为促进技术变革和生产率增长的关键。

西方许多国家积极倡导并开展创业教育，其结果不但缓解了就业压力，而且由创业所创造的财富大大增加，创业逐渐成为经济发展的原动力。不管从国家利益角度出发，还是从个人发展角度看，创业教育都有着更深层次的价值。Drucker（1985）的研究成果表明，在 1965～1984 年，美国的就业人口从 7100 万增长到 1.03 亿，增长率为 45%，其间几乎所有的就业机会都是由创业型和革新型企业创造的。创业就业是美国就业政策成功的核心。一个国家的创业教育水平越高，其社会成员灵活就业、自主创业的程度就越高，同时社会效益和经济效益也就越好，从而可以极大地推动社会的繁荣和发展，促进社会充分就业。

3. 创业教育模式

国外创业教育经过多年发展，形成了多种教育模式。国外创业教育强调的是能力导向，其一切活动均围绕创业实践来展开。

Jean-Pierre Bechard 和 Denis Gregoire（2002）说明了要把理论与实践结合的模式，在教授技能的同时教授管理知识，创业教育就是要通过多种形式的活动，帮助学生自己体验，并通过体验磨炼学生的意志，培养创业能力，得到创业技能训练[①]。

Bertrand（1995）从宏观和微观两个方面来阐述创业教育过程，提出了创业教育的"经典模式"。通过研究，得出以下四个方面的结论：一是从宏观方面，创业教育应发挥其社会性和经济性的功能；二是创业教育应该系统化，不论是教学设计、多媒体设备的使用还是课程设置，做到统一安排；三是从微观方面，应该考虑创业教育的内容如何简练直接地传达给学生，更容易被理解掌握；四是构建的创业教育模式应考虑个别学生的需要，做到因人而异。

Krueger, Reilly 和 Carsrud（2000）通过模型的构建说明创业教育需要用不同的方式和手段，并进一步指出方式和手段的不同，带来的效果也是不同的。Olive（2001）的创业过程理论模型从个人发展角度出发，指出创业过程分为八个阶段，即准备成为创业者、选择创业机会、分析创业机会、组建创业团队、制订创业计划、拟订创业行动、创业中的运营和成长、取得创业的成功。

（二）国内研究

1998 年 5 月，清华大学借鉴美国大学流行的商业计划竞赛（business plan competitions），举办了首届清华大学创业计划大赛。该大赛逐渐演变成为一项由共青团中央、中国科学技术协会（以下简称中国科协）、中华全国学生联合会（以下简称全国学联）主办，全国高校参与，在青年学生中极具影响力的全国大赛——"挑战杯"中国大学生创业计划竞赛。2002 年 4 月，教育部将清华大学、中国人民大学、上海交通大学等 9 所高校确定为"创业教育"改革试点，并给予试点院校政策和资金支持，鼓励试点学校通过不同方式对创业教育的理论与实践进行探索。共青团中央于 2005 年引进了了解企业（know about business，KAB）创业教育项目，旨在吸收借鉴国际先进经验的基础上，探索出一条具有中国特色的创业教育之路。2006 年，清华大学、中国青年政治学院、黑龙江大学等 6 所高校成为全国首批 KAB 创业教育试点院校。2008 年，教育部联合财政部在全国设立了 30 家国家级人才培养模式创新实验区，这是继 2002 年确立 9 所创业教育试点院校之后的又一轮大规模的试点改革。教育部于 2010 年颁发的《关于大力推进高等学校创新创业教育和大学生自主创业工作的意见》，首次将创新的概念融入创业教育，明确指出"在高等学校开展创新创业教育，积极鼓励高校学生自主创业，是教育系统深入学习实践科学发展观，服务于创新型国家建设的重大战略举措；是深化高等教育教学改革，培养学生创新精神和实践能力的重要途径；是落实以创业带动就业，促进高校毕业生充分就业的重要措施"[②]。2012 年 8 月，教育部办公厅发布《普通本科学校创业教育教学基本要求（试行）》（以下简称《教学基本要求》），旨在"推动高等学校创业教育科学化、制度化、规范化建设"[③]。《教学基本要求》首次系统提出我国高等学校创业教育的教学

① Jean-pierre Bechard and Denis Gregoire Entrepreneurship Education Revisitied: The Case and Higher Education [G]. 2002.

② 教育部，2010. 关于大力推进高等学校创新创业教育和大学生自主创业工作的意见 [EB/OL].（2010-05-04）[2017-01-07]. http://old.moe.gov.cn/publicfiles/business/htmlfiles/moe/info_list/201105/xxgk_120174.html.

③ 教育部办公厅，2012. 关于印发《普通本科学校创业教育教学基本要求（试行）》的通知[EB/OL].（2012-08-01）[2017-08-03]. http://old.moe.gov.cn/publicfiles/business/htmlfiles/moe/s5672/201208/140455.html.

目标、教学原则、教学内容、教学方法和教学组织，鼓励高等学校积极创造条件，面向全体学生单独开设不少于 32 学时、不低于 2 学分的"创业基础"必修课，同时颁发了标准化的《"创业基础"教学大纲（试行）》，出版统一的校本教材。2015 年 5 月 13 日，国务院办公厅印发的《关于深化高等学校创新创业教育改革的实施意见》提出："2015 年起全面深化高校创新创业教育改革。2017 年取得重要进展，形成科学先进、广泛认同、具有中国特色的创新创业教育理念，形成一批可复制可推广的制度成果，普及创新创业教育，实现新一轮大学生创业引领计划预期目标。到 2020 年建立健全课堂教学、自主学习、结合实践、指导帮扶、文化引领融为一体的高校创新创业教育体系，人才培养质量显著提升，学生的创新精神、创业意识和创新创业能力明显增强，投身创业实践的学生显著增加。"[①]

国内的创业教育研究主要集中在以下几个方面。

1）创业教育对经济发展促进功能研究。徐小洲和李志永（2010）指出，随着经济的深入发展，必须走出一条内涵式发展道路，以创业活动为内生经济增长的重要推动力，以创业型经济带动产业升级，增强我国经济在全球的核心竞争力。当前，我国正处于创业型经济模式的关键时期，急需培养大批具有创新精神和创业能力的复合型人才。

2）创业教育内涵与定位研究。施永川（2013）指出，创业教育逐渐从作为一项解决大学生就业难题的政策性举措转变为一个关系高校创新创业人才培养理念更新与人才培养质量提升的有效路径。这段发展历程可以分为萌芽期（1998～2002 年，基于创业实践的照搬模仿）、探索期（2002～2008 年，基于创业课程的引进与改革）、拓展期（2008～2010 年，基于人才培养的创业模式探索）和成熟期（2010 年至今）。他指出，创新创业教育不再是针对全体学生的素质教育，其宗旨是为学生终身可持续发展奠定坚实的基础，这是创业教育理念的新突破。

3）创业教育模式研究。曹胜利和雷家骕（2010）指出，我国高校已经形成了 5 种典型的创业教育模式：模式一是以提高学生整体能力为侧重点，代表院校为中国人民大学；模式二是以提高学生创业技能为侧重点，代表院校为北京航空航天大学；模式三是以第二和第三课堂的有机整合为侧重点，代表院校为宁波大学；模式四是以创建创业实践基地为侧重点，代表院校为黑龙江大学；模式五是综合式的创新创业教育，代表院校为清华大学。

4）生态文明时代创业教育研究。肖惠杰（2012）指出，对于创业教育认知应提升到为建设生态文明培养创业型人才的高度，引导大学生创业教育与生态文明建设相融合，是各有关部门和高校的重要职责。从打造高质量的生态创业教育师资队伍、建设大学生生态创业教育课程体系、提升大学生生态创业的实践能力、努力营造大学生生态创业教育的文化氛围入手，宣传生态创业的价值观、伦理观，加强生态创业文化的平台建设。引导大学生把生态创业的主战场放到实体经济上，着重在实体经济的产业结构、增长方式、消费模式上进行探索，以生态性实体经济的创业成果来为社会创造更多财富，

---

① 国务院办公厅，2015. 关于深化高等学校创新创业教育改革的实施意见[EB/OL].（2015-05-04）[2017-04-08]. http://www.gov.cn/zhengce/content/2015-05/13/content_9740.htm.

以彰显自身的能力水平和价值。

5）创业教育的比较研究罗志敏和夏人青（2013）指出，欧美发达国家的创业教育具有新策略:第一，把创业教育纳入长期发展规划。为了体现这一点，他们不再把创业教育看成临时添加在学校身上的、解决就业问题的一个即时性任务，而是把创业教育纳入政府及学校的长期教育发展规划。第二，加强创业教育与专业教学的渗透与融合。欧美许多发达国家的政府或教育机构认为，创业教育的主要任务是开发青年学生未来适合创业的潜质，为他们未来的创业做好素质上的准备，而不是让他们在学习期间创业或一毕业就马上创业，更不是完成教人如何创办企业的培训任务。第三，力争使每一个学生都能受到创业教育的熏陶。目前，在欧美发达国家已初步形成的一个共识就是：与解决人的现实问题相比，为他们的未来生活做好准备更重要。青年学生毕业后，社会并不需要所有人都去创办新企业，但他们会在各自的职业生涯中面临如何开拓自己事业的问题。

徐小洲等（2017）指出，欧美国家在创业教育上开始呈现战略化、全球化、终身化、全民化和系统化的发展趋势。相对于欧美国家的战略布局、系统性推进和全球性参与，以及向终身、全民两个维度的横纵拓展，我国创业教育还存在不小差距。创业教育的价值、目标、定位和组织观念迫切需要转型。

二、创业教育生态系统相关研究

（一）国外研究

1. 国外对创业生态系统的研究

在学术界，Dunn（2005）提出了创业生态系统的概念并逐渐完善，通过分析世界各地的案例，发现创业生态系统是促进区域创业活跃的重要推动力。但创业生态系统并不是创业促进因素的简单汇总，这些要素间存在复杂的交互关系，所以应该从系统视角进行整体分析。Isenberg（2010）指出，硅谷具备创业所需的六大要素，即市场、政策、资金、人才、文化及专业支持，是构成创业生态系统的"黄金标准"。

创业生态系统起源于生物学中对生态系统的研究。生态系统最早由 Tansley（1935）提出。他指出，生态系统不仅包括各种有机生物体还包含无机环境，是通过生物体之间及生物体与无机环境之间的复杂交互作用所形成的统一整体。而后，Moore（1993）首次将生态系统引入企业管理领域并提出商业生态系统的概念，将其定义为"一种基于组织互动的经济联合体"。为了进一步明确商业生态系统的内在结构特征，Moore 将其扩展为"一种由客户、供应商、主要生产商、投资商、贸易合作伙伴、标准制定机构、政府、社会公共服务机构和其他利益相关者等具有利益关系的组织或群体所构成的动态系统"。以 Adner 和 Kapoor 为代表的学者关注协同创新的创新生态系统，而以 Isenberg 为代表的学者则致力于提高区域创业活动水平的创业生态系统的研究。

创业生态系统的概念最早出现于 2005 年，Dunn 关注如何构建基于大学的创业生态系统，提出了创业生态系统的基本轮廓，但并没有进行明确定义。归纳而言，现有的研究主要分两类对创业生态系统的内涵进行了界定。一类是将创业生态系统视为创业企业

（含新创企业和进行内创业的成熟企业）的外部环境，以 Cohen 和 Isenberg 等学者为代表。Cohen（2006）提出创业生态系统是特定区域内相互作用的主体形成的群落，通过支持和促进新企业的创建和成长来实现可持续发展，创造社会和经济价值。而 Isenberg 则从政府角度提出了百森创业生态系统项目，通过形成具有区域特色的创业生态系统来改善创业环境，从而提高当地的创业水平。Isenberg（2011）指出，当创业者（创业企业）处于一个容易获得资金和人才、政府提供政策支持、当地有鼓励创新和容忍失败的文化、具备一定的基础设施和其他支持要素的环境中时，创业最容易获得成功。另一类以 Vogel、Mason 和 Brown 为代表的学者则将创业企业纳入创业生态系统，指出创业生态系统是由创业主体和所处的外部环境共同构成的统一整体。Vogel（2013）提出创业生态系统是一个地理区域内的交互群落，由多种互相依赖的创业主体和环境要素（市场、监管体系等）构成并随着时间而演化，主体和环境共存并相互作用来促进新企业的建立。Mason 和 Brown（2014）则指出，创业生态系统是一系列互相联系的创业主体（如创业企业、投资机构、大学等）和创业环境（如政策、文化等），通过正式和非正式的联系来提升绩效。

2. 国外对创业教育生态系统的研究

Fetters 等（2010）对比分析了美国、法国和新加坡等国一些创业型大学开展创业教育的做法和经验，指出创业教育生态系统由创业精神、创业技能和支持系统 3 部分组成，以实现经济和社会利益为最终目标。

Carvalho 等（2010）以葡萄牙塞图巴尔理工学院为例，描述了在创业教育生态系统的发展过程中，高校与外部社区所存在的网络关系。

Larso 等（2012）分析了印度尼西亚万隆科技学院开展创业教育的情况，提出了以六要素（市场、政策、财务、文化、支持、人力资本）为外围、以创业课程体系为核心、以培养科技型企业家为导向的创业教育生态系统架构。

Charles Eesley 和 William F. Miller（2012）在研究报告《影响：斯坦福大学创新创业的经济影响》中，描述了斯坦福大学如何培养创业精神，校园环境对创造力和创业精神的促进以及营造创业生态系统的最佳实践方式等。据报告估计，目前约 39 900 家活跃企业的根源都能追溯到斯坦福大学，如果这些公司组成一个国家，该经济体将成为世界十强。这些企业创造了约 540 万个工作岗位和每年约 2.7 万亿美元的收益[①]。

（二）国内对创业生态系统创业教育生态系统的研究

1. 国内对创业生态系统的研究

蔡莉等（2016）指出，生态视角的创业问题越来越受到管理领域学术界与实践界的关注，但对创业生态系统这一核心问题的研究尚不清晰。创业生态系统是由多种创业参与主体及其所处的创业环境所构成的有机整体，彼此间进行着复杂的交互作用，致力于

---

① Charles E. Eesley, William F. Miller, 2012. Stanford University's Economic Impact via Inno-vation and Entrepreneurship[R]. Stanford University.

提高整体创业活动水平。创业生态系统具有多样性、网络性、共生性、竞争性、自我维持性和区域性六大特征。

项国鹏等（2016）指出，创业活动深受创业环境及其相关主体的互动作用的影响，基于创业者形成的创业生态系统日益受到学术界和政策咨询界的关注。需要理清创业生态系统的内涵与构成要素，通过创业生态系统结构模型与健康状况评价模型的综合比较分析，构建创业生态系统动态模型。创业生态系统可以界定为以创业者为中心，联结政策引导、金融服务、中介服务、科研院所、创业教育、基础设施等机构，协同作用于创业者，通过交互式共生演化来提高创业质量，促进区域统筹发展。

2. 国内对创业教育生态系统的研究

刘振亚（2014）指出，生态系统是指在一定的时间和空间内，生物和非生物成分之间通过物质循环、能量流动和信息传递而相互作用、相互依存所构成的统一体，是生态学的功能单位。创业教育生态化是指将影响高校大学生创业教育的各项元素联结成一个生态系统，即创业生态系统。其中，影响大学生创业教育的元素被称为创业生态系统的生态因子，简称生态因子。高校对创业教育发展的认识理念应该是由创业教育、创业生态系统再到创业型大学的构建这样一个递进提升的过程。其中，创业教育是基础，贯穿高校创业的全过程；创业生态系统的构建是关键；创业型大学则是未来高校创业教育发展的高端目标，提高学生就业能力、促进就业是高校创业教育的终极目标。

严毛新（2015）指出，学校创业教育是创业教育系统的有机组成部分。社会创业生态系统对创业教育有巨大的需求。高校应当积极对接社会需求，寻求主动突破，处理好创业教育内容的自由拓展与嵌入地方产业集群的关系，处理好创业教育形式的重点依托与多元建构的关系，处理好创业教育校内局部小环境与校外大系统的关系，以便敏锐回应社会创业生态系统的体系需求，更好助推社会创业活动。

卓泽林和赵中建（2016）指出，近年来，我国高校创业教育在构建创业生态系统中出现师资队伍建设上应然与实然的差距、课程体系构建上理论与实践的脱节、创业教育支持机制上一体化与分散化的矛盾等问题。通过构建科学的创业课程体系，组建指导学生创业活动的支持性专业机构，衔接创业生态系统中的"生产者"、"分解者"、"消费者"及"催化剂"等支持机构的互动机制，以建立有效的创业教育生态系统，确保创新创业活动作为长期战略发展不可分割的一部分。

张务农（2014）指出，当下的创业教育实践仍存在着排他化、片段化、孤岛化、悬浮化等方面的问题。因此，我国未来创业教育应从全纳性、全息式、专业化和生态化4个维度进行建构。生态化创业教育环境至少包括以下5个维度：大中小学一体化创业教育生态系统；创业前创业教育、创业中创业教育、创业后创业教育生态系统；政府—高校—社会协同的创业教育生态系统；精英大学——一般高校—高职高专—职业中专组成的创业教育生态系统；学校内部的创业环境生态系统。

黄兆信和罗志敏（2017）指出，创业教育生态系统是一个有生命力的组织活动。创业教育生态系统发展过程遵循相互依存、共生演进的原则。创业教育生态环境的形成有赖于一定的创业环境。高校也在直接或间接地塑造创业环境，从而形成高校创业教育与创业环境之间相互依存的关系。高校创业教育的转型发展需要整体看待和推进。

徐小洲和倪好（2018）指出，创业教育生态系统的构建需要坚持互补性、整体性和可持续性原则。政府、高校、企业是3类重要的利益相关者。创业教育生态系统是包括学校内部生态系统和学校外部生态系统的一个整体。学校内部生态系统包括课程、课外活动、实践平台、科学研究等核心创业教育活动，学校外部生态系统包括文化和社会规范、创业资源、金融支持、研发转移、创业基础设施等。

黄兆信和王志强（2017）指出，创业教育生态系统的构建是当前高校创业教育变革的重要方向。从其深层逻辑而言，创业教育具有两个规定性，即其逻辑起点在"创业"，逻辑重点在"教育"。创业教育生态系统的建构逻辑就是实现"创业性"与"教育性"的融合。创业教育生态系统必须体现开放互联与内生成长两个关键特征。就构建路径而言，创业教育生态系统必须遵循自发演进的路径，不断调适自身的边界、功能与结构，构造闭环演进的高校创业教育生态系统，以实现"知识生产—知识扩散—价值创造"的完整价值链。

何郁冰和周子琰（2015）指出，通过对慕尼黑工业大学的案例研究表明，高校构建创业教育生态系统的关键在于：明确自身的发展定位，突出学科优势，构建与创业相关的研究、技术及综合机构，设计和开展多层次、有针对性的创业教育课程。在创新驱动发展战略及推进"大众创业、万众创新"的宏观政策背景下，中国高校应采取系统化、态性的思维开展创业教育，整合校内各组织及校外资源，举办各种类型的创业课程及创业活动，通过多种形式和方式鼓励学生参与创业实践，同时加强校友创业网络，建立校友创业档案库，及时通过校友网络反馈创业结果。通过从生产者（课程体系）到分解者（机构组织）再到消费者（行业）的演进，并在催化剂（学生活动）作用下，实施整个初创公司孵化过程，最后通过消费者的信息反馈到生产者，完成整个创业教育生态系统的正常运行。

郑刚和郭艳婷（2014）指出，从斯坦福大学的成功经验可以看出，一个完善的创业教育生态环境是高校创业教育成功的基石。一个有效的高校创业教育生态系统，至少应该包括创业教育战略与指导方针、鼓励创新创业的校园文化氛围、激励师生创新创业的制度体系、创新创业课程体系、创新创业教育平台与载体、创新创业课外、校外实践系列活动等方面。

刘林青等（2009）认为，麻省理工学院倡导的创业生态系统将创业活动与创业教育良好地结合起来，能够为我国高校创业教育培养模式提供借鉴。案例研究发现，这个创业生态系统由众多的功能互补且密切联系的项目与中心、学生团体和创业课程等诸多要素共同组成。其中，创业活动、学生团体和创业教育这3股力量交互作用，成为该生态系统不断演化的主要动力。

何郁冰和丁佳敏（2015）结合国外创业型大学开展创业教育的目标及所涉及的要素，将创业教育生态系统界定为大学在内部构建由研究中心、社团协会、技术转移机构等组成的动态化网络组织，以政策、基金、咨询、培训作为支撑平台；在外部则与企业、政府及其他高校互动合作，进行教—研—训"三位一体"的体验式创业教育，旨在促进技术创新并直接服务经济发展。与自然生态系统类似，创业教育生态系统以大学为系统内核，包含"生产者"（如创业教育课程体系、创业中心）、"分解者"（如产业联络办公室、技术转移办公室）、"催化剂"（如学生创业社团、创业辅导中心）和"消费者"（如产业、投资人）等因子，具有开放性、多样性（系统与外部环境之间、系统内部各要素间打破藩篱，呈现一种开放的姿态，实现多渠道交流）、调控性（系统具备一定的抵抗和恢复能力，能协调时空的变化，保持其稳态）、"弱竞争—强协同"（注重系统内外部的资源整合及利益共享）等特性。

三、生态文明相关研究

（一）国外对生态文明的研究

20 世纪中期，西方工业化国家先后发生了严重的环境污染事件，迫使人们开始反思工业化弊端。从 1962 年《寂静的春天》出版开始，到 1972 年《增长的极限》的发表和瑞典斯德哥尔摩联合国人类环境会议的召开，再到 1992 年联合国环境与发展大会和 2002 年联合国可持续发展世界首脑会议的召开，国际社会一直在寻求一种有别于传统工业化的模式，希望走上经济发展、社会进步与环境保护相协调的可持续发展道路。

西方的一些学者从社会文明形式的高度来思考生态文明。例如，1995 年，美国学者 Morrison（1995）在《生态民主》一书中正式将生态文明定义为工业文明之后的一种文明形式。与此同时，西方生态马克思主义、生态社会主义的思潮和运动也悄然兴起。加拿大学者 Rice 分别于 1972 年和 1976 年发表了著作《自然的控制》和《满足的极限》，指出生态危机的根源在于资本主义制度基于"控制自然"观念的科学技术和社会异化的消费观念，要解决生态危机就必须建立"易于生存的社会"。此后，双重危机论、政治生态学理论、经济重建理论、生态社会主义理论相继问世，形成了系统的生态马克思主义理论。在实践上，生态运动也在西方政治和社会文化领域兴起。诞生于 20 世纪 70 年代初的绿党①受到民众拥护，它以生态学主义哲学为理论基础，强调保护环境，实现生态平衡。绿党意识形态以一般系统论为哲学基础，以生态学为核心思想。20 世纪 90 年代以后，生态社会主义明确提出了"红色绿党"②的概念及其在政治、经济、社会和意识形态等方面的主张，形成了生态社会主义的思想体系和政治纲领。

（二）国内对生态文明的研究

1. 生态文明理论研究

我国的生态文明理论研究始于 1984 年。著名生态学家叶谦吉最早使用了生态文明的概念，并从生态学和生态哲学的视角来界定生态文明。叶谦吉（2006）指出，从人类历史发展的文化进程考虑，21 世纪的追求目标，应该是更新生态系统结构和强化生态功能，以和平、稳定、有序为前提，构建生态、经济、社会、环境、文化、景观等和谐发

---

① 绿党即指由提出保护环境的非政府组织发展而来的政党。
② 红色绿党即生态运动中以社会主义为理论基础的、主张生态社会主义的派别，包括马克思主义者和社会民主主义者。

展的生态文明，并以此作为时代使命。人类行为活动的范围是有边界的，超越自然和生态系统所允许的范围越远，其造成破坏的程度就越强，其治理的难度也就越大。人类行为活动必须牢固树立"人类起源于自然，生息繁衍于自然，理应与自然和谐相处、共生共荣"的思想，保持自然生态系统正常的物质良性循环，避免生态系统的结构与功能失去平衡。如果人类行为与活动的不合理干扰或超越了自然生态系统的自我调节与恢复能力的阈限，就会引起生态灾变现象，产生灾难性后果。叶谦吉认为，正确认识人类与自然的关系，有利于经济社会的发展，重建社会蓝图和迎接一个全面高素质的新时代。我们必须以昔鉴今，明智醒悟，尊重自然规律，与自然和谐相处，善待自然就是善待自己，这就是我们现实的选择。

黄承梁和余谋昌（2010）指出，征服和控制自然的西方"人类中心论"传统是现代人类生态危机的思想根源。他们认为，环境污染、生态破坏和资源短缺只是问题的现象，其实质是人的问题，是人类一定的生存方式引起的。它对人类生存方式提出挑战，是一种文明危机，需要文化变革加以解决。新的人类文化有 3 个层次：生态文化的制度层次、生态文化的物质层次、生态文化的精神层次。文明和文化都是人类创造的，它们密切联系，但并不是同一概念。它们的主要区别有以下几个方面：第一，人类文化的历史比文明早得多，文明是人类社会高级阶段的产物。第二，文明和文化都是人类创造的成果，文明成果都是积极进步的；文化成果除了积极和进步以外，还有消极和落后的方面。第三，文化作为人类的生存方式，它更基本，是人类取得文明成果、达到文明社会的手段。在生态文明社会，生态产业成为社会的中心产业，它不是否定农业、工业和第三产业，而只是抛弃它们的不完善方面，采用新技术（生态技术）改造传统产业。

从党的十七大以来，生态文明业已成为研究重点。陈洪波和潘家华（2013）指出，其主要集中在关于生态文明概念与内涵研究、关于生态文明与传统文化研究、关于生态危机与社会制度研究、关于生态文明建设实践研究、关于生态文明评价体系研究。他们认为，当前低水平重复研究居多，高质量深层次的研究较少；对生态文明概念探讨的多，从哲学、社会制度、人与自然的本质属性等基础理论研究的少；就事论事、解读政策的研究多，从战略高度研究的少。

2. 生态文明与高等教育研究

柳友荣（2013）指出，生态文明建设应作为高等教育可持续发展的方法论，从高等教育系统内部的结构张力和内生动力出发，充分考虑学校的资源承载力和环境承载力两个方面的制约因素，以及教育系统的多样性定位高等教育的发展，利用生态调控原则规划高等教育。高等教育的生态文明建设也是当前高等教育质量提升的根本的、基础性的战略。

王玉庆（2014）指出，作为以培养人才和传承文化为主要功能的大学，应站在推进生态文明、建设美丽中国，实现中华民族伟大复兴中国梦的战略高度，增强对生态文明建设重要性的认识，在传播生态理念、加强生态环境保护、改善生态评价等方面着力，培养人才、推广文化、提供服务，努力实现中华民族的永续发展，为全球生态安全做出积极贡献。刁承湘（2014）指出，高等学校是弘扬生态文明的主课堂、主渠道和主阵地，高校师生是生态文明的宣传者、实践者、监督者和重要力量。建设生态文明是大学必须承担的社会责任。

3. 生态文明教育研究

陈丽鸿和孙大勇（2009）指出，生态环境问题是生态文明的现实基础，生态文明教育是解决生态环境问题的文化思考。生态文明教育促进科学观和价值观的转变，使技术的应用符合可持续发展的要求，可以推进生态文化生产。生态文明教育吸收了环境教育、可持续发展教育的成果，把教育提升到改变整个文明方式的高度，提升到改变人们基本生活方式的高度。生态文明教育是一个系统工程，教育主体应探索更多、更有效的教育手段，开辟更多、更广阔的教育途径，积极推动生态文明教育向前发展。

孙正林（2014）指出，高校以传承和创新自然科学知识成果的重要文化使命，在生态文明建设中发挥至关重要的推动作用。"尊重自然、顺应自然、保护自然"的生态文明理念应当充分有效地融入高等教育的全过程。当前，我国高校教育在资源配置和基本职能发挥等方面，都不同程度地缺乏生态保护内涵，忽视生态保护规范。反思市场取向、学科壁垒和科技理性的办学模式所导致的生态文明教育困境，只有强化生态文明教育的自觉性，我国高校才能切实肩负起建设美丽中国的历史使命。

四、创业型大学相关研究

（一）国外学者研究

在全球高等教育财政紧缩及知识经济曙光初显的时代背景下，世界上不少大学如美国的麻省理工学院、斯坦福大学、北卡罗来纳州立大学等，欧洲的沃里克（华威）大学（英国）、特温特大学（荷兰）、恰尔默斯技术大学（瑞典）和约恩苏大学（芬兰）等，亚洲的新加坡理工学院、印度理工学院等，非洲乌干达的马凯雷大学，南美洲智利的天主教大学，大洋洲澳大利亚的莫纳什大学等一批学校，走上了创业型大学的道路。

关于国外创业型大学的成功经验，以研究美国高校类的文献数量最多，具有代表性的如下：刘军仪（2009）研究了美国创业型大学崛起的动力机制，归纳出美国创业型大学的特征。施冠群等（2009）指出，创新创业教育和创业型大学是近年来教育界和管理学界共同关注的热门话题，两者拥有各自不同的含义和发展历程，然而在发展历史上有着相互促进、相互融合的关系。美国斯坦福大学的实例印证了这种关系，该校提出的斯坦福创业网络证明两者的融合能够促进创新创业的发展，并为整个区域甚至国家的经济提供推力。

除美国之外，国内学者也选择德国、英国、新加坡等典型案例进行研究。邹晓东和陈汉聪（2011）指出，德国慕尼黑工业大学以创建创业型大学为目标，有效利用政府支持，不断开发各种校外资源，充分挖掘内部潜力，完整地践行了克拉克的创业型大学理念。徐小洲和胡瑞（2010）对英国大学生创业教育政策做了分析研究，指出英国创业教育要求将洞察力、情感因素及把握外界机会等因素融入创业教育实践，通过选择恰当的创业教育方法，取得良好的创业教育效果。刘叶（2011）指出，英国沃里克（华威）大学既保持了传统的学术价值观，保留了大学固有的本质属性，又按照创业的行动逻辑抓住变化带来的机会，顺利实现创业转型。

张超和钟周（2017）从创业型大学的视角出发，对清华大学和新加坡国立大学的创业教育进行比较研究。新加坡国立大学依托大学企业整合创业教育，清华大学调动院系、部处参与形成丰富的创业教育资源；创业型大学和创业教育进行双向互动，创业型大学环境下在校园、社区和社会3类学习空间中都开展创业教育，而创业教育在拓展和深入实现的过程中也催化激发或直接参与创业型大学的发展。

戴维奇（2014）以荷兰特温特大学为例，分析其构建的创业生态系统对创业教育的积极意义，指出创业教育是营造大学创业氛围、强化大学师生创业动机与能力的重要途径，也是建构创业型大学的重要基础。

克拉克（2003）在其著作《建立创业型大学：组织上转型的途径》中使用并阐述了创业型大学这个概念。埃茨科维兹（2005）也提出了创业型大学的概念，并在《三螺旋》一书中指出，"大学—产业—政府"之间相互作用，在各种结合中，每个机构范围在保持传统作用和独特身份的同时又起着其他机构范围作用的三螺旋模式，是组织创造的兴奋剂。埃茨科维兹是1990～2007年国外创业型大学研究领域中文献被引频次最高的学者，他提出创业型大学在知识经济发展中的作用在区域层面日益增强，当大学拥有了援助新公司创建的能力，包括提供资金、持有股份和获取回报时，大学本身也成了创业者。他在研究创业型大学的进化过程时提出，创业型大学的构建使创业教育成为一般教育的一部分，而不仅仅局限于工科和商科的学生。作为创业型人才培养基地，中国大学正经历一次新的变革，这次变革是传统大学为了适应外部环境变化而向创业型方向所进行的转变，自觉地走上创业的发展道路。

（二）国内学者研究

"创业型大学"这个概念在20世纪90年代末引入我国，到21世纪初期，国内有一批高校开始向创业型大学迈进。例如，2008年，福州大学明确提出创建创业型大学，并在全校范围内就创业型大学的相关建设问题开展了深入学习与探讨。2010年，浙江农林大学正式定位于生态性创业型大学，以此作为学校的中长期发展战略目标。2011年，《浙江省人民政府办公厅关于启动实施教育体制改革试点工作的通知》提出了关于创业型大学建设试点的省级教育体制改革项目，并确定省内7所高校作为试点高校。常熟理工学院、温州大学开始引进创业型大学理念，指导学校的办学行为，得到了社会的认可。临沂大学2015年提出创建"全国知名、区域特色鲜明的创新创业型大学"的办学定位，明确了建设创新创业型大学的思路。

1. 创业型大学的理论研究

在国外理论研究的基础上，我国学者对创业型大学的内涵、要素、标准形成等进行了研究。陈汉聪和邹晓东（2011）将创业型大学的基本内涵概括为以培养创业型人才为基本任务、以开展具有商用价值的科研活动为重要载体、以直接参与创办高科技企业为关键举措的大学组织形态。王雁和李晓强（2011）指出，创业型大学以发展高科技、开拓新产业为己任，承担了发展国家和区域经济、创造新的工作机会、提升国家竞争力等"创业"的历史责任，并形成创业型大学的价值理念、典型特征和基本标准。

易高峰（2011）指出，20世纪90年代国际创业型大学研究热点主要集中在管理、创新、科技型企业3个聚类。进入21世纪，研究热点发生了变化，出现学术研究、衍生公司、技术转移组织、大学及创新与创业、经济学及创业型大学6个明显的聚类。

2. 创业型大学比较研究

在研究创业型大学的形成过程中，研究型大学成为一个必不可少的比较因素。不少学者对两者之间的区别和转换关系进行了分析。王雁等（2003）提出，创业型大学是研究型大学的进一步发展和深化，并以其创业活动和实质性贡献引导新时期大学发展的新方向。李世超和苏竣（2006）提出，创业型大学大多源自研究型大学，就像不是所有大学都必须成为研究型大学一样，也不是所有研究型大学都必须成为创业型大学。创业型大学既是研究型大学面临的机遇和挑战，也是部分高校未来发展的必经阶段。创业型大学具有发掘大学科学发现的技术潜力、为产业和社会发展服务的能力，使大学能在新出现的基于持续组织创新与技术创新的创新模式中起领导性作用。

刘宝存（2015）在研究了美国商务部2013年7月发布的《创新与创业型大学：聚焦高等教育创新和创业》报告后总结提出：美国研究型大学善于利用多样化的路径鼓励创新思维和创新活动，如利用地理上的产业集群优势、不同机构间的合作、鼓励创新创业的历史文化传统、充足而持续的资金来源等，可以说这种发展路径多样化对大学的持续变革是至关重要的。

王志强和卓泽林（2016）提出，研究型大学是构建国家创新创业生态系统的主体。美国是全球的科技创新大国，一直将科技创业作为维持经济增长和未来经济繁荣及全球科技领先地位的重要因素。很多大学已经建立了多样化的孵化机构，为新企业的创建、发展直至成功保驾护航，这类机构主要包括大学内部的技术转化办公室、科技园、概念证明中心、孵化器等。美国著名大学的技术转化办公室的规模一般为10～25人，他们的精细分工确保每个人在各个领域的专业性。美国已成立的1250个商业孵化器，其中2/3建立在校园内。

3. 创业型大学创建研究

创建创业型大学的研究主要涉及发展阶段、基本思路、评价指标、运行机制等内容。向春（2008）对创业型大学崛起的归因分析、发展阶段进行了阐述，指出中国在创业型大学的发展方面仍处于初步阶段，要正视教育产业化或知识产业化，为创业型大学发展扫清观念上的障碍。郑旭东和桑新民（2010）则提出创业型大学的成功构建与领导者密切相关，只有这些具有创业精神和多重领导能力且敢于担当的人，才有勇气和智慧突破传统公立大学制度的桎梏。

黄英杰（2012）总结出创业型大学有4个不同于以往大学的典型特征：学术立业的组织结构、不断创新的创业文化、学术资本的师生共识、协同创新的契约关系。作为仍处于发展中的全球高等教育变革的当代现象，创业型大学已成为知识社会的"心脏"，围绕学术创业，它的知识逻辑、使命和功能皆发生了深刻变化。中国从变革高等教育结构、建设专业学位、创建自主创新的高科技园区等方面积极回应了这一高等教育的伟大变革，但是囿于旧有的大学观念、体制和文化，向创业型大学的转型仍然存在诸多困难，面临着巨大的挑战。

刘永芳和龚放（2012）指出，大学、政府和市场三方相互作用，大学职能变迁和大学内部的权力制衡是欧美创业型大学的主要生成机制。创业型价值观反映了传统学术价值观中的核心价值理念与服务经济的社会责任意识、市场导向的绩效理念的磨合与兼容。知识创新、技术转移与组织转型的协同，学术自由、大学自治与社会责任的结合，大学与政策制度环境的互动，结合自身个性转型的策略选择，是建立和发展创业型大学需要特别关注的 4 个问题。

五、国内创业教育研究存在的不足

创业教育生态化是国内外高校创业教育发展的必然规律，也是当前创业教育研究的重点领域。纵观世界各国创业教育发展，均经历了从分散发展的非生态化阶段到局部协同的准生态化阶段，再到系统共生的生态化阶段。我国高校创业教育也已经发展到局部生态化阶段，建立高校创业教育生态系统对于建设创新型国家、回应提升高等教育质量的时代诉求、解决高校创业教育发展的"最后一公里"问题具有重要意义，是有效推动创业教育可持续发展的关键所在。创业教育生态化要求实现创业教育体的整体性、开放性和时代性，这是全面准确把握高校创业教育内生动力的根本途径。

关于创业型大学创业教育研究的理论依据，目前主要来源于三螺旋理论，而真正根据我国社会、经济、教育特点创建创业型大学的理论还未成形，关于我国创业型大学的构建主体和服务对象的确立还没有理论依据。在创业教育与创业型大学的实际运行中，创业教育与创业型大学建设仍是各自为战，严重影响创业教育的生态发展。创业型大学的兴起，给创业教育提出了更高的要求。在"大学—企业—政府"三螺旋中，创业教育在本质上是一个复杂的、以高校为推动主体的教育活动，受到高校所处区域环境的各个领域、各类组织的强烈影响（如创业的政策、区域产业发展状况等）。创业型大学强调创业教育的系统性和开放性，发挥高校的社交网络，联动校内外资源，整合课程、师资、资金、政策和社会组织资源，通过有效的协同机制实现科研、教学和产业三者之间的良性互动，从而构建创业教育生态系统。探究创业教育生态系统的内涵、构成要素和运行机制等基本问题，能为推动创业型大学的创业教育生态化提供一个新的视角。

当前，我国创业教育的理念尚未形成，创业教育理论的范式与体系规制尚未出现，创业教育的实践还处于"学步"阶段。分析现有的国内外研究成果，创业教育在思维方法上还只是体现"人类中心论"的价值取向，尚未确立人与自然社会和谐发展的创业教育价值观；在物质层面上只是把创业教育作为工具，寻求的是个人价值功利性的满足和对自然、社会条件的改造，漠视人与自然社会和谐统一发展，尚未构建适合生态文明教育的创业教育组织体系；在制度层面上，虽有运用生态理论来考虑创业教育总体设计，但尚未形成具有适应生态文明的创业教育系统制度安排。生态文明视阈下我国的创业教育有其独特的路径、文化和境遇，需要在借鉴外来经验的同时，切实体现中国特色，着力构建适合生态文明建设发展的创业教育生态系统的理论体系。

通过诸多学者的努力，创业教育在多学科综合研究方面已有所突破，生态文明视阈下的创业教育生态化发展、创业教育与创业型大学的融合、创业教育与创新教育的组合、创业教育与创客教育的从属、创业教育与"双创"环境的互动等方面的粗线条框架若隐若现，这为我们研究创业教育生态化相关问题提供了广袤的空间。

第三节　本书主要研究内容

一、创业及创业教育评述

本书试图从历史哲学角度对人类的创业历史进行评述，对创业的意蕴、创业的历史作用、创业提升人的自身本质力量等方面进行逐一梳理，以求满足思维同一律的要求；从大学教育观的生成、嬗变与迁移对创业教育观念与理念的影响进行分析，提出创业教育是实现大学功能转型的保障这一命题，同时理清创业教育的理念、功能与形态。

二、创业教育的生态文明

本书从探究生态文明的由来与发展入手，探讨生态文明若干理论问题；探索从环境保护理论、中国传统生态伦理思想、马克思主义生态文明观、科学发展观、习近平新时代中国特色社会主义思想等视角理清中国生态文明的理论基础；论证高等教育生态文明的使命、内容，提出创业教育生态文明这一命题，研究创业教育生态转型实现途径。

三、创业教育的时代创新

本书分析了信息时代教育变迁与创新、"互联网＋教育"的变迁与发展、大数据时代的教育创新等不同视角下教育的创新发展，提出创业教育创新发展命题，着力研究培养创业教育时空思维、构筑创新创业教育生态体系这一创新发展的措施。

四、创业型大学的创业教育生态化

本书分析创业型大学在知识经济时代产生的直接原因和间接原因，通过对创业型大学不同研究路径的梳理，从创业型大学的目标、构成元素、运作方式、文化等方面对创业型大学的内涵进行界定；分析创业型大学与创业教育之间的融合逻辑关系，梳理出创业型大学创业教育的目标、特性，探寻创业型大学的创业教育生态发展路径，生态构建创业型大学的创业教育系统。

五、创客空间与创客教育生态化

本书探究创客运动的发展变迁，并对创客空间形态、教育价值进行剖析。提出开展创客教育这一未来创业教育发展的主要方向，并对创客教育与创业教育、创客教育与创新教育进行区别研究，以理清不同教育形式的特色。研究从虚拟空间、课程体系、师资队伍、学习模式、教育平台、评价反馈等方面实现创客教育生态化。

六、创业教育的环境生态化

通过对硅谷高科技生态圈的形成、发展、繁荣成因的研究，探索创新创业的"混沌关系"和"雨林结构"，从政策、经济、文化、法律、人才、自然资源等生态环境方面构建出"双创"生态环境，为创业教育提供一个良好的"雨林"生态环境；分析"众创时代"商业模式C2C（consumer to consumer，个人与个人之间的电子商务）商业生态圈，以及商业发展趋势，研究创业企业战略观、经营观、资源观的生态转型。

第一章　人类创业历史的哲学评述

历史学家克里斯蒂安（2016）认为，世界历史理应超越只讲述这个国家或那个团体的单一历史，并且应当关注整个人类的历史进程和民族国家之间的内在联系。创业也应该从人类历史长河进行分析梳理，而哲学评述不失为思辨的一种方法。

第一节　创业的意蕴

理论研究一般从基本的概念阐释入手，创业的研究也不例外。对于创业的意蕴、创业的历史推动作用、创业对人自身本质力量的提升等方面进行逐一的梳理，有助于深刻理解创业，达到创业思维同一律的基本要求。

在西方文化中，enterpriser 根据《21 世纪大英汉词典》解释为企业家、干事业的人、创业者、冒险家和工商业投机家。根据这一解释，创业可以视为创造企业的过程，其目标集中在经济活动与财富增长方面。这是对创业最为狭义的解读，国内外的学者起初多从狭义的领域中展开对"创业"的研究。

美国管理学会认为创业可以被解释为新企业、小企业和家族企业的开创和管理，以及创业家的特征和特殊问题。其主要内容包括初创企业的理念和战略、初创企业创建和消亡的生态学影响、创业资本及创业团队的获得和管理、自我雇佣、企业所有者和经理人、创业与经济发展的关系。美国创业学领域中的泰斗式人物蒂蒙斯和斯皮内利（2005）提出："今天，创业已经超越了传统的创建企业的概念，而是把各种形式、各个阶段的公司和组织都包括进来。""创业不仅能为企业主、还能为所有的参与和利益相关者创造、提高价值，或使价值再生。"综合分析 20 世纪 80 年代以来国内外的文献，本书主要从以下 3 个不同的视角对创业进行定义。

一、创业者人格特质的视角

个人特质的观点侧重对创业者所具有的共同特质进行研究描述。一般而言，创业者具有以下一些特质，包括主动性、说服能力、灵活性、创新能力、解决问题能力、成就需求、适中的冒险性、自我掌握命运的信念、领导力和勤奋等，这些特质不仅对创业至关重要，而且在其他方面也同样重要。

尽管一些学者认为企业家人格特质的研究方法是一个有用的工具，但更多的学者抱有怀疑的态度。他们认为企业家人格特质视角存在的主要问题包括：人格特质并非一成不变，而是随着时间变化而改变；衡量评判是主观的；人格特质与文化与环境有关，忽略这方面的因素是不合理的；未考虑创业过程中教育、学习与训练的作用；未考虑到各种人口统计变化对形成企业家精神倾向的影响。

二、创业者活动的视角

由于对创业者人格特质研究具有局限性，创业研究转向了对创业者创业活动的研究。创业者从事的主要活动：为市场引入新的产品或服务；为降低成本、提高效能，开发和利用新技术；利用新产品、新服务和新技术开辟新市场；通过创新管理重新组织现存企业；提供市场所缺资源。

创业者活动的视角忽略了时间维度，它只是在静态的环境里研究企业家行为，忽略了企业家行为与环境的互动，未能考虑企业家活动的可变性。况且，创业活动受创业者所处的文化和制度环境的影响，这种影响形成了动态的综合支持因素和创业壁垒。现今学者更趋于在动态的环境中来分析创业过程。

三、创业过程的视角

创业过程的观点认为应该在非均衡的动态环境中探讨创业者如何发现和识别机会。Timmons（1999）对创业定义如下：创业是一种思考、推理和行动模式，是一种追求机会、整体权衡、具有领导能力的行为。欧洲联盟（以下简称欧盟）2003 年《创业绿皮书》采纳了宽泛的定义法，但增加了动机和工作选择的成分，将创业定义为"在新的或现存组织内利用有效的管理将风险、创造和（或）创新相融合建立和开发经济活动的思维和过程"。Kuratko 和 Hodgetts（2004）指出，创业是充满远见、变革和创造力的动态过程，它需要把新的想法和创造性解决问题的方法付诸实施的精神和热情。

从以上论述可知，创业是一个含义丰富的概念，创业概念界定的多重视角恰恰证明了创业是一种综合的实践活动，不同的视角从不同的侧面反映了创业的内涵，这几个方面是相互关联、相互制约、相互契合的。创业是一系列品质和能力的集合，无论是个人、组织，还是社区、社会，只有具备这些品质和能力才能在面对不确定、变革和挑战的时候具有更大的灵活性。学者们普遍认同这些品质和能力是可以通过后天的教育和训练来培养和塑造的。

现在发达国家的创业学专家普遍认为，创业是一个创造、增长财富的动态过程，是一个发现和捕获机会并由此创造新颖的产品或服务并实现其潜在价值的过程。更为具体地讲，创业就是把产品、服务、创意等，通过组织团队，开发产品，申报专利，组织生产，开展营销、策划宣传，开拓市场等一系列运作，最后变成经济事业、成就主体（个人或组织）成功及财富增长的过程。

我国对创业概念的理解，正处于对中国古代文化的创业传统理解向西方的创业概念解释迅速靠拢的过程中。通过对各种文献的归纳，现行的理解主要如下。

第一，创业即创立基业或拓展前人事业新领域，包括举办企业、开办事业乃至创建行业、开拓产业等。

第二，创业指创业者就某一项具有市场前景的新技术、新设计或新想法寻求风险投资并转化为商业活动的行为。

第三，创业就是创业者创立、创设或创新某种事业或职业岗位。创业可以分为 3 个层次：开创新的职业、创设新的就业岗位和创新岗位的工作业绩。

第四，创业包括求职和创造新的就业岗位两个方面。这里的求职不是被动地等待分配工作，也不是在某一特定领域中寻找空缺，而是主动多角度探寻可能的岗位，以及通过施展才华使之成为自己现实工作的过程，由此产生创造新的就业岗位。创造新的就业岗位才是创业的关键与精髓。

第五，创业过程中所包含的活动和行为通常都可以分解为产生创业动机、识别创业机会、整合资源、创建新企业或事业、实现机会价值和收获回报等环节，上述环节构成一个闭环回路。

上述各种观点主要侧重于对创业的功用性、外延性的描述，欠缺的是高度概括及对创业本质的揭示。按照逻辑学的观点，定义是反映概念特有的本质属性的观点。

作者认为创业的定义可以进一步深化，创业是人类在社会经济、政治、文化及生态文明建设领域内的行为创新，是创业主体为拓展新的发展空间，并为他人和社会提供机遇的探索性行为。这个定义具有以下特点：一是从内涵上来说，把"创业"明确界定为行为创新，将"创业"归属于"创新"，展示出"创新"与"创业"之间的"属种"关系，提出创业的"行为创新"不同于一般意义上的"观念与思维的创新"；二是从外延上来说，"创业"具有广泛的使用范围，不再局限于经济领域，而是涉及人的活动的所有领域，包括文化、政治与生态文明建设等领域；三是从功能上来说，"创业"是积极的创造机遇的行为；四是从风险上来说，"创业"是指向探索性的发展行为，而不是维持现状的常规行为，既然是探索就会有成功或是失败的风险；五是从价值取向上来说，社会和他人的价值是创业主体的最终追求，而个人的创业发展则是为了更好地满足社会和他人的需求。这里提出的创业定义，涉及人类社会发展方式、人的本质与本质力量、主体性与主体性的实现等哲学意蕴。

第二节　人类的创业史

人们可以用不同的视角去观察人类社会的发展，其中从物质财富增长、精神财富积累、社会生产方式进步、社会经济组织形式变革等角度观察都是极其重要的视角，因为上述 4 个方面共同促进了人类社会的进步。

一、创业促进了人类物质财富的增长

人类的发展史表明，原始的人类在热带雨林萎缩的过程中，不是随着森林的退化消极地向森林深处转移，而是勇敢地走出了森林，在广阔平坦的草原上，开始了人类历史上的一次次的伟大创业，创造出其他生命所无法比拟的，足以让人类引以为豪的物质财富。

（一）"刀耕火耨"的农业文明

原始的人类在与大自然搏斗过程中，逐渐告别了摘吃野果以果腹的"食来伸手"的寄生方式，开始依靠自身的力量刀耕火耨，用自身的劳动去生产和改造那些原本在自然界自生自灭的农作物，由此拉开了人类历史伟大的第一次创业——农业文明。在这个漫长的过程中，人类创造的物质财富在缓慢地增长，它不仅包括人们赖以生存和繁衍子孙的各种粮食、蔬菜、肉类和织物，还包括生产和创造这些物质财富的各种工具。石器、铜器、铁器、纺织机等都是他们伟大创新创业活动的结晶。这些工具的产生，使人类的劳动生产率大大提升，也证明了人的本质力量和主体性对自然的征服。人不再只是那些随遇而安、逆来顺受，经常被环境变化左右的动物，而是主动创造财富、改变环境的高级生命体。

农业文明时期的农业经济是一个以土地资源为依托的自然经济。在漫长的几千年历史长河中，物质财富的增加使人类的食品结构、生活条件得以改善，人所需要的营养、医药都得到了不同程度的满足。人类的寿命大大延长，繁衍后代能力得到提升，人口密度渐渐增大，导致稀缺的土地资源与人类的发展之间的矛盾冲突日渐激化。虽然农业生产工具不断进化演变，但人类只能局限于在地球表面土壤创造财富，人类活动的空间与时间受到极大的制约，人类财富的增长在以中国封建社会为代表的自然经济水平上达到了极限。

（二）"自由开放"的工业文明

人类在追求满足不断增长的物质与精神需要时不断成长。在农业文明时期，地表土地资源的稀缺性和有限性导致物质财富增长存在极限，人类开始向地表深层进军。通过开采矿产资源、加工矿产资源来制造更先进的工具，挖掘和创造更多的财富。这逐渐引发了机器生产代替手工劳动的机器大生产时代的到来，巨大的机器力代替人力，自然科学规律掌握、使用代替了经验传承，大大提高了劳动生产率，经济获得了迅猛的发展，开辟了人类创业史上的第二乐章，即工业文明。

工业革命是人类第二次伟大的创业行动。工业革命以低廉的商品价格和强大的竞争力，彻底扫荡了支撑农业文明的自然经济。从此，小生产服从大生产，分散的生产过程变成相互依赖、不可分割的社会分工体系，一批批破产的农民进入城市从事工业生产，促进了以农业为主的产业结构向工业为主的产业结构的转变。狭小的地方市场快速地汇合成统一的国内市场，在此过程中逐渐形成了完备的商品、生产要素、金融等在内的统一的国内市场。不但如此，它还利用重炮炸开了国家之间的贸易壁垒，建立和发展了世界市场。马克思和恩格斯在《共产党宣言》曾描述道："不断扩大商品销路的需要，驱使资产阶级奔走于世界各地。它必须到处落户，到处创业，到处建立联系。"[①] 这样，工业文明便把几千年来的自给自足、封闭循环的经济推进到了自由竞争、开放发展的新阶段，实现了人类社会发展的又一次飞跃。

---

① 马克思，恩格斯，1997. 共产党宣言[M]. 中共中央编译局，译. 北京：人民出版社.

迄今为止，工业社会是唯一的一个依赖持续的经济增长而生存的社会。财富的增长一旦停滞，工业社会就会丧失合法性。由于财富不断增长的要求，工业社会离不开创新，创新是工业社会生死攸关的基础。由于创新的要求，工业社会中的知识增长也是无止境的。农业社会也曾有过发明和改进，这些发明和改进值得称道。但是即使是进步最快的农业社会（如唐宋时的中国），其创新的数量、水平和影响也远远不能和工业社会相提并论。农业社会的本质要求相对静止的社会和稳定的分工，工业社会的本质要求永远的创新和变化。

工业文明在短短的几百年中所创造的财富是几千年农业文明根本无法比拟的。但是，工业文明与农业文明的支点从本质上而言是一致的，两者均依附于稀缺、有限的自然资源。资源特别是矿产资源的不可再生性、人类的掠夺性及无穷无尽的开发，使人类社会已经走到了资源枯竭的地步，工业文明时代的财富增长就像农业文明时代的一样，也油尽灯枯，达到了增长的极限。

（三）"科学全面"的知识经济

如何解决农业文明与工业文明时代反复出现的"发展—停滞"的怪圈，如何突破这种周而复始的增长的极限？这是人类创业史上的一道难题。

人类在回眸自身不断创造财富的历程中，逐渐认识到土地资源、矿产资源作用于人类社会的共性，这就是独特的、鲜明的排他性和有限性。排他性是指资源占有的主体拥有排斥、拒绝他人占有或使用这些资源的权利。这将使资源支撑型的农业经济和工业经济受到很大的局限。有限性可从两个方面来理解：一是资源总量是有限的，如土地资源和矿产资源的总量是有限的；二是绝大部分的矿产资源，如煤、石油、天然气等是不可再生的，在人为无休止利用过程中最终总是要消耗殆尽的。上述两种共性决定了人类创造物质财富的过程中，依靠自然资源所支撑的几千年的农业文明和几百年的工业文明最终要走到增长的尽头。突破增长的极限，需要彻底摆脱资源的排他性和有限性的束缚，寻求一种新的支撑。这样，人类开始了第三次伟大的、带有根本性改变的创业，即对知识经济的探索与实践。

比尔·盖茨（Bill Gates），这位哈佛大学走出来的年轻人揭开了知识经济的面纱。他所创建的微软公司几乎不消耗自然资源，却创造了巨大的物质财富，同时改写了人类的财富史。在农业经济时期，财富的象征是土地。在工业经济时期，财富的象征是矿产资源，世界富豪不外乎"钢铁大王""石油大王"，以及由钢铁和石油支撑起来的"汽车大王"等。在知识经济时代，世界富豪则是拥有现代信息技术、生物技术、海洋技术、新材料技术、航空航天技术的"有知者"。

知识不具有排他性与有限性，以知识为支撑的知识经济为人类提供了巨大的物质财富增长的空间，知识具有鲜明的公共性与无限性，知识经济增长无极限。

知识具有公共性，知识可以为不同的主体所共同拥有，知识所有者不会因为别人的分享而使自己拥有的知识总量减少。就像教师在传授知识的时候，他的知识并未由于传授而减少；就像专利发明者并不会由于别人购买自己的专利而丧失对专利的了解与对专利知识的掌握。这与农业经济与工业经济产生了极大的区别，因为土地资源和矿产资源一旦转让，转让者就失去对它们的拥有权，他所拥有的总量同时减少。

知识的无限性表现为以下几点：一是知识传播与扩散的无限性。从纵向来看，知识可以代代相传，永不间断。从横向来看，知识可以向全世界传播，无地域的阻隔。二是知识增长的无限性。在量上，传播与扩散的无限性使人们拥有的知识总量无限扩张。从质上来看，知识的不断更新是一个永不停息的提升过程，这是因为人的认识能力是无穷尽的。

知识经济是在充分知识化的社会中发展的经济。知识经济是促进人与自然协调、持续发展的经济。高技术产生在多种自然资源日渐耗竭、环境危机日益加剧的时代，反映了人类对自然界与人类社会的科学全面的认识。其指导思想是科学、合理、综合、高效地利用现有资源，同时开发尚未利用的资源来取代已近耗竭的稀缺自然资源。知识的公共性与无限性决定了知识资源取之不尽、用之不竭。知识作为知识经济财富的主要来源，其增长是无极限的，人类终于突破了几经增长极限"轮回"怪圈，终于走上一个可持续发展的快车道。这是人类第三次创业的硕果，人类的财富在创业中增长，创业成为物质财富的增长方式。

二、创业促进了人类精神财富的积累

在人类历史的浩瀚长河里，人类在创业过程中推动的不仅是物质财富的增长，还在对自然环境不断地探索与改造过程中形成了自然科学。同时，人类也在不断进行社会环境与人自身的改造，形成了社会科学。自然科学与社会科学构成了人类精神财富的总和，人类的精神财富在创业过程中不断地增长。

（一）古代精神财富初露端倪

史前文明的早期人类，在与大自然相适应的过程中，生产工具与生产技艺得到不断的改进，对自然界的认识也在不断地加深。在与生存抗争中，农业民族和游牧民族逐渐与自然界中的循环节律协调起来。人们日出而作、日落而息，发现月有阴晴圆缺，发现寒冷与温暖的循环。

中华先民中有名的神话当属盘古开天辟地、女娲补天、后羿射日、燧人氏钻木取火、有巢氏构木为巢、神农氏遍尝百草等。他们是中华民族不屈抗争精神的化身，体现出早期人类认识自然、适应自然，不屈不挠的创业精神。大禹治水中，我们的祖先面对洪水的侵袭，没有从适宜耕种的河谷地带转移，而是探索出"疏而不堵"的治水规律。这种由创业而获得的精神财富，世代相传并得到发扬。

在农业文明时期，中华民族创造了农学、医学、天文学、算学四大核心学科。中国文化典籍中农书很多，涉及农业生产的方方面面，其中著名的有《齐民要术》《王祯农书》《农政全书》。中国的农学注重天时、地利和人力三者对农业生产的综合作用，对于有利作物生长的时令、土壤和施肥等环节，均有十分细致的研究。战国时期的《黄帝内经》奠定了我国中医药学的基础。随后，历代名医如华佗、张仲景、孙思邈、李时珍等共同努力，中医药学得到了全面的发展。《脉经》《伤寒杂病论》《千金方》《本草纲目》

等医学著作，对世界医学事业产生了深远的影响。中国古代的天文学成就，包括阴阳历法的制定、天象观测、浑天仪与地动仪等天文仪器制造使用，以及阴阳说、五行说等宇宙生成与构造的理论，使中国的天文学理论独树一帜。中国古称的"算学"与古希腊数学相比，它淡于抽象的理论性和逻辑的系统性，而浓于解决实际的计算问题。《周髀算经》《九章算术》《海岛算经》《五曹算经》《孙子算经》《夏侯阳算经》《张丘建算经》《五经算术》《缀术》《缉古算经》10部数学著作，有"算经十书"之称。这10部书是汉至唐1000多年间的最重要的数学著作，不仅在我国数学史上占有重要地位，还在世界数学史上久负盛名。

在古希腊、古埃及、美索不达米亚、古印度这几个人类古代文明的发源地，人类先民在创造物质财富的同时，也在创造、集聚与升华人类各种的精神财富。著名的代表人物有苏格拉底、柏拉图、亚里士多德、释迦牟尼等人，他们不仅在人类对自然界认识中做出了巨大的贡献，还在认识人类自身与人类社会、国家等方面做出了无法磨灭的精神贡献。

（二）近代精神财富迅猛增长

在工业文明孕育、产生和发展初期，欧洲的创业者为人类的精神财富的增长做出了巨大的贡献。以意大利文艺复兴、宗教改革和地理新发现为代表的近代科学诞生时代，文艺复兴运动传遍了整个欧洲，它所高扬的人文主义精神逐渐深入人心，并影响了文艺以外的诸多领域。达·芬奇（Da Vinci）是意大利文艺复兴时期的一个博学者，除了是画家，他还是雕刻家、建筑师、音乐家、数学家、工程师、发明家、解剖学家、地质学家、制图师、植物学家和作家。他的天赋或许比同时期的其他人物都高，这使他成为文艺复兴时期人文主义的代表人物，也使他成为文艺复兴时期典型的艺术家，也是历史上著名的画家之一，与米开朗基罗和拉斐尔并称文艺复兴三杰。其最著名的作品是《蒙娜丽莎》，现在是巴黎卢浮宫三件镇馆之宝之一。

葡萄牙航海家达·伽马、麦哲伦和意大利航海家哥伦布进行的新大陆的探险事业，大大突破了亚里士多德和托勒密的认知范围，使欧洲的知识分子从古代宗教的绝对权威迷信中解脱出来，为近代科学营造了良好的心理氛围和精神动力。哥白尼的天文学革命带动了一系列观念上的变革。布鲁诺哲学思辨得出的宇宙无限性观念，在思想史上具有无比的重要性。整个近代的宇宙论革命，就是从以地球为中心的、有限的、封闭的世界走向以太阳为中心的开放世界，进而到以银河系为中心的、开放的、无限的宇宙。

"近代物理学之父"伽利略创造并示范了新的科学试验传统，以追求事物之量数学关系为目标的研究纲领，以及将试验与数学相结合的科学方法。他的工作将近代物理学乃至近代科学引上了历史舞台。伽利略时代以来的一个世纪，近代物理在艾萨克·牛顿（Isaac Newton）手中得到综合。牛顿作为英国著名的物理学家、百科全书式的"全才"，著有《自然哲学的数学原理》《光学》。他在1687年发表的论文《自然定律》里，对万有引力和三大运动定律进行了描述。这些描述奠定了此后3个世纪里物理世界的科学观点，并成为了现代工程学的基础。他通过论证开普勒行星运动定律与他的引力理论间的一致性，展示了地面物体与天体的运动都遵循着相同的自然定律，为"太阳中心说"提供了强有力的理论支持，并推动了科学革命。在力学上，牛顿阐明了动量和角动量守恒的原理，提出牛顿运动定律。在光学上，他发明了反射望远镜，并基于对三棱镜将白光发散成可见光谱的观察，发展出了颜色理论。他还系统地表述了冷却定律，并研究了音速。在数学上，牛顿与戈特弗里德·威廉·莱布尼茨（Gottfried William Leibniz）分享了发展出微积分学的荣誉。他也证明了广义二项式定理，提出了"牛顿法"以趋近函数的零点，并为幂级数的研究做出了贡献。在经济学上，牛顿提出金本位制度。

近代人类也对生命科学进行了探索。1543年，科学家安德烈亚斯·维萨留斯（Andreas Vesarius）的《人体结构》一书系统阐述了他多年的解剖学实践和研究，引起了世人的极大关注，但也招致神学家的非难。《圣经》中说男人的肋骨比女人少一根，而维萨留斯却说男人和女人的肋骨一样多；《圣经》中说人身上都有一块不怕火烧、不会腐烂的复活骨，它支撑着整个人体骨架，而维萨留斯却否定有这样一块骨头的存在。迈克尔·塞尔维特（Michael Servetus）、西罗尼姆斯·法布里休斯（Hieronymus Fabricius）和威廉·哈维（William Harvey）发现了人体血液循环的规律。

在进行伟大科技革命的同时，人类也在完善自身的思想。弗朗西斯·培根（Francis Bacon）提出了"知识就是力量"这一脍炙人口的口号，他提倡新的科学方法论，为人类的知识增长做出了积极的努力。勒内·笛卡儿（Rene Descartes）在数学和力学上开创了新的领域，他在《方法谈》中提出的数学演绎方法论及"我思故我在"的著名论断影响了整个近现代西方文明。伽利略与牛顿所代表的近代科学方法论精神，即"直接分解、数学演绎、实验证明"及"归纳—演绎法"，为近代人类提供了开启精神财富大门的金钥匙。

经过文艺复兴，人类在科技、思想、文化等方面的精神财富都得到了前所未有的快速积累，从此，人类社会的发展进入快车道。

英国是工业革命的发源地，以机器代替人力，以大规模的工厂生产代替个体工场手工生产，生产力和生产关系均发生了巨大的变革。约翰·凯（John Kay）在对传统纺织业的现代化改造中发明了飞梭，丹尼斯·巴本（Denis Papin）、托马斯·纽科门（Thomas Newcomen）、詹姆斯·瓦特（James Watt）分别完成了蒸汽机的发明、制造和运用。托马斯·爱迪生（Thomas Edison）是人类历史上伟大的发明家之一，发明了电灯、电话、电影、电报、录音机等，共有2000多项，其中申请专利的达1328项。他的各种发明从根本上改变了人类的生存状态和生活方式。他在为人类创造黑夜中的光明、重放的声音、连续播放的图像等巨大的物质文明财富的过程中，也向世人展示了坚忍不拔、勇于创新、敢于冒险的创业精神。

在社会科学方面，德国的古典哲学为人类打开了思辨之门。伊曼努尔·康德（Immanuel Kant）构建了一个无穷思考的主观性的思辨体系，其提出的4个"二律背反"引导着人们在有限与无限的原野中奔跑。以弗里德里希·黑格尔（Friedrich Hegel）的"小逻辑"为核心的晦涩深邃的哲学体系，更是把人们带进了客观精神的理念王国。约翰·费希特（Johann Fichte）的物质本体论将精神的世界根植于现实土壤。马克思和恩格斯将辩证的实践观、人的异化、社会发展融为一体，对哲学、经济学、社会学进行了全方位的变革。约翰·洛克（John Locke）、让-雅克·卢梭（Jean-Jacques Rousseau）、亚当·斯密（Adam Smith）、大卫·李嘉图（David Ricardo）等一批伟人也在各自的领域中为精神财富增长做出了贡献。

（三）现代知识的高度融合

现代以来，人类在探索自然规律的同时，越来越可以感受到各种自然科学之间有着深层次的内在联系。数学、生物学、物理学、化学、天文学、地理学等相互渗透和交叉。进而，人们在自然科学与社会科学之间也寻找到了深层次的内在统一性。社会学、哲学、美学、伦理学、经济学、管理学、教育学、逻辑学等学科的发展离不开自然科学的方法与成果。可以说社会科学以自然科学为基础，社会科学同时推动自然科学的发展。

信息社会被广泛认为是继农业社会、工业社会之后的第三次伟大的科技革命与社会变革，系统论、控制论和信息论成为信息社会最为基础的理论体系。20 世纪 40 年代，由于自然科学、工程技术、社会科学和思维科学的相互渗透与交融汇流，产生了具有高度抽象性和广泛综合性的系统论、控制论和信息论。进而，又以系统论为主干发展出伊利亚·普里戈金（Ilya Prigoine）的耗散结构理论、赫尔曼·哈肯（Hermann Haken）的协同论和勒内·托姆（René Thom）的突变论。耗散结构理论是用热力学和统计物理学的方法，研究耗散结构形成的条件、机理和规律的理论。耗散结构理论作为以揭示复杂系统中的自组织运动规律的一门具有强烈方法论功能的新兴学科，其理论、概念和方法不仅适用于自然现象，也适用于解释社会现象。协同论研究各种不同的系统从混沌无序状态向稳定有序结构转化的机理和条件。协同论最根本的思想和方法是系统自主、自发地通过子系统的相互作用而产生的系统规则。竞争与合作的方法是其重要研究内容，协同论最基本的概念也是竞争与协作。突变论是研究不连续现象的一个新兴数学分支，也是一般形态学的一种理论，能为自然界中形态的发生和演化提供数学模型。这些理论显示出各门学科在高度分化、精细发展后正呈现出一体化和综合的趋势。

上述的一切，说明不同时期、不同地域，创业者在朝着宏大创业目标高歌猛进，这不仅创造了丰富的物质财富，还促进了精神财富的增长。

三、创业推动了人类社会生产方式的进步

人类文明进步是不断发展的生产力和不断变革的生产关系共同作用的结果。一方面，不断发展的生产力推动着生产关系的变革；另一方面，变革的生产关系又不断地为生产力的发展提供了广袤的空间。这两者相辅相成，共同构成了人类物质资料的社会生产方式。人类的创业活动促进了生产力的提升，促进了生产关系的变革，当然也成为生产方式不断进化的推动力量。

劳动创造了人本身，人类得以繁衍生存并创造出灿烂文明。马克思主义唯物史观按社会经济关系或经济生产状况，将人类社会和世界文明划分成 5 个阶段和 3 种社会形态。5 个阶段分别是原始社会、奴隶社会、封建社会、资本主义社会和共产主义社会；3 种社会形态分别是自然经济社会、商品经济社会和产品经济社会。人类社会前进的基本动力是社会生产力的发展，它促使生产者（个人）与外界（自然、社会）的关系在广度和

深度方面得到持续扩大与强化。人们在生产劳动过程中结成了复杂的社会关系，创造出各种生产方式及与其相适应的意识形态与文化积累。

人类的文明史相伴人类诞生，如果按社会生产方式，人类的文明史可以粗略地划分为 3 个阶段，即农业文明、工业文明和信息文明。在这 3 个文明阶段中，人类社会的生产方式经历了 3 次飞跃式的进步。

（一）创业推进了农业文明的生产方式

新石器时期农业革命的发生，是人类历史上具有重大意义的一次创业活动，对人类活动产生了极大的影响。其影响表现在以下 3 个方面：一是促使人类从食物的采集者转变成食物的生产者，它从根本上改变了早期人类赖以生存的生产方式，人类由被动利用自然资源转变到主动改造自然资源。人类对客观世界的认识逐步发生了转变，推动了原始科学技术的发展。二是促使人类的生活方式发生重大改变。人类迁移不定的游牧生活转变为基本稳定的定居生活。三是农业能使人类获得比较稳定的食物来源，从稳定到富余，使人类社会慢慢地开始有了社会分工、财富的聚集，农业文明开始出现。农业地区很早便出现了人类的早期文明中心，农耕民族结成了固定的社会组织，这些社会组织逐渐从低级向高级阶段发展，出现了手工业、商业和航海业等组织业态。

农业的发展，特别是金属工具的应用，使人类获得物质资料的手段不断优化，促使了社会大分工的发生。第一次社会大分工是畜牧业同农业的分离。人类摆脱游牧迁徙之苦，建立了定居场所。第二次社会大分工是手工业从农业中分离。农业生产水平的提高使食物富足，人们的生活要求也随之提高，必须有从事手工业生产的专门人士和手工业部门来满足这种增长的需求。第三次社会大分工是商业和商人的出现。由于社会分工，许多经济部门之间需要交换生产成果。随着交换的日益频繁，生产者之间的直接见面越来越不方便，因此就出现了专门的商业与商人来充当不同生产者、消费者之间的中介。剩余农牧业产品，是农业文明进步的基础。有了剩余农牧业产品，社会的一部分成员就可以脱离农业和畜牧业生产，专门从事手工业生产活动；有了剩余产品和社会分工，就开始出现产品交换，并创造条件，使社会的一部分人能够脱离生产领域，专门从事商业活动；有了剩余产品，社会的一部分人就可以从生产领域脱离出来，专门从事一般的社会管理活动，以及从事科学、文化、艺术等方面的活动；有了剩余产品，就形成了私有制、阶级和国家产生的基础。

农业文明经历了漫长的奴隶社会与封建社会，这个阶段虽有少量的交换发生，但人类社会基本还处于自给自足的自然经济状态。

（二）创业推进了工业文明的生产方式

14～15 世纪欧洲的封建社会晚期，商品生产交换有了明显的发展，资本主义生产关系萌芽在封建社会内部孕育。15 世纪末世界历史上的"发现新大陆"对欧洲新生的资本主义生产关系的发展产生了深远的影响。世界市场的领域骤然扩大，进入世界贸易的商品种类和数量急剧增加。海外商业不再单是少数冒险商人专为封建主阶级提供奢侈品的服务，而是成为供应广大居民的大宗商品贸易。欧洲一些国家纷纷建立垄断海外贸易的大商业公司。例如，英国东印度公司依靠专制王权给予的特权，成为进行海外殖民掠夺的工具。欧洲开始出现商品交易所和证券交易所，开始商品的买空卖空投机生意。

资产阶级最大的历史功绩就在于它曾经极大地推动了社会生产力的发展，使人类社会以更快的速度进入高度文明的社会。资产阶级在持续创业、加速生产的过程中，最终战胜了封建地主阶级，成为社会的主要力量。在这个过程中，工业革命具有决定性的意义。

工业革命促进了社会生产力的迅速发展，使商品经济最终取代了自然经济，由手工工场过渡到机器大生产的工厂，这是社会生产力的巨大飞跃。工业革命极大提高了劳动生产率，为巩固资产阶级革命成果奠定了雄厚的物质基础。资产阶级专政在社会化的机器大生产和物质财富空前丰富的基础上，使资本主义方式扩展至世界各地，保证了资本主义完全战胜封建主义。工业革命使机器生产和现代大工业（工厂制度）逐步代替了工场手工业，资本主义雇佣劳动制度普遍建立，引起了社会阶级关系的深刻变化，工业资产阶级和工业无产阶级最终形成。欧美国家为了促进商品交流，大规模从事交通运输建设，扩大海外殖民掠夺和市场，开拓远洋运输网，逐渐形成全球性的交通网络，世界市场开始形成。工业革命加速了弱小国家沦为殖民地和附属国的过程，同时欧美列强对亚洲、非洲和拉丁美洲进行殖民掠夺时，也不可避免地把欧美先进的工业技术带到这些地区，使这些国家卷入了工业文明的潮流之中，缓慢地走上了工业化的道路，改变了它们的历史命运。

以美国学者丹尼尔·贝尔（Daniel Bell）为首的一些著名的社会学家，在 20 世纪 50～60 年代开始注意发达国家在实现工业化以后社会生产方式发生了一系列新的变化，并在 1959 年开始使用"后工业社会"的概念。1973 年，他出版了《后工业社会的来临——对社会预测的一项探索》。在前言中，他写道："在今后的 30～50 年我们将看到我所称的'后工业社会'的出现。"此书的出版被日本报界列为 20 世纪 70 年代世界十大事件之一，在整个西方世界引起了轰动。该书突出的特点之一是其方法论，即"中轴原理"。在某一历史时期内，特定的中轴原理成为其他大多数社会关系的决定性因素。中轴原理和中轴结构的分析，成为一种使繁杂多变的宏观历史的可能前景条理化的方法。该方法在实践上把社会结构变化的实质特点认定为来自经济的变化性质，以及理论知识确定社会革新的变化方向的决定性作用，是对未来的探索。贝尔（1984）依据社会的经济技术结构，将人类社会划分为初民、农业、工业、后工业等社会进化阶段。其主要研究是重建社会学理论，以适应工业社会以后的社会。他提出的"后工业社会"包括五大基本内容：一是经济方面，由产品生产经济转变为服务性经济；二是职业分布，专业与技术人员阶级处于主导地位；三是中轴原理，理论知识处于中心地位，它是社会革新与制定政策的源泉；四是未来方向，控制技术发展，重视技术鉴定；五是制定决策，依靠新的"智能技术"。贝尔认为，不同政治制度的国家，在实现工业化以后，都将从工业社会发展到后工业社会，后工业社会将是"21 世纪美国、日本、苏联、西欧各国社会结构方面的基本特征"。

我们将贝尔的"后工业社会"的特征概括如下：服务经济在经济中占有很大份额，经济增长主要依靠技术推动，知识分子处于社会的主导地位，决定经济和社会的发展方向。像贝尔这样的社会学家对社会形态变化的分析，不仅限于经济学家所关注的经济结构变化方面，他们更关注社会生产方式所带来的社会运转轴心和社会结构方式的转换。

后工业社会对创业的要求更高、更突出，也更强调人运用知识的能动性。这个时代要求人们具有创新精神，打破惯性思维，改变以往的生产方式，进行积极有效的创业活动，催生出一个个崭新的行业。

（三）创业催促了信息文明时代

20 世纪 50 年代以来的"信息革命"已被公认。"信息社会""信息文明""信息时代"等无论是作为概念还是现实，都已不容否认。20 世纪 90 年代以来，随着计算机技术、通信技术和网络技术的迅猛发展，资本、技术、人才等生产要素以空前的规模和速度在全世界范围内快速流动，极大改变了工业文明中的生产方式，加快了全球市场的变化，使市场竞争更为激烈。在滚滚的技术大潮中，人类的历史迅速地从工业文明向信息文明迈进。

信息文明的技术支撑是网络技术。网络原指用一个巨大的虚拟画面，把所有东西连接起来，也可以作为动词使用。在计算机领域中，网络就是用物理链路将各个孤立的工作站或主机连在一起，组成数据链路，从而达到资源共享和通信的目的。凡将地理位置不同，并具有独立功能的多个计算机系统通过通信设备和线路而连接起来，且以功能完善的网络软件（网络协议、信息交换方式及网络操作系统等）实现网络资源共享的系统，都可称为计算机网络。网络从表面上来看是将一台台计算机联系在一起，但其实质是将世界各地的人联系在一起。网络已是人类生产生活中不可或缺的要素，信息资源在网络中以光的速度进行传播，原本禁锢人类交流的地域空间障碍不复存在。时间就是价值，时间就是效率，时间就是资源。信息资源已成为一种重要的资源，有了信息就会有优势，就能够做到先发制人。总而言之，信息文明时代的创业活动围绕信息获取、传递、利用与分享展开。

信息产业是对社会经济活动中对从事信息技术、设备和信息产品的生产及提供信息服务的产业部门的总称。信息产业属于第四产业范畴，它包括电讯、电话、印刷、出版、新闻、广播、电视等传统的信息部门，以及新兴的电子计算机、激光、光导纤维、通信卫星等信息部门。其主要以电子计算机为基础，从事信息的生产、传递、储存、加工和处理。

美国商务部按照 1987 年《标准产业分类》，在其发布的《数字经济 2000》中给出的信息技术产业的定义：信息产业应该由硬件业、软件业和服务业、通信设备制造业及通信服务业 4 部分内容组成。美国信息产业协会（American Information Industry Association，AIIA）给信息产业的定义是依靠新的信息技术和信息处理的创新手段，制造和提供信息产品、信息服务的生产活动的组合。北美自由贸易区（美国、加拿大、墨西哥）在 1997 年联合制定的《北美产业分类体系》（*North American Industry Classification System*，NAICS）中，首次将信息产业作为一个独立的产业部门规定下来。该体系规定，信息产业作为一个独立而完整的部门应包括以下单位：生产与发布信息和文化产品的单位，提供方法和手段、传输与发布这些产品的单位，信息服务和数据处理的单位。具体包括出版业、电影和音像业、广播电视和电讯业、信息和数据处理服务业4种行业。欧洲信息提供者协会（European Information Providers Association，EURIPA）给信息产业的定义是提供信息产品和信息服务的电子信息工业。日本的科学技术与经济协会认为，信息产业是提高人类信息处理能力，促进社会循环而形成的由信息技术产业和信息商品化产业构成的产业群，包括信息技术产业及信息产品化。信息产业的内容比较集中，主要包括软件产业、数据库业、通信产业和相应的信息服务业。

信息技术的发展，快速而深刻地改变了社会的面貌，改变了人们的生产生活方式。发达国家和地区高度重视信息产业在整个经济发展全局中的地位和作用。信息产业作为优先发展的产业，已经成为经济发展中最具活力的产业。

据测算，信息与网络技术使知识对经济增长的贡献度从20世纪初的5%～20%上升到90%以上。以高科技特别是信息技术为支柱的知识经济，可以使原材料和能源消耗减少，产出增加。1996年，经济合作与发展组织（Organisation for Economic Co-operation and Development，OECD）发表了题为《以知识为基础的经济》的报告。该报告将知识经济定义为建立在知识的生产、分配和使用（消费）之上的经济。其中所述的知识，包括人类迄今为止所创造的一切知识，最重要的部分是科学技术、管理及行为科学知识。从某种角度来讲，这份报告是人类面向21世纪的发展宣言，宣示着人类的发展将更加倚重自己的知识和智能，知识经济将取代工业经济成为时代的主流。

知识经济与信息经济有着密切的联系，也有一定的区别。知识经济的基础是信息技术；知识经济的关键是知识生产率，即创新能力。只有信息共享，并与人的认知能力——智能相结合，才能高效率地产生新的知识。所以，知识经济的概念更突出人的大脑、人的智能；反之，人的智能只有在信息共享的条件下，才能有效地产生新的知识。所以，信息革命带来的数字化、网络化、信息化，为信息共享、高效率地产生新的知识打下了坚实的技术基础。这就是说，信息革命、信息化与知识经济有着密不可分的关系。甚至直到目前，在国际上，知识经济、信息经济、智能经济往往还同时使用。

知识经济的兴起，对投资模式、产业结构、增长方式和教育的职能与形式都产生了深刻的影响这主要表现在以下几点：①在投资模式方面，信息、教育、通信等知识密集型高科技产业的巨大产出和展现出的骤然增长的就业前景，将导致对无形资产的大规模投资。②在产业结构方面，电子贸易、网络经济、在线经济等新型产业将大规模兴起，甚至农业等传统产业也将越来越知识化。产业结构的变化和调整是以知识的学习积累和创新为前提的，在变化的速度和跨度上显现出跳跃式发展的特征。③在增长方式方面，知识可以低成本地不断复制并实现报酬递增，使经济增长方式可能走出依赖资源的模式。这不仅使长期经济增长成为可能，还使经济活动伴随着学习，现代教育融于经济活动的所有环节。知识更新的加快使终身学习成为必要，受教育和学习成为人一生中最重要的事情。知识和信息已成为我们这个时代核心的竞争要素，发现、发明和掌握新知识的能力成为竞争的关键，社会呼唤创业者。

纵观人类的文明史，农业文明时代的资源开发需要创业，工业文明时代的资本积累与增值需要创业，信息与知识经济时代的科技创新与财富增长更需要创业。在永不停息的人类创业过程中，人类的社会生产方式、生产力在不断提升，人类的生产能力将达到前所未有的高度。

第三节　创业的哲学分析

人类的生活有着基本的两大方面：一是物质的、生产的活动；二是精神的、思维的活动。这两个方面的活动构成了人类向自然挑战、向社会挑战、向自我挑战的全部历史。创业就是这部历史的主旋律。对于创业的哲学分析，有利于我们更深入地理解创业的概念，也能拓展哲学的研究领域。

一、人的内在本质

从本体论的角度看，人类在自然界的漫长进化过程中产生，是自然的产物，人和自然是一致的。这种时间上的先后顺序和逻辑上的依赖关系，已决定了自然界相对于人类存在的相对优先地位。随着人类意识的产生，特别是人类对自然规律的正确理解，当人类正确运用自然规律改造自然界之时，自然界便成为人类有意识活动的对象。人的自然化逐步向社会化转变，形成了独特的人类社会。人是社会的动物，人的一切生活表现都是社会生活的表现，人与人类社会是统一的。脱离一定社会关系而绝对独立的个人或个人的活动都是不存在的。因此，人类社会与自然界一样相对于人的存在都具有优先的地位。

我们必须从这两个优先地位中去寻找人的规定性，即人的自然规定性与社会规定性，以及两者的统一性。因为，人是具有自然属性的社会动物。人对自然规律和社会规律的认识是一个由外入内、由内及外、由浅入深、由现象到本质和由本质再反思的交互过程，人类对自身的认识亦然。

对人的本质认识也需要同时从精神实体角度探讨，柏拉图（Plato）的"人是理性的动物"是最突出的表述。在这个领域中，德国的古典哲学给人的印象最为深刻。笛卡儿认为人是一种思维的实体，思维是人的本质，因此提出"我思故我在"的命题。巴鲁赫·斯宾诺莎（Baruch Spinoza）则更进一步提出，实体的存在不是人的本质，只有理性精神才构成人的本质。康德在高度肯定理性作为人的本质所具有的主动性和创造性的基础上，更是将理性抬升到"世界的立法者"和"世界发展的最终目标及最高的第一原理"的高度。黑格尔延续着康德的方向，抬高人及其理性的地位，从而把人的本质推到绝对精神的极端。他认为，人类的发展史就是一个由精神现象经过自我的逻辑论证再外化为物质的行动，最终上升为绝对精神的过程。这个过程是人的本质形成与完善的过程，绝对精神是人的主体性的根据。上述对人的本质的探讨共同之处在于把人的本质看成一种不同层次的精神实体，并没有打破人的本质作为一种实体的羁绊。

其实，人的本质不仅仅是实体，更是一种关系。对此，马克思提出"人的本质在其现实性上是一切社会关系的总和"①。从这个概念，我们的视野从实体性中解脱出来，从人与自然、社会广袤的相互交换关系中认识人的本质。自然科学与人文科学常常被看成两条平行线，但随着现代科学技术的发展，人们越来越感受到它们之间的密切联系，现在我们可以更多地运用自然科学的成果来说明人文科学现象。当代著名的比利时科学家普里戈金，其主要研究非平衡态的不可逆过程热力学，提出了"耗散结构"理论，并因此获得了1977年诺贝尔化学奖。普里戈金和斯唐热（2005）指出："今天，我们的兴趣正从'实体'转移到'关系'，转移到'信息'，转移到'时间'上。"这种转移的本身就是方法论的变革。

对人的本质的认识是一个由外在到内在再由内在到外在的螺旋式上升过程，我们必须从人与世界的相互关系中去把握。从哲学角度，我们是从个性中寻找共性，从特殊性中寻找普遍性。因此，人的本质是自然与社会多维关系的总和。

二、人的本质力量

人的本质力量是人的本质的逻辑延伸，是由人的本性驱动的，是不断对自我价值追求与实现的动力。人作为自然与社会多维关系的总和，人类对其内在的本质力量认知也有一个提升的过程。

1. 历史探索

在西方思想史上，哲学家和思想家大多数从理性来了解人的本质力量之所在。最有代表性的是古希腊智慧大师亚里士多德，他认为，人是万物之灵，人具有全部的精神力量，有感觉的、推动运动的和能思维的力量，因此人是一种生气勃勃的存在物。他还提出，由于人天生具有理性，因此人总是追求一种合乎理性的生活状态，与他人一起生活，所以人是一种社会性的政治动物。亚里士多德肯定了理性是人的本质，是人的精神力量的重要组成部分，是人进入社会生活，追求合理政治制度和追求美满幸福人生的根据。奥古斯丁（Augustinus）认为，人的本性是热爱认识自身的存在，唯有人才具有这种崇高的、绝妙的本能——理性。从文艺复兴到近代，哲学家摆脱了神学的束缚，又恢复了人的主体地位、人的尊严和人的价值。培根认为，人可以被视为世界的中心和目的。笛卡儿更进一步把人提高到世界本体的地位。康德和黑格尔把近代关于人的本质、人的价值和人的理性的观点推向了极致，甚至把人及其理性奉为世界的主宰和本体。这个时期思想家在肯定人的理性本质的同时，还提出"人一半是神、一半是野兽"的主张。他们认为，就理性来说，人能够认识真理、支配自然存在物、选择合理的生活方式、建立合理的政治形式、创造着自己的生存环境等，因此表现出本质力量之善的方面；就本能和感性来说，人又受本能要求和感性欲望的驱使，追逐名利、贪婪情欲、争权夺利，甚至用暴力战争消灭自己的仇敌，因此人表现出兽性的恶的方面。在这里，他们既看到人的本质力量表现为人的主动性、主体性和创造性，也展现在本能欲望、感性追求、意志趋

---

① 马克思，恩格斯，2009. 马克思恩格斯选集：第1卷[M]. 中共中央编译局，译. 北京：人民出版社.

利和德性品质中。但是他们还没有认识到神性和兽性、理性和感性背后隐藏着的物质性的社会经济原因才是根本原因。

2. 马克思的解释

马克思对人的本质力量的解释,是从人的现实存在状态和存在方式出发来阐述人及其一切社会关系,以昭示人的本质力量。这不像西欧大多数思想家那样从理性出发,也不像中国古代思想家那样从道德理念的仁或善出发来规范人的本质力量。马克思指出,人之所以为人,并不是在于他们有思想,而是在于他们生产自己所必需的生活资料,即劳动创造了人本身①。人的现实存在状态和存在方式就是社会实践。实践过程既是人对物质世界的改造和把握,也是人运用物质资料塑造自己、改造自己和发展自己社会关系的过程。人的本质力量不仅体现于人是有理性的、有意识、有目的的社会实践主体,还体现于创造着自己时代的生产力,创造着与之相适应的生产关系、社会关系和各种文化形式。

三、创业是人本质力量外化的最高形式

人类在创业过程中不断追求自己的价值,超越自我,使自己的本质力量外化为行动,促进生产力进步和生产关系创新,人类历史政治形态由野蛮走向文明。

1. 人的本质力量在创业起步过程中初步呈现

3万年前,山顶洞人只会利用自然界现成的树木、石头、骨头来制造工具。他们用树木做成长矛狩猎,用骨头做成针缝制兽皮,用石头做成石斧、石刀等,人们寄居在山洞、石穴中。山顶洞人已经学会用火,火给人类带来的温暖和光明,使人类从生食进步到熟食。随着生产力的进步,人类用烧制出的陶器、青铜器和铁器,用以代替石制器皿。人类就是这样不断创新创业,不断用自己的本质力量改变着自身和周围的世界,使人类渐次进入陶器时代、青铜器时代和铁器时代。农业同样也是人类的创业过程,它使人类从游牧生活转为定居生活。这是人类文明的第一次浪潮或伟大的农业革命。人的本质力量在这个过程中初步展现。

2. 人的本质力量在技术革命中全面展开

18世纪中叶,英国人发明了纺纱机和实用的蒸汽机,以此来代替人工劳动,生产效率大幅提高。随后,轮船、火车、电力、汽车、石油、高速公路的快速发展,农民加速向城市转移,形成了人类文明的第二次浪潮或称为工业革命。在20世纪向21世纪过渡的转折点上,随着电子计算机、网络技术的快速发展,信息资源的效应越来越凸现,人类文明的第三次浪潮扑面而来。历史上长期束缚人类创造力的空间与时间障碍逐渐消除,人类的本质力量在一次次的技术革命和一次次的创业过程中充分展现出来,人类用

自己的行动证明了人是最有创造力和高级生命的事实。

3. 人的本质力量在改造社会的过程中得到升华

原始社会作为人类历史上第一种社会关系，是以血缘关系为基础的。一个个各自独立的劳动群体内部成员完全平等，共同劳动、公平分配。奴隶社会打破了狭隘的血缘关系，形成了较大范围人的联合，提高了改造自然的力量和本质实现的程度，创造出灿烂的物质文明和精神文明。封建社会采取了人与生产资料的新的结合方式，劳动者具有一定人身自由并占有部分生产资料，对本质力量的继承及交往范围进一步扩大，增强了人类的创造力量，提高了人类改造自然和社会的程度，推动了社会的进一步发展。它比以往的社会关系更具有创造力。资本主义社会关系作为人类历史上最后、最高级的私有制社会关系，人在形式上比以往任何时候都自由，人可以在全社会范围内自由选择生产资料，不断创造新的劳动工具去发展对象。这种社会关系较之以往更具创造力，它是私有制社会中的人的自由创造本质的最高级存在和实现形式。我国在社会主义探索过程中，所有制形式经历了一元到多元再到混元这一进程，社会资源配置方式经历了由计划方式到市场方式的阶段。现阶段我国实行以公有制为主体、多种所有制并存的经济制度，多种所有制包括个体经济、私营经济、混合所有制经济（包括外资经济）。在这种经济制度下，人的自由创造、创业的空间越发广阔，人的本质力量得到越来越充分的发挥。

在不同的社会中，人作为社会关系的动物，不断创造着适合自身的社会关系，不断创造能够最大限度发挥自己本质力量的社会关系。创业是这一切活动中最有创新性的社会活动，是人的创新性思维外化和人类本质力量外化的最高形式。

四、创业者的主体性实现

人的主体性是人作为活动主体的质的规定性，是在与客体相互关系中发展了的人的自觉能动和创造的特性。它可以从主客体的双向建构的动态演变中得到说明。

1. 创业者的主体客体化及客体主体化

人作为认识自我、认识世界与改造世界的主体，具有其他动物所不具有的自觉性与能动性。客体就是进入人的认知与实践领域中的对象，包括自然界、人类社会和人的自身。主体与客体双向建构的关系包括：一方面，人作为积极的、能动的认识与实践的主体，在对客体的认识与改造过程中，用自己的价值观、审美观和技能去影响客体，使客体打上主体的烙印。这就是主体因素向客体转移的过程，称为主体客体化。另一方面，客体的属性、本质与规律在主体客体化过程中，既是内化为主体的知识与技能，又影响着主体的价值观与审美观，这称为客体主体化。

任何的创业者在其奋斗历程中，双向建构伴随他们创业的整个过程。创业者的资金筹集、项目开发与选择、资源整合、价值实现等，都是创业者根据自己的知识背景、认知水准、掌控能力去对目标对象进行影响与改造的过程，这可称为创业过程的主体客体化。相伴而来，创业者也在不断认识资金筹措的渠道、方法与途径、项目优劣差异、技术路线与方案、市场走势等对创业活动的反馈影响，调整自身的决策和行动，这可称为创业过程的客体主体化。双向建构相互作用，使创业者正确认知创业环境、掌握创业技能、实现市场价值，走向创业成功。

2. 创业者的主体性实现

人的本质的实现即为人的主体性实现，这种本质的实现是以人的社会实践活动为途径的。认识自我价值、追求个性发展和承担社会责任构成人的主体性实现的 3 个基本环节。

认识自我价值是人的主体性实现的逻辑起点。首先，创业者必须对自我有一个基本的判断，判断创业是否可行。其次，创业者从"我要创业"的创业目标，转向"我能创业"创业价值的实现。创业者在创业初始就认定创业成功，并且一直深思、内省如何实现自己的价值。

创业是个性化的活动，是认识自我价值后的实际行动。创业离不开人的创造力、创新力、创业能力，而这些能力源于人个性的全面发展、个性的不断完善和个性的自我弘扬。个性发展是创业素质的源泉。创业能力的培养有赖于人的个性潜能完全发挥和个人意志自由解放，个性是人与人区别和关联的基础，也是创造新事物、创新思想的来源和动因；开创性是个性全面发展的组成因素。个性的全面发展就是成为自信、潜质完全发挥、具有创造性人格的人，没有开创性就不是全面发展的个性，人个性的全面发展和创业素质相互促进。

承担社会责任是创业者本质力量和主体性的实现。创业不是创业者纯粹个人的行为，他所利用的是社会资源、社会交换关系、社会经济政治文化规范，应该为社会提供有价值的产品，满足社会需求。逃避社会责任是创业者没有力量的表现，承担社会责任的创业者回报社会是其主体性与本质力量的实现。

这 3 个环节在逻辑上是递进和逐次提高的，互为条件。"内省—外化—实现"三者互动互为、螺旋上升。创业在不同历史、时代、文化、社会等背景下，地区发达程度差异、产业结构差异、市场规则差异，使相同的智力、物力投入有不同的创业产出，这说明了创业行为的社会性和主体性实现程度的相对性。

第二章　创业教育的生成、嬗变与迁移

创业教育的生成、嬗变与价值观的进化有紧密的联系。教育价值观主要有以下 3 种：最有影响力的知识本位的教育价值观、最有生机活力的个人本位的教育价值观、最具有现代感召力的社会本位的教育价值观。这 3 种教育价值观互为促进。有关学者在不同的教育背景与社会发展阶段，遵循社会科学发展规律，演绎出多种基于社会需求的教育哲学与教育理论，实用主义便是其中颇具代表性的教育哲学思潮。基于实用主义的影响，创业教育迅速地成长起来。

第一节　源于实用主义的创业教育

任何的观念与理念的形成都不是偶然的，都有它的历史必然性。对于创业教育观念与理念受其产生的环境的影响，需要从大学教育观的生成、嬗变及大学功能的迁移来进行分析。

世界观是人们对所处世界的根本看法和总的观点，而大学教育观是对大学教育根本的看法和总的观点。大学教育观由于观察的主体、角度和思维方式的不同，产生大学教育的个体观、社会观、国家观、教师观、学生观、目的观、内容观、方法观、知识观、伦理观和政治观等。对纷繁复杂的大学教育观做出解释，并不是一件容易的事，但通过梳理其内在的观念体系，可以发现其决定性因素是高等教育的价值观。

价值观是客体属性与主体需要之间的关系在主体观念上的反映，是客体功能满足主体需要的基本评价。同理，高等教育价值观属于高等教育哲学的范畴，是对高等教育价值功效的系统性认识和基本看法。

一、实用主义教育观

（一）实用主义的渊源

实用主义教育思想产生于 19 世纪 70 年代的美国。由于各种因素的相互作用，以约翰·杜威（John Dewey）为核心的实用主义教育思潮在 20 世纪 20 年代前传入中国并很快形成高潮，对中国教育实践与理论发展产生了深刻的影响。

实用主义教育思想是 19 世纪末 20 世纪初，在美国兴起的以实用主义哲学和机能心理学为基础的教育思想，其代表人物有杜威、威廉·克伯屈（William Kebertru）等。与马克思主义不同，实用主义崇尚改良主义发展观，这是其教育哲学的一个重要理论基础。

杜威（2004）指出："如果说，观念、意念、概念、见解、理论、体系乃是工具性的东西，是帮助我们主动地改造一定的环境，排除某种特殊的困难和苦恼的，那么，完成这件工作就是检验它们的有效性和价值的标准。如果它们顺利地完成了任务，那就是可靠的、妥当的、有效的、好的、真的，如果它们不能消除混乱，排除缺点，如果它们在使用的时候反倒增加混乱、疑惑和弊病，那就是假的。确认、确证、证实的根据在于效果、后果。"在杜威看来，真理具有工具的性质，其价值是由使用它所产生的功效来确定的。在他看来，各种概念都只能算是一些假设，只能承认它们是行动的出发点，受行动的检验，而不是行动的结局。它们的价值并不在于它们自身，而在于它们的功效，功效显示在它们所造成的结果之中。作为工具的真理，不是个人的，而是公众的和普遍的，是为公众所确认的。正如工具是通用的一样，真理也不是私人的，而是大家的。在杜威看来，教育是一种永久事业，它是人与环境交互作用之经验的不断重组，其目的在于提高人的能力和素质，并使社会得到不断的改良和进化。杜威认为，在观察与实验中得到的经验，不只是记载过去已发生的事，更重要的是把学生检验了的过去引向适应和改造社会的未来，使学生处理未来事物的能力增强。基于此，杜威提出了相辅相成、层层推进的教育新理念。

（二）杜威的教育新理念

1. 教育的本质是"教育即生长、教育即生活、学校即社会"

杜威的教育观以心理学为依据，在他看来，人是以本能活动为核心的习惯、情绪、智慧等心理机能不断开展、生长的过程。杜威（2001）指出，教育是促进人的本能生长的过程，"我们如要衡量学校教育的价值，要看它能否创造继续不断的生长欲望，能否供给方法，使这种欲望得以生长"。以此为基础，杜威展开了逻辑推进，教育即生长，这无非把现实的社会生活简化，缩小到一种雏形的状态，它本身就是一个小型的社会。本能生长是在生活中展开的，生活是生长的社会性表现。因此，教育即生活，教育的开展是人的生活的本身，这就是杜威教育思想的关键点。黄书光（2000）总结杜威实用主义教育思想中国化应用与探索的历程，对此概括为两句话："教育即生活"和"教育即是继续不断的重新组织经验，要使经验的意义格外增加，要使个人主持指挥后来经验的能力格外增加"。杜威沿着"教育即生活"的逻辑继续前行，提出为了培养完全适应社会生活的人，学校应该利用过去的和现有的生活情境作为其教育的主要内容，也就是学校即社会。杜威（2001）认为，学校不应该是脱离生活实际的学习场所，强调"学校作为一种制度，应该把现实的社会生活简化起来，缩小到一种雏形的状态"。例如，现实生活中的工厂、商店、银行等各种社会机构，都可以引入学校，使学校成为一个小社会。陶行知对此判断一度表现出同情与理解，但是经过反复的实践探索，他逐渐认识到这一命题的理论局限性，要求进行学理上的根本改造。陶行知（2005）指出："学校即社会也就是跟着教育即生活而来的，现在我也把它翻了个筋头，变成社会即学校……学校即社会，就好像把一只活泼泼的小鸟从天空里捉来关在笼里一样。它要以一个小的学校去把社会所有的一切都吸收进来，所以容易弄假。社会即学校则不然，它是要把笼中的小鸟放到天空中，使它能任意翱翔，是要把学校的一切伸张到大自然界里去。"

2. 教育目的

杜威从多方面论述过教育目的的问题，其中最重要的是他关于"教育无目的"的论述。杜威（2001）认为，教育只是一种过程，除这一过程外，教育是没有目的的，或者说只有教育过程内的目的，而无教育过程以外的目的。据此，杜威提出应追求建立一种"良好的教育目的"，并指出它所应具备的特征：教育目的要根据受教育者的个人的活动、需要和现有能力；教育目的必须同时也是组织教学活动的方法，能提出解放、组织学生能力所需的环境；制定教育目的要避免制定一般的、终极的目的，需制定当前的和各种具体的目的等。概括地讲，杜威是在否定教育的社会政治目的的外衣下，又使教师与家长通过所谓的符合受教育者需要的、能指导学生活动的和眼前的、具体的教育目的来实现实质上的是由社会条件、阶级意志所制约的目的。

3. 教育的基本原则是从做中学，让学生经验完整的世界

杜威从实用的经验主义出发，对以传统的教师、书本和班级授课形式为中心的教育方式进行了较为彻底的批判。杜威（2001）认为，这是一种教师独断性质的教学方式，学生被动地学习书本上的课文，没有活动的情境，学生的个性智慧无法发挥。杜威提出了"做中学"的5个步骤：第一，学生要有一个真实的经验的情境，要有一个对活动本身感兴趣的连续的活动；第二，在这个情境内部产生一个真实的问题，作为思维的刺激物；第三，他要占有知识资料，从事必要的观察，应对这个问题；第四，他必须负责一步一步地展开他所想的解决问题的方法；第五，他要有机会通过应用来检验他的想法使这些想法意义明确，并且让他自己去发现它们是否有效。对于"让学生经验完整的世界"，杜威（1981）认为，知识与能力之间并没有简单的直接对应性，人的性格和能力品质分化的原因，除了必要的智力背景外，主要是经验。只有在经验过的世界中，才可能真正建立自我把握的世界，才会在情境适当时显示出才能。学校不仅要为学生提供知识，而且要为学生提供广泛接触社会、经验生活的机会，从而使学生可能去经验完整的世界。

"从做中学"是杜威的基本原则，其中教材的内容、教学的方法、教学的过程、教学的组织形式都要以"做中学"为中心。"做"是对经验世界的体验，"学"是对经验世界的整理与探索，其中的教育教学理念蕴含着对学生创造、创新能力和适应社会、推动社会发展的关注。美国在20世纪教育价值观与教育实践的根本转型，以个人本位和社会本位的教育价值观代替知识本位的教育价值观，大学由社会边缘向社会中心的成功迁移，教育形式的变化，特别是创业教育的兴起与普及的浪潮，杜威功不可没。

二、高等教育价值观

高等教育价值观主要有3种：以知识本位为主的高等教育价值观、以个人本位为主的高等教育价值观和以社会本位为主的高等教育价值观。这3种价值观决定了高等教育不同的结构、形式和功能方式。

（一）以知识本位为主的高等教育价值观

以知识本位为主的高等教育价值观是将高等教育利于知识、学问发展的价值置于首位。该观点认为高等教育的基本价值、主要价值在于知识创新、学术探究，促进学问的发展。学校和教师是知识的传授者、探索者和管理者，它们注重向学生传授知识，学生以接受、记忆、储存知识为主要任务。

这种价值观具有较长远的传统。大学从中世纪发展到19世纪，知识传授一直是大学的主要职能。19世纪初期影响德国大学改革的思想家们，在他们的大学论说中渗透的就是这种高等教育价值观。例如，德国哲学家、神学家施莱尔马赫（Schleiermacher）在他的《德国意义上的大学随想》一书中认为，培养学生"察见事物本质的认识能力、科学精神"是"大学的使命"。大学的主要任务是在"已经掌握了大量知识的优秀青年的思想里激活科学的理念"，使他们在科学的立场上觉察到事物与事物之间的紧密联系，通过自己的思考自觉地学习科学的根本法则，从而发展各自的研究能力、发现能力与表现能力，这就是被称作大学的机构之意义所在。洪堡认为："大学的真正成绩应该在于它使学生有可能、或者说它迫使学生至少在他一生中有一段时间完全献身于不含任何目的的科学。"而且，"与传授和学习既成知识的中学不同，大学的特征在于常常将学问看作没有解决的问题不断地进行研究。因此在大学中教师与学生的关系完全不同于中学，即大学的教师并不是因为学生而存在，教师和学生都为学问而存在。"

这种以知识本位为主的高等教育价值观在大学教育活动中的主要体现：一方面通过研究进行教学；另一方面使教学成为促进研究的一种手段。从19世纪到20世纪60年代，大学除了知识传承、科学研究以外，还接受了知识应用的社会服务观念。20世纪中后期以来，高等教育国际化和知识经济的到来，又使教育承担了知识整合的功能。知识渗透于大学的各项活动中，创造知识、传承知识和应用知识，成为大学的根本使命。英国著名社会史学家珀金（2001）曾经说过："一切文明社会都需要研究高深学问的机构来满足它们探求知识奥秘的需要，同时它们也为知识的拥有者和探求者提供各种所需的条件。"这表明社会文明的传承需要大学，大学需要为知识发展创造条件。

（二）以个人本位为主的高等教育价值观

以个人本位为主的高等教育价值观将高等教育利于个人发展的价值置于首位。该观点认为高等教育的基本价值、主要价值在于促进个人理智的发展，以达到完善个性的目的。教育理应顺应人自身发展的自然规律、社会规律及个性差异，并据此来制定教育目的和建构教育活动。这种价值观的哲学内核是将人视为万物之本，主张教育要完全根据人的自身完善和发展的天然需要来进行设定，从而实现人的完善和完美发展，成为超越万物的人。

以个人本位为主的高等教育价值观有着悠久的历史。古希腊雅典"希腊学园"以培养"自由人"为目的。文艺复兴时期的人文主义运动反对中世纪宗教神学对人性的摧残，倡导人性的尊严与自由，强调人的个性的全面和谐发展的教育宗旨，认为每个人都具有一些自然所赋予的潜在力量和才能，这些力量和才能都具有渴望发展的倾向，教育的目的就在于全面和谐发展人的一切力量和才能，使人的各项能力得到自然进步和均衡发展。裴斯泰洛齐（Pestalozzi）一方面主张发展人的一切力量和能力，使人得到和谐发展；另一方面他注意到人的各种能力的发展是"人类的普遍需要"，进而说明社会的发展内含于个人发展之中。在英国牛津和剑桥等古典大学中，能接受高等教育本身就是一种个人价值的体现。以个人本位为主的高等教育价值观不仅盛行于 19 世纪的英国大学，而且现代西方国家的许多大学仍然以此作为开展教育活动的基本指导思想。在美国，年轻人享有很大的接受高等教育的自由选择权，学生根据自身特点和喜好自由选择高等教育，借以充分发挥个人的创造性和创新性，在满足个人参与社会竞争需要的同时，实现个人的价值。

（三）以社会本位为主的高等教育价值观

以社会本位为主的高等教育价值观将高等教育利于社会、国家发展的价值置于首位。该观点认为高等教育的主要价值在于为社会培养人才，以此促进国家政治、经济和社会的发展。这种价值观的哲学基础即人的本质是一切社会关系的总和，人之所以为人，是因为他生活于人群中并参与社会生活的发展，人的身心发展等诸多方面都依靠社会提供营养，而教育是实现人社会化的有效手段。

以社会本位为主的高等教育价值观也有深刻的思想动因。古典大学和近代大学培养的是治理或管理社会的精英人才，这既有显著的政治价值也具有文化传承价值。最明显的例子或许体现在 19 世纪后期美国威斯康星大学的办学思想与实践中。作为一所州立大学，威斯康星大学必须考虑每一项社会职能的实际价值，换句话说，它的教学、科研和服务都应当考虑到威斯康星州的实际需要。

这 3 种价值观都有悠久的历史传统和当代效用，从科学性和合理性来说，都有各自的适用范围、时间及优缺点。我们需要做的是让这 3 种价值观有机融合，避免知识本位价值观缺失对学生的差异和个性的发展影响，避免以个人本位为主的高等教育价值观把人与社会人为割裂开来，避免以社会本位价值观对人的价值、主体性和个性化产生的消极影响。我国高等教育要特别注意吸收以个人本位为主的高等教育和以社会本位为主的高等教育的价值观，以知识本位为主的高等教育价值观需要转型发展，吸收其他两种价值观的可取之处，以适应大众化和普及化高等教育的要求。

三、功利主义教育观

（一）功利主义渊源

功利主义思想萌芽于古希腊哲学。公元前 5 世纪的亚里斯提卜（Aristippos）和公元前 4 世纪的伊壁鸠鲁（Epicurus）的感性主义伦理学都意识到了人的维度，提出了快乐主义、幸福主义的人生观。以普罗塔哥拉（Protagoras）为代表的智者学派更是将"人的感觉"提升到"万物的尺度"上来。伊壁鸠鲁认为道德的价值在于由其引发的快乐，追求快乐是人生的最高之善。德谟克利特（Democritus）则把"完人"和"至善"同追求幸福的伦理要求联系在一起，将现实生活和物质利益作为阐明道德现象的基点。

欧洲文艺复兴所带来的人性的张扬为近代功利主义的产生奠定了基础。托马斯·霍布斯（Thamas Hobbes）和洛克在继承英国经验主义哲学的传统基础上，论证了人的趋乐避苦的本性，提出了人们如何达到共同利益的途径和方法，为功利主义的产生奠定了认识论的基础。黑格尔从纯理论思辨角度论证了功利论是启蒙运动的最终结果。英国资产阶级革命的胜利和工业革命的兴起，使功利主义在社会科学领域也得到了强劲的社会力量推动。杰里米·边沁（Jeremy Bentham）作为英国的法理学家、功利主义哲学家、经济学家和社会改革者，是一个政治上的激进分子，也是英国法律改革运动的先驱和领袖，并以功利主义哲学的创立者身份成为系统化的功利主义学说的主要创建人。他的功利主义思想集中反映在"凡是能将效用最大化的事，就是正确的、公正的"这一论断上。约翰·斯图尔特·密尔（John Stuart Mill）把功利主义和政治经济学结合在一起，成为古典政治经济学的思想基石。这之后经过西克威克（Sikwick）和莫尔（More）等人的不断修正，功利主义业已成为一种思想体系，深深地影响了人类的思想和行动，成为一种政治哲学、经济哲学和教育哲学。

在我国，功利主义值得借鉴的内容可以概括为 3 个方面：一是要尊重个人利益，调动亿万人民的积极性和创造性。在社会主义市场经济条件下，在处理国家、集体、个体三者关系中，必须重视劳动者的个人欲望，因为人们奋斗争取的一切，都同他们的利益有关。二是遵从效用原则，注重社会实践行为的实际结果。功利主义的效用原则注重行为的实际结果，这与市场经济获取最大利润，追求最高效率具有一致性。三是强调个人利益和社会利益的一致性，促进社会公平正义的早日形成。在市场经济条件下，把"最大多数人的最大幸福"原则贯彻到人们的经济行为和现实生活中去，把它作为评价人们行为的重要准则，以协调个人利益和社会整体利益的关系，促进个人、集体和社会利益的协调发展。

（二）功利主义的教育思想

功利主义的思想可以简单地概括为以下两个方面：一是最大多数人利益最大化的满足是社会幸福的基础。社会利益是个人利益的"总和"，追求"最大多数人的最大幸福"的道德目的符合生活的功利原理。二是道德判断的两个标准分别是行为和准则。行为与准则的评判标准有明显的分歧，前者采用实用主义那种直接、简单的"效用"评判，后者则坚持理性主义的逻辑与实证相统一的评判。但这两种评判仍然都以"社会效益"为核心要义，这种以社会道德为价值取向的结果，使功利主义和实用主义一起成为引导社会变革的行为哲学思想，在教育领域中体现出追求社会效益最大化的教育观的转型。

如果从历史的视角来观察分析，从古希腊开始的追求"完人"的"人格化"教育，到欧洲中世纪倡导传授"神学知识"的"神性化"教育，再到文艺复兴时期主张弘扬个性、弘扬人文精神的"启蒙"教育和工业革命所造就的"科学"教育，教育逐渐体现出其产品对社会的"效用"，功利主义逐渐走到了教育价值的中心。功利主义的教育观集中体现在对教育目的的界定和对教育效用的评价上，功利主义认为，教育行为是否恰当，标准在于其带来的效果。教育目的是达到最大多数人的最大效益，是处于教育过程之外的结果。对教育行为的道德评判，应该以社会需求满足的程度为标尺。功利主义的核心是个人利益的总和——社会利益，因此，功利主义的教育观最终诉求是社会效益最大化。

美国 20 世纪 20 年代以来，大规模地培养中学生商业能力的"商业实践教育"，促进了随后美国商业的繁荣。40 年代以后推进的规范化、普及化的创业教育，使美国的创新能力遥遥领先于其他世界各国，经济活力始终旺盛的缘由是功利主义教育观发挥了巨大的效用。

（三）功利主义的创业教育

创业教育具有明显的功利目的。创业教育是培养人的创业意识、创业思维、创业技能等各种的创业综合素质，并最终使被教育者具有一定创业能力的教育。创业教育被联合国教科文组织称为教育的"第三本护照"，希望毕业生不再仅仅是求职者，而首先应该成为工作岗位的创造者，被赋予了与学术教育、职业教育同等重要的地位。这已将现代大学教育的道义标准定位于"为大多数人提供就业机会"的社会公益和功利之上。

创业教育不是简单地培养学生创业技能的工具，而是把教育产品运用于社会交换。相比而言，当前的创业教育更注重的是培养学生能够树立支撑创业的"整体精神"。这包括拥有辩证地认知人生、社会发展规律的能力，远大抱负、探索真理、独立人格和自我超越的创业精神；拥有良好社会公德和职业道德，提升创业人格和品质的创业伦理；拥有独立性、执着性、克制性、适应性和合作性等创业心理特征。和传统的知识教育和就业教育相比，具有的培养"整体精神"的创业教育是一种回归人的"社会本真"的教育，它激发出自我超越的主体性精神，实现个人的真正成长，最后实现个人群体所构成社会需要的满足。这就是创业教育的本源价值所在。

第二节　源于大学转型的创业教育

大学转型与社会转型相伴而生，相伴大学的功能和作用不断嬗变。创业教育不仅能促进中国大学由知识本位的价值观迅速转型为社会本位的价值观，还可以使大学迅速地由教学型向研究型再向创业型过渡。这种转型与过渡，将对创新创业人才培养，实现中华民族的重新崛起与可持续繁荣提供充裕的人力资源保障。

在我国近百年的社会转型中，由于大学的行政化倾向、政府拨款的异化、大学之间非理性竞争和寻租型文化，大学已由社会的引领者渐次转变为追逐者。中国大学要实现与社会相匹配或超前的快速转型，需要从制度创新入手，以知识与技术创新为动力，以解决社会发展的关键问题为己任，以培养大批的创业者为目的。

一、中国社会转型

在每次社会转型或者在转型期内剧烈的社会变迁之时，高等教育都会面临如何重新进行社会定位的课题。20 世纪 80～90 年代以来，我国高等教育的改革与发展，无论是在高等教育规模扩张的速度上，还是在高等教育制度改革的深度上，都是中国近代高等教育制度形成以来前所未有的。伴随着高等教育人口数量的不断增长和高等教育入学率的逐步提高，高等教育的各个层面，包括外部的制度环境、内部的管理运营，国家的政策、法律到学校的规章、规定，政府指导到学校自主办学，强调学校内部管理到强调教育教学实践，在人才培养、科学研究、社会服务、文化传承和国际交流各个方面都在发生着深刻的变化。这昭示着我国高等教育正处在一个转型时期。当我们的国家进入改革"深水区"所引发的全面创新创业的新阶段之际，高等教育的社会定位问题再一次摆到了我们的面前。以创业教育为推动力量，以知识本位为基础，以弘扬个人本位和社会本位相结合的高等教育价值观的高等教育变革，正悄然深刻地触及高等教育的制度层面、行为层面。深入研究创业教育，可以从"深水区"的社会转型开始。

（一）对社会转型的认知

西方社会学和社会功能结构学派认为，社会转型是指社会结构及其运行的转换。在这个过程中，转型的主体是社会结构，其表现形式是社会制度的标志性改变或社会形态的重大变迁。转型的方式是运行机制，主要表现为社会资源配置手段的变换。转型的结果有 3 种：宏观上，社会整体呈现出了转型前所不能容纳的面貌与特征，通常表现为国家价值观与生产方式的变迁；中观上，社会分层重组，新的社会阶层涌现；微观上，社会组织与社会个体的价值体系、行为方式和心理倾向在新的坐标体系中移动。

根据推动社会转型的主导力量，社会转型可分为政治主导型、经济主导型和文明主导型 3 种。这 3 种类型同时并存，只是在不同的社会转型阶段居于不同的地位、发挥着不同的作用。欧洲文艺复兴以来，社会经济的增长方式经历了由农业社会向工业社会的根本性转型，现正处于向信息社会又一转型的过程中。农业社会向工业社会转型过程中，主导力量变迁状况是由文明主导型引发、经济主导型推进、政治主导型巩固的。而 20世纪 80 年代以来发生的由工业社会向信息社会转型的进程，其路径有所不同，首先由经济主导型引发，文明主导型跟进，政治主导型的作用还未充分显现出来。

根据转型期的速度，社会转型可分为慢速期、中速期与急速期。西方社会由农业社会向工业社会的转型过程中，从 16 世纪开始的文艺复兴到 19 世纪工业文明的出现，欧洲的转型可以说是慢速期。从 19 世纪末到 20 世纪 70 年代处于中速期，标志性的产物是机器大生产。而由工业社会向信息社会的转型一开始就处于急速期，表现在计算机使信息技术迅速成长与全球扩散，形成有形和无形的网络覆盖全球；人们的生活日新月异、快速变化，"地球村"的形成，使地球的空间开始缩小，全球一体化的资源配置方式业已形成；知识开始升值，智能产品主导了经济的发展方向。苹果公司的智能产品深刻地改变了现代通信、娱乐乃至生活的方式。其创始人之一的史蒂夫·乔布斯（Steve Jobs）被公认是改变世界的天才，他凭借敏锐的触觉和过人的智慧，勇于变革，不断创新，引领全球资讯科技和电子产品的潮流，苹果公司因此成为全球市值居于前列的上市公司。成立于 1987 年的大型创业公司——华为技术有限公司（以下简称华为公司），不断创新，创造和打破了世界纪录协会多项纪录。2017 年第一季度，在服务供应商路由器和电信级以太网交换机市场中，华为公司首次超越长期在核心路由器市场居于全球首位的思科系统公司（以下简称思科公司），占据核心路由器市场的全球第一份额。2017 年一季度，华为手机中国的市场占有率为 24.7%，稳居市场第一。

（二）中国社会转型的理论研究

研究者从各自不同的学科背景、学科知识与话语体系出发，提出了对中国社会转型的不同看法。王永进和邬泽天（2004）认为，社会转型就是构成社会的诸要素如政治、经济、文化、价值体系在不同的社会形态之间发生的质变或同一社会形态内部发生的部分质变或量变过程。我国当前的社会转型正是社会主义内部各个构成要素不断发生部分质变或量变，向现代化不断迈进的过程。有学者从社会结构的整体性变化角度诠释了社会转型概念的内涵。陈晏清（1998）指出，中国社会主义市场经济的建立，不仅是经济体制或经济发展模式的转变，而且由于经济的基础性地位，它必将引起整个社会生活即人们的社会活动方式的巨变。在这种巨变之中，中国的社会结构也将得到根本性的改造，这就是社会转型。杨桂华（1998）指出，从社会哲学的层面看，社会转型是社会系统的序变，是社会结构模式的转换，是社会立体结构的转变。再如，王永进和邬泽天（2004）对我国社会转型的特征做了以下的概括：社会转型从空间看是全方位的、多角度、多层次的，从时间看是加速度的，从程度看则是深层次的。这种转型的全方位突出表现为它是从传统的计划经济体制、半自给的自然经济社会向社会主义市场经济体制的转化，从农业社会向工业社会转化，从村落社会向城镇社会转化，从封闭半封闭社会向开放社会转化，从伦理社会向法制社会转化，从经济建设向以制度建设为中心转化，从同质文化社会向异质文化社会转化，从刚性结构社会向弹性结构社会转化，由农业文明向工业文明、工业文明向可持续发展文明的双重社会转化。

从较为宽广的眼界来看待中国由农业社会向工业社会的转型，我们可以清楚地得出结论：中国较西方转型晚了半个世纪。从中国转型之始，可以以 1840 年的鸦片战争为起点，到目前为止，这一转型大致经历了以下 3 个阶段。

1）政治主导型的慢速期（1840～1949 年）。在历经百年之久的时期，中国社会的政治形态是彻底结束了两千多年的封建君主统治，经济形态也由农业社会开始向工业社会过渡，文化形态由单一型的儒家文化向儒家文化与科学技术、民主自由、民权民族、马克思列宁主义混合文化过渡。

2）政治主导型的中速期（1949 年至 20 世纪 90 年代初期）。中国用约半个世纪的时间，使工业化初具规模，成为世界制造业基地。不少学者认为这一时期应截止到 1978 年改革开放政策的确立，但理念转变不等于社会转型，因为社会转型是社会结构的变迁与运行机制的改变。

3）由政治主导型向经济主导型转变的加速期（20 世纪 90 年代中期至今）。该阶段最主要的特征是社会资源的配置方式由政府转向市场；一个以工业为主导力量的国民经济体系已经成熟，中国正在向以信息技术为支撑的世界先进制造业基地迈进，知识经济已见端倪；中国的青年一代正在广泛吸纳世界各民族先进优秀文化，一个以中国传统文化为根基的复合式文化已深入人心。中国当今社会，在改革的引领下，通过经济体制的变迁，较为成功地实现了由计划经济向市场经济的根本转型，中国社会正处于日新月异的加速转型期。

但正如世界上其他转型期的国家一样，加速期的社会转型导致了社会问题的频发与激化，可分以下几种类型：一是制度性、政策性因素引发的，具有全局性的结构性问题，如人口老龄化、贫富分化、贪腐现象等。二是由生产方式转换引发的社会与自然变迁性问题，如失业问题、生态问题等。三是由价值观和道德观畸变而引发的行为越轨性问题，如吸毒贩毒、拐卖妇女儿童、聚众赌博等；四是由竞争激烈所引发的个体性心理问题，如精神疾病患者增多等。

我们应该辩证地来对待这些问题，它们是社会转型的伴生物，在一定程度上不可避免。这说明传统社会单纯依赖伦理约束的机制治理与整合能力正在消退，新的法理治理机制与整合力量还未形成。这些问题都是社会的快速转型引发的，客观上要求中国应进一步加快与深化转型。当转型完成以后，中国社会将进入一个新的结构稳定期，社会发展进入一个更高层面的有序期，人们的价值观进入一个新的统一期，这就会弱化出现这些问题的存在根据，使它们易于得到解决。

二、中国高等教育转型

教育，特别是高等教育，承担着推进中国社会加速转型、最大限度降低转型社会的民族成本的重要任务。高等教育转型就是构成高等教育的诸要素如学生、教师、教学、学术组织、管理体制等在一定的内外部条件作用下所发生的部分质变或量变的过程。高等教育必须先于社会转型而转型，承担起培养社会转型骨干人才的重任。尽管在 20 世纪 10～20 年代，我国大学喊出了救国图存的"德先生"（democracy，意"民主"）和"赛先生"（science，意"科学"），有力推动了中国社会的政治转型。而在当前加速转型期，它却失去了应有的"光芒"。作为计划经济的最后一个堡垒，它自身的改革严重滞后于我国经济形态与文化形态的转型，在中国的社会加速转型期内没有发挥应有的功能与作用。

（一）慢速转型期的中国大学：社会转型的引领者

中国的高等教育历史可以追溯到有实无名的西汉太学，但是，具有现代意义上的大学则是基于 1840 年的鸦片战争所引发的社会转型。西方列强的坚船利炮使清王朝打开国门，洋务运动兴起与西学渐入已成必然。

1862 年开办的京师同文馆标志着新型高等教育在我国的开端。"中学为体，西学为用"的教育理念，使微积分、航海测算等课程成为京师同文馆教育的重要内容。这一时期创办的新式学堂，以外语学堂和军事学堂为主，如上海广方言馆（亦称上海同文馆）、马尾福建船政学堂、天津水师学堂、武汉湖北武备学堂、南京江南水师学堂等。1895 年中日甲午战争失败后，中国认识到不仅要学西方、西艺，还要学习西政、西学。因此，继 1895 年天津中西学堂（北洋大学、天津大学前身）、1896 年的上海南洋公学（交通大学的前身）之后，1898 年创建了对中国近代史产生重大影响的、以"中西并用，观其会通"为特色的京师大学堂（北京大学前身）。

中国大学起源于西方大学思想、教育内容在中国的成功嫁接,它如同初生的"婴儿"。但这"婴儿"茁壮成长,直接转换为推动中国社会进一步转型的生力军。当时的北京大学,不仅成为当时的国学中心,还是全国新文化运动的发祥地和马克思主义的传播中心。北京大学文科学长陈独秀、图书馆主任李大钊、文学院院长胡适,加上刘半农、钱玄同、鲁迅、周作人等知识分子来北京大学任教,他们以辛亥革命后的中国社会现实认识为起点,进而追溯到几千年凝结而成的文化传统,继而以西方成熟的民主和科学旗帜对这种传统进行总体性的批判。这是一场深刻的思想解放运动,为接下来的五四运动、马克思主义在中国的传播和中国共产党的诞生奠定了思想基础。此后,清华大学、同济大学、东吴大学、中山大学、武汉大学、山东大学、厦门大学、浙江大学、燕京大学和风靡一时的西南联大(1938 年 4 月,由清华大学、北京大学、南开大学迁到昆明组成),也同样造就了一大批贯穿中西的学术大师和推动中国社会转型的栋梁人才。显然,中国的大学在慢速转型期已经成为中国社会转型的引领者。

(二)中速转型期的中国大学:追逐时代变迁

从这一时期我国大学的数量来分析,1949 年全国共有高等院校 205 所,在校生 11.65 万人;1978 年共有高等院校 598 所,在校生 86 万人;1993 年,高等院校已达 1075 所,在校生 279 万人。从数据比较来看,我们得知中华人民共和国成立之后中国大学进入其快速发展时期。

从大学的宗旨、结构与功能变迁来分析,中华人民共和国成立以后中国的高等教育"以苏为师",对 1949 年以前所形成的欧美式大学进行了"独尊苏模"的"肢解+组合"改造。比较有代表性的有清华大学文理科分给北京大学,交通大学理科、管理学科被拆到复旦大学等校成为纯工科大学;浙江大学按理科、工科、农科拆成几个部分,理科主要并入复旦大学;中央大学和金陵大学被肢解、组合成几所大学,南京大学和东南大学为其主要的继承者。这种"肢解+组合"式行动意在迅速培养单科性人才,以适应中国急于推进的工业化进程之需求。

从 1978 年到 20 世纪 90 年代初期,中国的大学得到了恢复性的快速发展。这时,恢复大学传统成为大学自身发展的主旋律。这时,人们的知识本位价值观深刻地影响了大学的管理者、老师和学生,"科学技术是第一生产力"理念鼓舞着中国大学奋起直追,大学成为现代西方文化和科学技术传播的乐园。

这一阶段是中国由计划经济向市场经济转型的准备阶段。大学在这一阶段的功能与作用,无论是思想发动还是理论创新,整体上都没有成为政府方针与社会浪潮的引领者。当然,此时的中国大学是"国立"的办学体制、"事业单位"的管理方式,大学的"自主权"流于形式。从推动或引领中国社会转型的角度来看,中国大学落后于时代的变迁,是一个追逐者。

(三)快速转型期的中国大学:在急功近利中迷途

中国在 20 世纪 90 年代中期以后,步入了以市场经济迅猛成长的快速转型期。中国的高等教育也在政府主导下开始了以扩招、合并、办学主体的多元化为外在表现的快速发展。政府又一次以"看得到的手"——计划式地进行高等教育资源大整合,力图使中国大学国际排名也像经济一样快速攀升,中国的大学开始突破几十年来所形成的"苏式"体制,向欧美综合性大学的模式回归。它所带来的内在变迁是大学由精英教育向大众化教育、由专业教育向素质教育、由单科或多科性大学向综合性大学、由教学型大学向研究型大学转型。中国的大学试图缩小与欧洲美国、日本大学的差距,以及满足国家工业化与现代化建设的需求。经过十多年的发展,中国大学在世界上的名望有所回升,大学在国家创新体系建设中的作用越来越明显。但此时,中国的大学与国外大学相比,面临的问题仍是独特的。

1)从大学与政府关系来看,虽有市场经济外部性转型的要求,但政府仍是影响大学发展的决定性力量。其突出表现在以下4个方面:一是行政任命式校长遴选的方式。这种方式使校长要以上级行政要求为指向,也决定了学校副职领导和其他职能部门的功能定位。大学作为教育和学术组织的"自治"与"自由"的本性难以完全的体现,学术为本、学者为重没有很好地得以体现。二是大学行政级别的强化。从20世纪90年代以来,国内许多经济实体与公共事业单位与政府部门脱钩,原来所对应的行政级别制已逐步取消,其在社会上的地位与影响力取决于市场的认可与反响程度。然而对于大学,政府部门甚至强化了大学的行政级别,将校领导班子成员按行政级别进行甄选、考察与任用,2003年又将11所大学升级为副部级,这种做法与市场化进程、世界高等教育发展方向大相径庭。三是政府拨款的利益化。在当前的快速转型期,大学的经费来源虽在多元化渠道上有所变化,但是政府拨款仍是大学经费的主要来源。政府是纳税人纳税资金的管理者,将纳税资金注入大学是政府的应有职责。但在实际中,政府部门的利益化引导的倾向强化,弱化了政府作为纳税人向大学注资的中介角色。这使在大学建设项目、科研项目资金等的投入上,大学作为弱势的一方,不对等地降低身份,倾尽全力维护好与政府官员的关系。四是政府掌握着大学的主要作为。大学名称、规模、排序和科研成果都需要政府批准或认定。大学名称、规模和办学场地需要政府的严格审批,不同的大学享有不同的政府认定排序上的地位和支持力度,大学科研成果和价值也由政府设立的奖项来掌控,大学潜意识中接受了政府部门的主导意见。政府在现阶段采取了许多符合大学发展规律的措施,提升了大学质量,促进了大学改革,但并没有在本质上改变大学的政府本位,甚至是强化了政府对大学的根本性的控制。政府仍是主导大学发展的力量,大学作为政府的延伸组织的情况没有根本性的改变。

2)从公众对大学价值期望上看,快速转型期公众的传统价值评价范式逐步解体,新的价值评价范式还未形成。中国几千年传统形成的"学而优则仕"的求学观、成才观在严峻的就业形势面前逐步削弱,但这种将学历、知识、财富、权力和地位结合起来的价值评价范式,还在用巨大的历史惯性碾压着现代大学提升人、升华人的教育理念,把培育学生主体性、创造性作为大学评价标准还需一段相当长的过渡时间。

3)从大学之间的竞争来看,20世纪90年代以来中国大陆高校掀起的合并、升格,以及各种社会机构对高校进行综合排名与专项排名的浪潮,引发了中国大学史上罕见的竞争。这种竞争是政府在推进执政目标选择上的"行政推动",是一个外部力量强制的过程,它不具有经济性,不是由高等教育的市场力量所驱动的。这种竞争不具有公平性,政府作为管理者，可以将资源、资金以目标引领方式投向某一所或某几所大学，以求在最短时间内造就"一流学科"或建设"高水平大学"，这更加剧了不同类型、不同层次之间高校差距。这种竞争同时不具有客观理性，很多大学在这股强劲的外部力量驱使下，不顾及地区高校布局、自身的历史与特点，涌入专升本、本升硕博、多科性转向综合性、教学型转向研究型大学的浪潮。当然，传媒在这一浪潮中起到了推波助澜的作用，政府不得不投入重金，以合并、升格为手段，使大学升序，而大学则不惜以牺牲学生综合培养为代价，花费重金发表论文、争取课题与奖项，迎合传媒和社会机构的评价标准。

4）从大学内部的文化氛围上来看，较多的外部干预、渗透与浸润，使大学更加自觉地"融入"浓郁的"科层制"色彩的管理体制。一些大学内部出现了"官本位"思想，学术浮躁、学术腐败现象时有发生。发挥大学自治能力，追求学术自由，开展素质教育、创新创业与创造教育虽积极倡导，但难以落地取得成效。在中国当前社会转型的激流中，大学应有的超脱与引领式作用淹没在急功近利的欲流中，大学更显无助、无奈和无能。

（四）对当前大学转型的期待

20 世纪 90 年代中期以来的"知识经济""全球化""双创""和谐社会""中国梦"等概念、思潮与措施如春潮般涌现，大学所处的内外环境发生了根本性的变化，它引发了大学的学术目标和社会目标、教学与科研关系、教育与市场理念、精英化与大众化等一系列重塑问题。

1）大学转型需以知识与技术创新为动力。20 世纪 80 年代以来的信息技术催生知识经济，从根本上改变了人类社会的支点与经济增长的方式。它一改过去几千年以来以稀缺的资金、设备、原材料为经济支点的历史模式，构筑出以知识、信息和网络技术为支撑的新型经济模式，资源配置的内容也由传统的注重人、财、物的分配与组合，迁移到对人、知识、信息的选配与组合上来。可以预见，21 世纪以后知识与科技的发展，不再有累积性进步的特征，将彻底摆脱近代科技线性进化的轨道，以创新的知识群和创新的技术群的自身协同与相互协同的方式呈现在我们面前。

历来以知识生产、传播与应用为己任的大学，在当前令人眼花缭乱的社会剧变中，能否继续引领社会的进步，关键在于其能否持续不断地进行与时代相匹配的知识创新与技术创新。这就需要我国的大学必须瞄准具有前沿性、前瞻性、高精尖的领域，以建设特色学科群、组建创新科研团队、凝练科研方向为目标，采取"学科带头人＋学术骨干＋创新团队"的组织方式，建立国际化的人才互动机制，通过创新性人才的培养方式与使用来推动我国大学从知识传授向知识生产与知识应用的转型。

2）大学转型需以解决社会发展的关键问题为己任。21 世纪的中国，其社会发展的关键问题之一，就是如何在和谐社会、生态文明氛围中实现科学发展。知识技术快速更新的直接后果就是产业结构的分化与重组。由新知识和高技术引发的在各种产业内部及之间的结构性调整，将产生大批的结构性失业者。他们渴望就业和富有，而他们心中的失落感将会对社会安全、和谐与发展构成隐患。21 世纪的中国不得不去面对日益庞大的就业人口，如果出现大面积失业现象，将破坏社会的和谐稳定，直接威胁中国的现代化进程。这是中国社会在未来几十年的重大隐患，大学必须以根除这一隐患为己任，实现由提高"自身的就业率"向提高"社会的就业率"转型。大学采用的途径与方法就是实行创业教育，提高学生的生态创业能力，培养大批能提供就业岗位和促进生态文明社会发展的创业者。

3）大学转型培养大批的创业者促进大学办学目的的实现。大学的存在、发展，就是凭借以自身的学术管理的组织结构、组织手段所产生的知识生产能力、知识传播能力和知识应用能力。大学生产与传播的知识在社会实践中"外化"为以科学技术为代表的生产力，"物化"为具体实物形态为代表的科技装备，"人化"为适应与推动社会现实需求与未来发展的财富和文明的创造者。这就是社会赋予大学的使命，也是大学存在与发展的目的。创造、创新与创业教育是实现大学目的的手段，这些手段本身蕴含着这种目的性的行为，它也自然而然地成为大学目的体系中的组成部分。

第三节　创业教育理念、功能与形态

以康德和黑格尔为代表的主观唯心主义和客观唯心主义的德国古典哲学，以思辨为力量，以反思与重构认识论为己任，形成了精深、恢宏和厚重的批判哲学。他们把认识发展过程划分为 3 个阶段：感性、知性与理性。这就为创业教育理念形成逻辑分析提供了一个"坚定"和"绝对权威"的理论框架。

一、创业教育的理念

（一）感性的大学创业教育

在康德看来，"感性"是一种借助经验而形成感性直观知识的先天认识能力，是认识发展的第一个环节。这种先天直观形式存在于主体之内，具有先验性的"时间"和"空间"。运用这些先验形式来整理和接受由后天所获得的经验，使其具有时间上的同时性或继起性、空间上的连续性或间断性。这种对偶然性堆积的主观性的梳理，并不能形成具有普遍性的必然知识，但为其成为可能做了准备。人们天生具有形成这种直观知识的能力，应用与发挥这种能力是一种"自在"的状态与阶段。

对于创业教育的认知，同样是发端于这种对感性直观经验材料的接受与梳理。创业作为人类的发展方式，同人类社会同样久远。它的历史储存了丰富的感性经验，它作为教育的资源，进行时间和空间上的分类与排布，足以使创业教育较早地开展。令人遗憾的是，创业教育活动作为一种概念与普遍性的工作，直到 20 世纪 20 年代才在美国中学生中大规模地展开。

青年创业社始创人物是美国商界人士霍勒斯·摩西（Horace Moses）。青年商业社自创立以来，一直在美国教育舞台上扮演重要的角色，1919 年在中学推行的"商业实践教育"拉开了创业教育的帷幕，也在很大程度上催生了美国高校的创业教育。霍勒斯·摩西志愿去帮助有好奇心的学生成立自己的公司，在课余时间向学生讲授商业实践的想法。这一做法，引发了商界人士的纷纷效仿，也造就了美国 20 世纪 20 年代商业的辉煌。在以后的 90 多年中，无论是美国还是其他国家，所开展的旨在调动大学创业热情的宣传、讲座、动员、计划大赛和项目运营等活动，都属于对前人创业经验的整理、创业本能与激情的调动或自我创业行动的体验，属于自在的、感性的创业教育活动。

只有感性不足以形成具有普遍性和必然性的知识，感性的创业教育也只能是闪现出偶然性的"教育火花"，不能必然地形成系统化的创业教育。

（二）知性的大学创业教育

在认识的感性阶段，通过时间和空间，这种先天直观的经验整理的形式，所获得是"物自体"这种自在之物的"现象"，所建立起来的只是知性知识的"对象"。康德不仅否定了以往形而上学哲学家要求认识超越感觉经验的绝对存在是不可能的，还指出了获得"对象"的知性知识的途径。在康德看来，知性是把感性经验材料经过抽象与具体、分析与综合的统一，并纳入概念体系的思维形式之中，形成普遍性和必然性的知识。知性知识与感性知识的分歧，就在于纯概念范畴体系是否建立。康德与黑格尔都认为感性是直接存在的知识，构成了普通常识；而把知性视为反映事物的间接存在和内部关系的概念性知识，形成了科学知识，这是认识在发展过程中的"自为"阶段。

创业教育亦是如此。在自在的创业激情发动之后，基于经验积累的整理、传授的普通常识不足以构建创业教育的知识体系，必须从概念、判断、推理的层面上进行。以美国为代表的创业教育先进国家，从 20 世纪 40 年代就已开始传授以体系化为特征的"创业学"课程，到了 80 年代，业已形成涵盖本科生、研究生的系列课程。这些课程都已与其他经济类与管理类课程有了稳定的区别性规定，其知识的传授基本上是围绕企业的生命周期与运动无依无靠的规律展开的，其逻辑主线已十分清晰，可以说已经形成创业教育的概念体系。这说明创业教育已经由"自在"达到了"自为"，进入了知性的科学知识阶段。

尽管有国外经验的输入与国内就业压力所造就的内需两个方面所产生的快速启动，我国的创业教育从严格意义上来说，总体上还处于感性的发动阶段。虽然教育部要求开展创业教育、开设创业教育课程，有试点高校，但按规定开展选修课、辅修专业、专业课的高校数量还是为数不多，总体很不平衡。按照库恩（Coon）的《科学革命的结构》所指出的科学划界标准，我国的创业教育及推行创业教育的创业共同体还未形成，创业教育的"范式"尚未出现。这说明我国的创业教育还处于"前科学时期"，尚未形成完整的学科体系，还未达到知性的大学创业教育，与国外现有的创业教育成效比较还相差甚远。

（三）理性的大学创业教育

康德认为要获得无限绝对的知识，必须运用"理性"。这种最高的综合能力，超越知性，获得的是具有"心灵""世界""上帝"三者完整融合与统一的"理性"。黑格尔将康德的思维方式分解为 3 个环节：知性、消极的理性、积极的理性。他们都认为，感性的认知形式，只能得到"普通的常识"，知性的思维方式可以把握"科学的知识"，只有运用理性，才能得到信仰、价值、理念等这种"哲学的知识"。这是一个由"自在"走向"自为"，再走向和到达"自在自为"的过程。

以此来评判国内外大学的创业教育，可以知晓，现代大学已经能够把非道义性的功利性的目的和社会责任感进行区分，对于大学的社会适应性已经不再一味地排斥，认识到大学承担解决社会难题的责任，推动社会发展创造社会的活力是自身的理想和追求。这是大学成熟的表征。从20世纪40年代至今，美国大学轰轰烈烈寓于校园文化、课程中，对大学生进行全方位渗透于创业活动中的创业教育，正是对社会责任所做出的积极回应，更是一种"推动社会发展，创造社会活力"的使命与信仰、理想与追求。本书研究内容正是指向这种可能，力图把解决社会难题与创造社会活力的可能转变为现实的实践，以解决我国生态文明建设进程中社会所需的创业人才问题。

二、创业教育的功能

创业教育的发展是大学发展的内在逻辑。在当前工业文明向生态文明过渡、工业经济向知识经济过渡的时代转换及由经济全球化所引发的文化、政治全球化进程中，创业教育具有独特的推动社会进步的巨大作用。

大学是由不同类型的要素组成的复杂性系统。其中，最为基本的实体性要素包括教职工、学生、教学与科研的设备与场地等；最为基本的组织性要素包括职能处室、学院、管理体制与机制等；最为基本的观念性要素包括大学理念、大学文化、教学与学风等。观念性要素渗透覆盖整个系统，其中具有统领作用的核心要素是大学理念。它深刻影响大学文化、教风与学风，影响学校的治理结构、运行机制、职能部门与学院的行为方式。因此，大学中确立创业教育理念是引发大学行为与功能转型的有效途径。

创业教育的理念是在教育哲学的层面对存在和发展的价值、意义和方式必然的解读、实然的追求。它的核心是将教育哲学中个人本位和社会本位的价值观有机融合，激发受教育者的主体性，使他们不断开拓社会空间、引领团队不断发展；它的信念是创业教育可为受教育者自我的不断超越提供精神与知识的"食粮"；它的理想是使成批的受教育者能够从创新思维向创业行为的转变。这种转变实质上是大学功能的转变。

对于价值，在价值观形而上的哲学范畴有一个通俗的解释，即价值可以归结为对人的需要的满足。当前，在中国社会的各个层面，各种需求的集合中，最为关键和最为长远的是创新的需求。创新是民族进步的灵魂，是建设和谐社会、实现中华民族伟大复兴中国梦的关键。理念、制度层面上的政治创新、经济创新与文化创新，在技术层面的器物创新，皆是当前我国最为广泛与最为强烈的需求。

大学是知识创新、技术创新的"母体"，必须满足这种需求，这是大学存在与发展的社会价值、民族价值所在。知识、技术的创新与人的其他行为一般，都是具有主体的行为，其主体是人，或是人与人结成关系的组织。大学作为以知识为纽带的人与人关系的组织，作为知识创新、技术创新的"摇篮"，必须"孵"化出具有创新能力的人。创新是一个体系，是一个可多维度展开的非线性的系统工程，像观念创新、理论创新、制度创新、技术创新、结构创新和方法创新等都可以归纳其中。创新教育必须培养出具备整合知识能力的人才，在国家创新体系中发挥纲目举张的作用。创业是创新的行动化，创业比创新更为具体，是创业者知识运用到更为复杂系统中的实践行为，其难度与创新相比，具有指数倍增的特征。

破解就业难题是当前中国大学的历史使命。21世纪是中国各种社会矛盾突显、各种社会问题纠结交织的快速转型期，也是跨越"现代化陷阱"的关键期。我们需要从诸多问题中分析找到关键的问题，找到合理的解决办法，培育出解决关键问题的人。当下，我国面临严峻的就业问题，农村不但有大量的富余劳动力需要转移，而且城镇就业岗位缺口每年均在百万左右。就业问题已成为影响我国经济社会健康发展的突出问题，国家已将促进就业作为和谐社会建设的重要目标，提出必须破解就业难题以巩固"民生之本"。

解决就业问题重要的一环，就是大学培养出大批具有创新意识和创新能力的创业者，提供"额外"的就业岗位。大学的价值基本要求是满足社会的迫切要求，培养出能够"生存型"创业的创业者；较高层次的要求就是引领未来就业的方向，培养能够提供就业岗位的"机会型"创业者。

创业教育是中国高等教育改革在知识经济和全球化背景下走向深化的必然趋势，是大学内在价值、本质和时代的要求，是现代大学转型的重要途径。就业教育与创业教育，是两种不同的教育理念与质量观，从就业教育走向创业教育，可以提高大学、企业、国家的自主创新能力，形成一个具有企业家精神的社会创业群体。创业型人才辈出，是一个国家、民族保持永恒活力，保持持久发展的不竭源泉。创业教育既是一个基础性的，也是全球性的教育学概念。创业教育的基本内涵是培养和提高学生的创业素质，包括创业意识、创业知识、创业心理品质和创业能力等。在竞争与变革的时代，创业教育成为当代高等教育的重要主题，成为分析和解释当代高等教育问题的一个重要视角。

（一）创业教育是对专业人才素质结构的整合优化

在高度专业化的现代社会，大学是以专业作为基本单位来进行组织和架构的，对学生的培养也是在某个相对固定的专业框架下进行的。现代高等教育是在通识教育基础上的一种专业教育，以培养现代社会各个领域的专业人才为己任。创业教育作为一种理论建构和实践形态在当代的萌发，无疑是对专业人士素质结构优化问题做出的某种回应，或其本身就是优化专业人才素质结构的一条可能的路径。

创新能力、人文精神、文化素养、实践品格等，曾经一度被认为是专业人才应当具备的重要素质，也是高等教育理论界经常提及的方面，并对高等教育改革实践产生持久而强烈的影响。学术界认为，创业素质是一个更具统摄性的概念，并以创业素质为核心概念逐步建构起一套理论话语，试图以此来摆脱当前的理论困境。有学者指出，创业教育是一种主体性教育，一种高层次的素质教育，一种健全人格的教育，一种超越式的教育。社会的转型和职业世界的巨变，为高等教育的发展带来了新的机遇和挑战，创业素质及其培养开始进入人们的视线，并逐步成为大学课程与教学改革的一个重要的参照。基于创业素质培养的创业教育的提出，有可能以创业素质为核心来整合各种素质，在一个新的高度完成当代专业人才素质结构的重建。

（二）创业教育是对教育的经济功能的当代诠释

教育的经济功能是教育的一种显著功能，意为教育对社会经济生活产生某种直接的或间接的影响。创业教育的提出，在某种程度上是高等教育为了适应经济生活的变化而主动寻求变化的结果，意味着对教育与经济之间关系的一种新的认识，是对教育经济功能的当代诠释。在市场经济条件下，社会经济生活的活力和内驱力源自广大社会成员的创业行为，而创业教育着眼于学生创业意识的形成与创业能力的提高。因此，创业教育本身就成为教育经济功能发挥与实现的重要途径。

大学的一项基本职能是提供适用于经济生活与社会生活需要的高度专业化的培训。李福华（2000）指出，在知识经济条件下，创业型就业同时成为解决经济问题与就业问题的基本思路，它既是经济政策又是就业政策，为持续解决就业问题找到了出路。创业型人才的一个基本特点，就是能够把知识转化为价值。事实上，当今时代的许多创业英雄制造了许多财富神话。不仅如此，在知识经济时代，大学自身也融入了创业的洪流之中，产学研用一体化、自主创新、成果转化率、经济效益等都是人们最关心的问题。一些教授、研究生直接参与了科技产品的研发活动，成为大学科技创新的重要力量。创业教育的核心问题是知识的应用能力的培养，这往往表现为使用知识创造价值的能力。创业教育的意义，就是把知识的应用能力的培养和知识的实际效用提升到大学教育的核心地位。正是这样的一种教育理念与行为，对当代教育的经济功能做出了恰当的诠释。

（三）创业教育是对学生生存与发展的当下关怀

创业教育最基本的内涵和直接的意义，就是教会学生如何去开拓事业、成就事业，而事业本身具有浓厚的生存论意义。正是从这种意义上说，创业教育是对学生生存与发展的一种当下关怀，即为学生未来更好地生存奠定坚实的基础，并为学生的发展提供新的可能性。

职业世界是一个瞬息万变的世界，当学生进入职业世界之后，必然要面对各种生存考验，而创业则是一种更具有主动性和开创性的应对方式。当今时代社会规范被快速刷新，个人的教育程度与工作业绩是获取报酬的重要基础，个人的成就成为获取某种社会地位的重要前提。创业教育把学生当下的学习生活与未来的生存发展联系在一起，关怀其职业生涯与个人成就。正因为如此，大学致力于培养学生的创业能力与时代精神和社会规范是契合的，这也意味着创业教育具有一种时代的合理性。

教育理论界的一个经典的观点，就是教育应当为学生的未来生活做准备。对于学生来说，走出大学校门就意味着进入职业世界，高等教育为学生的未来生活做准备相对来说更为直接。刘沁玲（2004）指出，人们在他们的一生中变换工作的进度和转变职业的数量有所增加。这种现象使我们想到创业作为一种通用技能和态度同样是一种知识基础，也是适应今天世界的重要准备，它是一种捷径，是关于稳定性和变化的一整套思维方式。

毫无疑问，当创业成为人适应世界必须掌握的一种通用的技能与态度时，创业教育必然会走向当代高等教育的中心。

三、创业教育的形态

创业教育是人们通过教育这一形式推动社会发展及人的发展的一种理性行动。罗志敏和夏人青（2011）指出，创业教育的有效开展，必须以"现实的人"为逻辑起点，以"发展的人"为逻辑终点，而要实现从起点到终点的转变，则需要在整个人才培养的体系框架内，不断强化对学生开拓性素质的培养。而在创业教育实践背后隐藏人们对于开展创业教育的逻辑思考和现实需求，这是一种"实践智慧"。

根据我国创业教育的发展背景、制导力量、教育对象、教育任务的不同，我们把创业教育在我国 30 年来的发展形态大致可以分为以下几种：一是由国际非政府组织和国内教育行政部门合作推动实施的"弱势群体"创业教育发展形态；二是由政府及市场指导的"精英创业教育"和"就业创业教育"融合形态；三是由教育发展战略与经济转型任务双重驱动的"全体性创业教育"发展形态。

（一）"弱势群体"创业教育形态

我国始于 1990 年的创业教育是联合国教科文组织的教育扶贫项目的一部分，当时是围绕"贫困问题之解"的弱势群体创业教育。

1989 年，在联合国教科文组织的北京面向 21 世纪教育国际研讨会上，会议在阐述"21 世纪的教育哲学"问题时，科林（Colin）博士提出了关于教育的"三本护照"思想，同时提出了事业心和开拓技能教育（enterprising education），我们译为"创业教育"。之后，联合国教科文组织亚太办事处在曼谷召开会议，筹划开展以"提高儿童青年创业能力"为核心任务的教育项目，这是该组织更大项目亚洲教育革新为发展服务计划的组成部分。这个项目通过对亚太地区的一些发展中国家，包括中国、印度、印度尼西亚、菲律宾、巴布亚新几内亚、斯里兰卡和泰国等，开展教育实验以帮助这些国家 12～24 岁的处境不佳的儿童提高就业竞争力和自谋职业的能力，即提高青少年创业能力的教育联合革新项目。我国的创业教育项目由国家教育委员会基础教育司劳动技术教育处牵头，在北京、江苏等地开展了历时 5 年、针对 5 个县区的农村中小学生，包括以辍学儿童、普通中小学生和职业中学学生为对象的教育实验。

从教育对象来分析，该项实验首先从成人教育领域展开，然后逐步扩展到职业教育领域和基础教育领域。成人教育领域的创业教育更加突出"谋生"的特点，以举办短期培训班、创建经营小组和师徒结对为形式实行"学习、经营、创收"三位一体的创业教育模式；职业教育坚持职业技术教育和创业教育齐步走的模式；基础教育领域坚持素质教育和创业教育相整合的模式。"弱势群体创业教育"可以被认为是我国创业教育的一个时代特色，它的宗旨为促进社会公正。在创业教育开展之前，许多国家已经开始教育改革，但没有解决大量青年就业问题。学校教育普遍存在脱离社会需求的状况，即学生越来越高的教育和就业期望值，而学校在提供学术知识和就业技能上越来越力不从心。加上人口的迅速增长，大量的儿童也逐渐加入失业队伍，造成严重的社会问题。为解决这种矛盾，把教育的重点转向处境不佳的儿童就业创业能力和技巧上，借此加强教育和社会生活之间的关联性。通过教育教学改革，部分解决了困扰许多国家的失业问题、贫困问题和弱势地位群体的劳动权利等问题。

（二）"精英创业教育"和"就业创业教育"融合形态

随着我国经济的持续发展对创新创业型人才需求的快速增长，"创业教育"源于针对弱势群体的特色，逐步褪色甚至被人们淡忘，培养精英创业群体逐渐成为创业教育的焦点。在这个阶段，国家教育部门对创业教育的部署主要集中指向了国内的研究型大学。更新教育观念，转变教育模式，培养创新创业精英人才成为以"985高校"为代表的研究型大学的主要任务。这些大学的创业活动通过创业园、孵化器、联合体和技术研究中心的设立得以体现，又以其所拥有的科技服务、人才培养和资本经营等形式来获取回报。

1998年10月，联合国教科文组织在巴黎召开世界高等教育会议，会上发表了《高等教育改革和发展的优先行动框架》《21世纪的高等教育：展望和行动世界宣言》。这两个文件均强调，要把培养学生的创业精神和创业技能作为高等教育的基本目标，以此积极应对知识经济的挑战。作为对大会的积极回应，同时也为更好地引进国外开展创业教育的成功经验，1999年1月，国务院批转教育部《面向21世纪教育振兴行动计划》，正式提出了"加强对教师和学生的创业教育，采取措施鼓励他们自主创办高新技术企业"。[①] 这是我国政府文件中首次出现"创业教育"的概念。基于此背景，国内的一些著名高校大胆引进并借鉴国外创业教育经验，积极参与国际创业活动的交流。1998年5月，清华大学借鉴美国大学流行的商业计划竞赛（Business Plan Competitions），举办了首届清华大学创业计划大赛，该大赛逐渐演变成为一项由共青团中央、中国科协、全国学联主办的，全国高校参与的，在青年学生中极具影响力的"挑战杯"中国大学生创业计划竞赛。竞赛促使大学生创业热情日益高涨，助推了创业教育在我国高校的进一步发展。

教育主管部门也对创业教育的探索给予了充分的肯定。2002年4月，教育部确定清华大学、中国人民大学、上海交通大学等9所高校作为"创业教育"改革试点，并给予试点院校政策和资金支持，鼓励试点学校通过不同方式对创业教育的理论与实践进行探索。总体而言，国家在该阶段的创业教育引导策略上有"以点代面"的意图，体现出"精英化"的特点。

与此同时，以就业市场为导向的"就业创业教育"发展迅速。2003年是我国高校扩招后本科学生毕业的第一年，毕业生规模达到212万，比2002年净增67万人，增幅达到46.2%，高校毕业生就业工作遭遇前所未有的压力。从2006年开始，我国大学生就业率更是持续走低，出现了"知识失业现象"。很多大学生不得不为谋求一个工作岗位自降身价，社会上出现了博士生抢硕士生的岗位、硕士生抢本科生的岗位、本科生与大中专生争抢饭碗的现象，大学生放弃专业特长参与就业竞争的现象日益普遍，甚至出现大学生"零工资就业"的现象。社会就业岗位难以满足大学生就业群体基数的迅猛增加，造成了很多学生面临"毕业即失业"的困境，大学生就业难已经成为一个非常严峻的社

---

① 教育部，1998. 面向21世纪教育振兴行动计划[EB/OL].（1998-12-24）[2015-08-09]. http://old.moe. gov.cn/publicfile/business /htmlfiles/moe/s6986/200407/2487.html.

会问题，关系到社会稳定和千家万户的家庭幸福，始终引起中央政府的高度关注。

由于创业活动具有"就业倍增效应"，创业者不但自己就业，而且能够为社会创造就业岗位，解决他人的就业问题。因此，鼓励大学生创业，也从最初的"就业出路之一"的地位，逐渐上升到"解决就业的根本途径之一"的地位。由于创业活动的就业倍增效应对于一个地区经济发展有重大意义，从 20 世纪 60 年代以来，创业教育活动的价值被越来越多的国家和地区认可，创业教育促进社会就业功能也因此受到各界重视。

高校就业部门为提升大学生的就业率，加大了就业指导工作力度，帮助大学生进行职业生涯规划，同时开设了若干创业培训课程，指导学生毕业后创业。基于严峻的就业难状况，同时为了引导学生将创业作为合理的职业生涯选择，共青团中央于 2005 年引进了 KAB 创业教育项目，旨在吸收借鉴国际先进经验的基础上，探索出一条具有中国特色的创业教育之路。2006 年，清华大学、中国青年政治学院、黑龙江大学等 6 所高校成为全国首批 KAB 创业教育试点院校。大学生 KAB 创业基础课程的设置以市场为导向，在内容上着重普及创业基础知识和技能，在功能上强调对学生进行企业家精神教育。在大学生就业问题日益严重之际，大学生 KAB 创业基础课程在一定程度上有效地提升了大学生的"市场价值"，从而帮助他们适应就业市场需要并受到创新与创业思想的启蒙。

从国内创业教育发展的历史来看，共青团中央在推动创业教育在国内高校的普及方面发挥了重要的作用，做出了积极的贡献。创业教育之所以能得到教育界的热烈反响和社会上的广泛关注，与 KAB 创业教育项目的大力推广有直接的关系。之后，人们对创业教育的关注点悄悄发生了转变，"要不要开展创业教育"已经成为一个无须再讨论的话题，探讨的内容逐渐转向"如何更好地开展创业教育"。一些试点外的高校也开始主动开设创业课程，设置创业专业，甚至创建"创业学院"。这些学校的创业教育及实践领域主要集中在物流、销售等服务领域，而不是研究与开发领域（research and development，R&D），对应各种各样的商品基地及旺盛的社区需求。例如，2008 年成立的义乌工商职业技术学院创业学院，依托义乌小商品城的全球小商品集散地进行小商品销售和配送，在创业理论学习和实践相结合中探索出了"义乌模式"。这类高校中的学生非大学生中的佼佼者，他们有较大的就业生存压力，是创业最积极、创业途径最丰富、创业形式最实用的一类群体。

创业教育在我国高校经过一段时间的改革探索，逐渐从关注大学生创业实践转向创业型人才培养模式的改革。2008 年，教育部联合财政部在全国设立了 32 家国家级人才培养模式创新实验区，这是继 2002 年确立 9 所创业教育试点院校之后的又一轮大规模的试点改革。区别于以往，这轮改革有着新的内容与特点：首先，明确提出要探索创业教育的人才培养模式，希望各创新实验区能因地制宜，结合区域特点与办学实际，探索出一条符合自身发展的创业教育发展新模式；其次，覆盖的范围进一步扩大，共设立了来自 15 个省市的 32 所高校。其中既有已经在创业教育改革方面先行一步的清华大学、黑龙江大学等高校，也有对创业教育大胆投入并已取得一定成效的中山大学、温州大学、上海对外贸易学院（现为上海对外经贸大学）等高校。这批高校，特别是有一定数量的地方高校能被列为国家级人才培养模式创新实验区，对在全国高校布局中占绝大部分的地方高校来讲，起到了很好的示范辐射、宣传鼓舞的作用，同时也在实践过程中探索出了适合不同类型高校的创业教育发展模式，取得了一定的成效。

这一时期，我国高校的创业教育仅使部分学生受益，并没有形成大学生创业教育的大氛围。全国各地举办了不计其数的创业计划大赛，虽然起到一定的宣传鼓励的作用，但是创业计划书能够"落地"的寥寥无几，真正受益的仅仅局限于少数学生，有较强的精英色彩。各高校虽然也涌现了一批优秀的大学生创业者，但定位于培养少数优秀创业者的创业教育理念和作为暂时解决大学生就业难的功利化创业教育选择，越来越难以适应时代潮流的发展。

探索创业教育的人才培养模式，就是希望能够摸索出培养创业型人才的新路径，扩大创业教育的学生受益面。面向全体学生的创业教育，实质上是培养学生创业知识与能力的素质教育，从而提升他们的就业竞争力和岗位胜任能力，它对学校的人才培养目标、教学方式、教学内容、考核内容与考核方式等方面都提出了新的更高的要求，但传统教育弊端制约着创业教育的有效实施，教育改革势在必行。

（三）"全体性创业教育"发展形态

全体性创业教育是覆盖全校学生，依托全校资源，以培养学生创造能力和创业能力为目标的创业教育。随着对创业教育本体性认识的深入，人们已不再把创业教育作为教育的一种功能，而是从本体论上修正创业教育的内涵，逐步将创业教育上升到素质教育、人格教育及为新世纪人才设置创新遗传代码的高度。世界发达国家包括美国、英国、德国、日本等都把创业教育以"国民教育"的形式写入宪法并融入国民教育体系。在这种背景下，教育部于 2010 年颁发了第一个推进我国创新创业教育的全局性文件《关于大力推进高等学校创新创业教育和大学生自主创业工作的意见》，成立教育部高等学校创新创业教育指导委员会。该文件首次将创新的概念融入创业教育，明确指出在高等学校开展创新创业教育，是深化高等教育教学改革，培养学生创新精神和实践能力的重要途径；是落实以创业带动就业，促进高校毕业生充分就业的重要措施。创业必须具备创新的思维，只有那些具有创新内涵的创业活动才是可持续的，将创新教育与创业教育相结合体现了教育行政部门对创业教育的内涵有了进一步的认识。

2012 年 8 月，教育部发布《教学基本要求》，提出要把创业教育教学纳入学校改革发展规划，纳入学校人才培养体系，纳入学校教育教学评估指标，建立健全领导体制和工作机制，制订专门的教学计划，提供有力的教学保障，确保取得实效。同时颁发了《"创业基础"教学大纲（试行）》，并出版统一的校本教材，这些都将有力推动我国高等学校创业教育的科学化、制度化、规范化建设，引领我国高校创业教育朝着一个更高的目标迈进。《教学基本要求》的颁发，其意义不仅仅是对创业教育课程的具体要求，更是高校创新创业教育理念的提升。创新创业教育不再是只针对少数有创业潜质学生的技能性教育，而是面向全体学生的素质教育，其宗旨是为学生终身可持续发展奠定坚实的基础，这是创业教育理念的新突破。以此为标志，我国创业教育进入了"全体性创业教育"的实施阶段。

2015 年，国务院办公厅颁行《关于深化高等学校创新创业教育改革的实施意见》[①]，提出了高等学校创新创业改革的指导思想、基本原则、总体目标，把创新创业型人才的培养上升到国家战略高度，提出改进培养质量政策措施，确定了任务时间表。

1）指导思想：全面贯彻党的教育方针，落实立德树人根本任务，坚持创新引领创业、创业带动就业，主动适应经济发展新常态，以推进素质教育为主题，以提高人才培养质量为核心，以创新人才培养机制为重点，以完善条件和政策保障为支撑，促进高等教育与科技、经济、社会紧密结合，加快培养规模宏大、富有创新精神、勇于投身实践的创新创业人才队伍，不断提高高等教育对稳增长促改革调结构惠民生的贡献度，为建设创新型国家、实现"两个一百年"奋斗目标和中华民族伟大复兴的中国梦提供强大的人才智力支撑。

2）基本原则：坚持育人为本，提高培养质量。把深化高校创新创业教育改革作为推进高等教育综合改革的突破口，树立先进的创新创业教育理念，面向全体、分类施教、结合专业、强化实践，促进学生全面发展，提升人力资本素质，努力造就大众创业、万众创新的生力军。

坚持问题导向，补齐培养短板。把解决高校创新创业教育存在的突出问题作为深化高校创新创业教育改革的着力点，融入人才培养体系，丰富课程、创新教法、强化师资、改进帮扶，推进教学、科研、实践紧密结合，突破人才培养薄弱环节，增强学生的创新精神、创业意识和创新创业能力。

坚持协同推进，汇聚培养合力。把完善高校创新创业教育体制机制作为深化高校创新创业教育改革的支撑点，集聚创新创业教育要素与资源，统一领导、齐抓共管、开放合作、全员参与，形成全社会关心支持创新创业教育和学生创新创业的良好生态环境。

3）总体目标：2015 年起全面深化高校创新创业教育改革。2017 年取得重要进展，形成科学先进、广泛认同、具有中国特色的创新创业教育理念，形成一批可复制可推广的制度成果，普及创新创业教育，实现新一轮大学生创业引领计划预期目标。到 2020 年建立健全课堂教学、自主学习、结合实践、指导帮扶、文化引领融为一体的高校创新创业教育体系，人才培养质量显著提升，学生的创新精神、创业意识和创新创业能力明显增强，投身创业实践的学生显著增加。

2017 年，《国家教育事业发展"十三五"规划》提出："从国际看，世界多极化、经济全球化、文化多样化、社会信息化深入发展，国际金融危机深层次影响在相当长时期依然存在，新一轮科技革命和产业变革蓄势待发，互联网、云计算、大数据、智能机器人、三维（3D）打印等现代技术深刻改变着人类的思维、生产、生活和学习方式，国际竞争日趋激烈，人才培养与争夺成为焦点。优先发展教育，构建现代教育体系，建设学习型社会，培养大批创新人才，已成为人类共同面临的重大课题和应对诸多复杂挑战、实现可持续发展的关键。"当前我国"学生创新创业能力的培养有待加强"，要"鼓励高等学校和职业学校建设学生创新创业服务平台，完善创新创业教育课程体系和管理制

---

① 国务院办公厅，2015. 关于深化高等学校创新创业教育改革的实施意见[EB/OL]．（2015-05-04）[2015-08-07]. http://www.gov.cn/zhengce/content/2015/05/13/content_9740.htm.

度，引导鼓励学生积极参与创新活动和创业实践，强化毕业论文、毕业设计的创新创业导向，开展创新创业竞赛，营造创新创业校园文化。支持本科生和研究生提前进入企业开展创新活动，鼓励高校通过无偿许可的方式向学生授权使用科技成果，引导学生创新创业。鼓励各省级政府统筹区域内高校、企业、产业园区、孵化基地、风险投资基金等资源，扶持大学生创业"[①]。

至此，创业教育正式写入国家教育发展战略规划。教育发展战略的调整是对国家发展战略转变的一种适应，是适应由要素驱动增长方式逐步转变为技术驱动增长方式和创新驱动增长方式的要求。为培养新时代创新创业人才，我国高校纷纷设立创业教育与研究中心或创业学院，推动开展面向全体学生的创业教育，培养具有创新思维和创新能力的就业创业者，培养具有敏锐的市场洞察能力和感知能力的未来企业家，培养具有国际视野的掌握创业知识和技能的科研人员，培养具有企业家精神的现代公民。

---

① 国务院，2017. 国家教育事业发展"十三五"规划[EB/OL]. (2017-01-10) [2017-01-15]. http://www.gov.cn/zhengce/content /2017-01/19/content_5161341.htm.

第三章　创业教育生态文明概述

建设生态文明是时代的要求，开展生态文明教育是解决生态环境问题的人文思考，教育促进科学的价值观的转变，使科学技术符合可持续发展的要求，促进生态文化产业发展。高等教育需要实现生态文明，同样作为高等教育形式之一的创业教育也需要实现生态文明。

第一节　生态文明的由来与发展

一、生态文明的由来

"生态文明"是由"生态"与"文明"两个词构成的复合概念。根据对中国期刊网全文数据库的检索结果，我们推断"生态文明"这一概念在中国出现时间是 20 世纪 80 年代中期。《光明日报》（1985 年 2 月 18 日）在国外研究动态栏目中，简明地介绍了苏联《莫斯科大学学报·科学社会主义》1984 年第 2 期发表的署名文章《在成熟社会主义条件下培养个人生态文明的途径》。该文使用了"生态文明"这个词组，这可能是中国国内报刊出现"生态文明"概念的发端。文章认为，人类发展必须重视生态状况，对生态文明内涵的理解因人而异，有人强调生态状况，有人强调文明程度，有人强调生态环境保护，有人强调生态环境工程建设，可谓见仁见智。此后，国内的学者、相关专家陆续地在有关论文中开始提及"生态文明"。20 世纪 90 年代中后期，"生态文明"语词出现的频率明显增加，并出现在政府的工作会议内容上。例如，1999 年 4 月，时任国务院副总理的温家宝在全国绿化委员会第十八次全体会议上所做的《巩固成果 加快发展 提高国土绿化水平》报告中，首次提出"21 世纪将是一个生态文明的世纪"[1] 重要命题。

在一般意义上，认为生态（eco-）这个词源于古希腊字，意思是指家（house）或者我们的环境。简单地说，生态就是指一切生物的生存状态，以及它们之间及其与环境之间环环相扣的关系，也称自然生态。自然生态有着自在自为的发展规律，人类社会改变这种规律的作用和条件，把自然生态纳入人类可以改造的范围之内，就形成了文明。"文明"最早出于《尚书·舜典》之"睿哲文明，温恭允塞"；《易经·乾卦》之"见龙在田，天下文明"；《易经·大有卦》之"其德刚健而文明，应乎天而时行，是以元亨"。唐代孔颖达注疏《尚书》时将"文明"解释为"经天纬地曰文，照临四方曰明"。"经天纬地"

---

① 温家宝，1999. 巩固成果 加快发展 提高国土绿化水平——温家宝副总理在全国绿化委员会第十八次全体会议上的讲话[J]. 国土绿化（2）：4-9.

意为改造自然，属物质文明。而"照临四方"意为驱走愚昧，属精神文明。

生态文明有狭义和广义之分。狭义的生态文明要求改善人与自然关系，用文明和理智的态度对待自然，反对粗放利用资源，建设和保护生态环境。广义的生态文明包括多层含义：一是在文化价值上，树立符合自然规律的价值需求、规范和目标，使生态意识、生态道德、生态文化成为具有广泛基础的文化意识；二是在生活方式上，以满足自身需要又不损害他人需求为目标，践行可持续消费；三是在社会结构上，生态化渗入社会组织和社会结构的各个方面，追求人与自然的良性循环。

自文艺复兴时代以来，"文明"开始成为与"野蛮"相对立的形容词，某种程度上反映了人类社会进步的状态。按照马克思主义的观点，相对于"野蛮"而言的"文明"，是人类改造世界的物质成果和精神成果的总和，是社会生产方式发展程度或进步的标志。生产方式是社会发展的决定力量，决定文明形态的形成。纵观人类文明形态的历史演进，每一次生产方式的重大变革都伴随着文明的更替，都使人类的物质生活更加丰裕、精神生活更趋丰富。基于生产方式的阶段性特征，人类已经历的文明形态可划分为原始文明、农业文明和工业文明3个阶段。现代社会以生态技术、循环利用技术、系统管理科学与工程、清洁能源和环保技术等为特色的科学技术进步如日方升，日益成为生产力发展和生产方式转变的决定性要素，是催生和引发了生态文明这种新型文明形态的直接诱因。

钱学森（2001）从整个人类社会发展的大跨度上，将当时已经出现的以信息产业技术为核心的新技术革命界定为第五次产业革命，提出"第五次产业革命的核心就是信息问题""我们不但要迎接第五次产业革命，而且要为第四次产业革命补课""要预见到第六次产业革命"等命题。钱学森深入透彻地提出了人类在·21世纪将要迎接第六次产业革命，并明确界定第六次产业革命的主要内容就是生物技术。他认为，科学研究中的又一大课题是发展新技术革命的生物工程技术，如细胞工程、酶工程、遗传工程等。

二、生态文明的认知

20世纪中期，西方国家先后出现了严重的环境污染问题。从1962年《寂静的春天》出版开始，到1972年《增长的极限》发表，再到1992年联合国环境与发展大会和2002年的联合国可持续发展世界首脑会议的召开，国际社会正在努力寻找一种区别于传统工业化的模式，寻求经济发展、社会进步与环境保护相协调的可持续发展道路。

我国生态文明理论研究始于1984年，当时著名生态学家叶谦吉最早使用了生态文明的概念，他从生态学和生态哲学的视角来界定生态文明，认为生态文明是人类既获利于自然，又还利于自然，在改造自然的同时又保护自然，人与自然之间保持和谐统一的关系。刘思华（1987）提出，现代文明是物质文明、精神文明、生态文明的内在统一。刘宗超（1997）认为生态文明是继农业文明、工业文明之后的一种先进社会文明形态。王如松（2000）对生态学及其应用进行深入研究，提出许多科学见解。潘岳从中华文明传承、社会主义生态伦理及生态价值观等方面对生态文明进行系统梳理，发表了一系列文章。国内已出版了多套"生态文明丛书"。2011年11月，中国生态文明研究与促进会成立，试图推进生态文明研究，并通过试点探索生态文明城市建设经验。

党的十七大以后理论界开始广泛研究生态文明，生态文明成为许多学科研究的热门。这些研究主要集中在以下几个方面。

1. 关于生态文明概念与内涵的研究

许多学者从不同的视角对生态文明进行了界定。一是认为生态文明是人类的一个发展阶段。例如，陈瑞清（2007）认为，人类至今已经经历了原始文明、农业文明和工业文明 3 个阶段，在对自身发展和反思的基础上，人类即将迈入生态文明新阶段。二是认为生态文明是社会文明的一个方面。例如，余谋昌等认为，生态文明是继物质文明、精神文明、政治文明之后的第四种文明，四大文明一同支撑和谐社会大厦。三是认为生态文明是一种发展理念，认为生态文明与野蛮相对，是在工业文明已经取得成果的基础上，用更文明的态度对待自然，建设和保护生态环境，改善与优化人与自然的关系，从而实现经济社会可持续发展的目标。四是认为生态文明是改善人民生活和实现可持续发展的途径，是一种建立在先进生产力基础上的文明形态。在确保人民群众基本生活需要的基础上，加强生态建设和环境保护，转变生产模式和行为模式，走一条依靠自然、利用自然而又保护自然，与自然和谐共处、互动发展的可持续发展之路。总体而言，目前关于生态文明概念的讨论很多，但尚未形成一种公认的、权威的概念。

2. 关于生态文明与传统文化的研究

许多学者从儒释道和佛教中探究生态文明的文化渊源。他们认为，儒释道从各自的角度阐释了人与自然的关系。如儒释道都强调“天人合一”，把尊重生命和人与自然和谐共生作为共同的生态价值观。佛教认为生命主体与生态环境是一个统一体，天地同根、众生平等，天地万物本身就是一个大的生态系统。总之，我国传统文化中蕴含丰富的生态文明思想，天人合一、道法自然、佛性统一、万物平等等，这些朴素的自然观及其生态实践观，对于建设当代生态文化体系有重要的借鉴意义。

3. 关于生态危机与社会制度的研究

我国学者主要分析了马克思、恩格斯经典著作中的生态观思想，介绍了国外生态马克思主义和生态社会主义思潮和绿色政党运动，从社会制度的角度研究了生态文明与社会主义的必然联系。

4. 关于生态文明建设实践的研究

许多学者从循环经济、低碳经济、环境保护、可持续发展等不同层面研究了生态文明建设的途径。也有学者研究了建设生态文明的机制、理念及生态文化等，提出了生态文明建设的保障措施。还有的学者把生态文明建设作为全面建成小康社会和资源节约型、环境友好型社会的内容，提出了一些具体设想。也有一些学者结合各地具体实际，提出了在相关省市建设生态文明的措施。

5. 关于生态文明评价体系的研究

有的学者采用系统分析方法，从经济发展效率等方面，构建了生态文明建设评价指标体系。河南、浙江等地还建立了地方性的生态文明评价标准。

当代世界面临的人口、环境、资源、能源、食物、城市化等重大问题亟待解决，因此人们较多地关注生态文明的实用价值，偏重研究作为生理意义上的人同物质环境、经济环境的关系；而对于生态文明的认识价值注意较少，作为具有心理、情感、思维和智能发展为特征的人同文化环境、情感环境、心理环境、教育环境、科学环境的相互关系，在很大程度上被忽视了。事实上，一门学科沿什么路线、什么方向发展并不取决于创始人的愿望，也不是某个学术权威或是团体所能定位的。任何一支科学之流都不是在封闭的河道中向前流动的，它的发展变化、思维拓展的程度，取决于系统构成要素（各学科）之间的物质、能量与信息的交换，取决于这一学科（主体）与环境（社会环境、科学环境）相互关系的机制。生态文明在许多国家正趋向社会化，而生态文明的相关学科也在日趋生态化。这一方兴未艾的趋势不是任何个人、集团或派别的意愿，而是人类渴望摆脱盲目性和自身困境的必然选择，也是人类对于自在的过去、自为的现在和自觉的未来的必然选择，是人类对未来作为的整体最优的选择。

总之，近年来生态文明的理论研究方兴未艾，取得了丰硕成果，对于增强生态文明意识，树立节能环保和生态保护观念，推动生态文明建设，发挥了重要作用。

三、生态文明的中国梦

现今，世界政治经济格局已经展示了工业文明逐渐衰落的趋势，而生态文明作为新的文明形态伴随着中国梦逐渐崛起。

（一）生态文明的中国梦提出

2007 年 10 月 15 日，胡锦涛在十七大报告中把生态文明作为建设中国特色社会主义的战略目标，提出："建设生态文明，基本形成节约能源资源和保护生态环境的产业结构、增长方式、消费模式。循环经济形成较大规模，可再生能源比重显著上升。主要污染物排放得到有效控制，生态环境质量明显改善。生态文明观念在全社会牢固树立。到二〇二〇年全面建设小康社会目标实现之时，我们这个历史悠久的文明古国和发展中社会主义大国，将成为工业化基本实现、综合国力显著增强、国内市场总体规模位居世界前列的国家，成为人民富裕程度普遍提高、生活质量明显改善、生态环境良好的国家，成为人民享有更加充分民主权利、具有更高文明素质和精神追求的国家，成为各方面制度更加完善、社会更加充满活力而又安定团结的国家，成为对外更加开放、更加具有亲和力、为人类文明做出更大贡献的国家。"[①] 这是中国共产党第一次把它作为一项战略

[①] 胡锦涛，2007. 高举中国特色社会主义伟大旗帜 为夺取全面建设小康社会新胜利而奋斗：在中国共产党第十七次全国代表大会上的报告[M]. 北京：人民出版社.

任务明确提出来。

2012 年，胡锦涛在省部级主要领导干部专题班上的"7·23讲话"指出，推进生态文明建设，是涉及生产方式和生活方式根本性变革的战略任务，要求推进绿色发展、循环发展、低碳发展①。这一论述的实质，就生态方式而言，指明了生态文明是不以人类意志为转移的客观存在，是生产力发展的历史范畴；这一客观存在要求生态文明的生产方式，必须从现代科学技术的整体性出发，以人类与生物圈共存为价值取向发展生产力。生态文明与传统工业文明的线性非循环经济相区别是它的组织原则和技术原则是非线性和循环的，它是以生态绿色技术改造现代工业生产，发展绿色经济、循环经济和低碳经济。上述认识，同时也使生态文明建设与环境保护建设划清了界限。

2012 年，党的十八大报告首次将生态文明纳入中国特色社会主义建设的"五位一体"的总体布局②。"建设中国特色社会主义，总依据是社会主义初级阶段，总布局是五位一体，总任务是实现社会主义现代化和中华民族伟大复兴。"生态文明建设与经济建设、政治建设、文化建设、社会建设相并列，形成建设中国特色社会主义"五位一体"的总布局。同时，明确了理念，即指出"必须树立尊重自然、顺应自然、保护自然的生态文明理念"；明确了奋斗目标，即要"努力建设美丽中国，实现中华民族永续发展"；明确了工作方针，即要"坚持节约优先、保护优先、自然恢复为主的方针"；明确了工作目标，即要"从源头上扭转生态环境恶化趋势，为人民创造良好生产生活环境"；明确了工作任务，即提出要"优化国土空间开发格局""全面促进资源节约""加大自然生态系统和环境保护力度""加强生文明制度建设"。

2013 年 5 月，习近平总书记在中共中央政治局第六次集体学习时的讲话中强调："保护生态环境必须依靠制度、依靠法治。只有实行最严格的制度、最严密的法治，才能为生态文明建设提供可靠保障。"③党的十八届三中全会审议通过的《中共中央关于全面深化改革若干重大问题的决定》，更是以纲要的形式明确提出"建设生态文明，必须建立系统完整的生态文明制度体系，实行最严格的源头保护制度、损害赔偿制度、责任追究制度，完善环境治理和生态修复制度，用制度保护生态环境"④。生态文明制度建设包括法律和政策性制度建设、公众参与制度建设和政府及事业单位责任制度建设等，制度决定着中国在发展的过程中是选择绿色崛起，还是选择黑色崛起；是选择走人与自然和谐发展之路，还是选择走人与自然严重对立之路；是不断优化人民群众生产生活的自然环境，还是不断破坏生态和牺牲环境。可见，现今中国建立生态文明制度体系，是在"建设美丽中国"目标继承的基础上，开始创建一系列新制度并在实践中不断加以完善的一种尝试。

---

① 胡锦涛，2012-07-24. 全党全国各族人民更加紧密地团结起来 沿着中国特色社会主义伟大道路奋勇前进[N]. 光明日报（1）.

② 胡锦涛，2012. 坚定不移沿着中国特色社会主义道路前进 为全面建成小康社会而奋斗：在中国共产党第十八次全国代表大会上的报告[M]. 北京：人民出版社.

③ 习近平，2014. 习近平谈治国理政[M]. 北京：外文出版社.

④ 中共中央，2013. 中共中央关于全面深化改革若干重大问题的决定[EB/OL].（2013-01-15）[2017-12-13]. http://www.gov.cn/irzg/2013-11/15/content.2528179.htm.

2017 年，党的十九大报告不仅为中华民族伟大复兴的中国梦描绘了一幅宏伟蓝图，而且为实现这一蓝图提出了一系列新思想、新论断、新提法、新举措①。作为中国梦的一个重要组成部分，"美丽中国"的生态文明建设目标在党的十八大上第一次被写进了政治报告。经过 5 年气势磅礴的伟大实践之后，尤其是中国特色社会主义进入新时代的今天，我国生态文明建设在理论思考和实践举措上均有了重大创新。第一，对生态文明建设中存在的问题具有清醒的认识。党的十九大报告在总结以往实践的基础上提出了构成新时代坚持和发展中国特色社会主义基本方略的"十四条坚持"，其中就明确地提出"坚持人与自然和谐共生"。在具体论述生态文明建设的重要性时，该报告前所未有地提出了"像对待生命一样对待生态环境""实行最严格的生态环境保护制度"等论断，该报告在论及着力解决突出环境问题时，甚至提出了"打赢蓝天保卫战"的理念。第二，对解决生态文明建设中存在的问题有着清晰的思路和举措。党的十九大报告不仅提出了解决生态文明问题的总体指导思想，还提出了切实可行的具体措施。就总体指导思想而言，党的十九大报告明确提出了"既要创造更多物质财富和精神财富以满足人民日益增长的美好生活需要，也要提供更多优质生态产品以满足人民日益增长的优美生态环境需要"。党的十九大报告提出了详尽的生态文明建设举措，如加快建立绿色生产和消费的法律制度和政策导向，提高污染排放标准，强化排污者责任，健全环保信用评价、信息强制性披露、严惩重罚等制度；完成生态保护红线、永久基本农田、城镇开发边界三条控制线划定工作，改革生态环境监管体制等。第三，向全世界发出了中国建设生态文明的庄严承诺。中国为解决全球生态问题一直在持续不断地努力，从积极促成《联合国气候变化框架公约》，到习近平同志出席气候变化巴黎大会签署《巴黎协定》，再到二十国集团领导人杭州峰会中国与其他国家达成共识要积极推动《巴黎协定》尽快生效，再到党的十九大报告提出的"积极参与全球环境治理，落实减排承诺""为全球生态安全作出贡献"，这无疑是置身当今环境问题迭起的时代，中国向世界的庄严承诺：我们不仅不把解决贫穷、发展经济同生态环境保护对立起来，更不会以牺牲生态环境来换取经济的发展。而且，作为世界上最大的发展中国家，我们还要为全球生态问题的解决做出中国特有的贡献。

2018 年 5 月 19 日，习近平同志在全国生态环境保护大会上讲话中强调："生态文明建设是关系中华民族永续发展的根本大计。中华民族向来尊重自然、热爱自然，绵延 5000 多年的中华文明孕育着丰富的生态文化。生态兴则文明兴，生态衰则文明衰。党的十八大以来，我们开展一系列根本性、开创性、长远性工作，加快推进生态文明顶层设计和制度体系建设，加强法治建设，建立并实施中央环境保护督察制度，大力推动绿色发展，深入实施大气、水、土壤污染防治三大行动计划，率先发布《中国落实 2030 年可持续发展议程国别方案》，实施《国家应对气候变化规划（2014—2020 年）》，推动生态环境保护发生历史性、转折性、全局性变化。"② "生态环境是关系党的使命宗旨的重大政治问题，也是关系民生的重大社会问题。广大人民群众热切期盼加快提高生态环境质量。

① 习近平，2017. 决胜全面建成小康社会 夺取新时代中国特色社会主义伟大胜利：在中国共产党第十九次全国代表大会上的报告[M]. 北京：人民出版社.

② 习近平，2018-05-20. 坚决打好污染防治攻坚战 推动生态文明建设迈上新台阶[N]. 人民日报（1）.

我们要积极回应人民群众所想、所盼、所急，大力推进生态文明建设，提供更多优质生态产品，不断满足人民群众日益增长的优美生态环境需要。""新时代推进生态文明建设，必须坚持好以下原则。一是坚持人与自然和谐共生，坚持节约优先、保护优先、自然恢复为主的方针，像保护眼睛一样保护生态环境，像对待生命一样对待生态环境，让自然生态美景永驻人间，还自然以宁静、和谐、美丽。二是绿水青山就是金山银山，贯彻创新、协调、绿色、开放、共享的发展理念，加快形成节约资源和保护环境的空间格局、产业结构、生产方式、生活方式，给自然生态留下休养生息的时间和空间。三是良好生态环境是最普惠的民生福祉，坚持生态惠民、生态利民、生态为民，重点解决损害群众健康的突出环境问题，不断满足人民日益增长的优美生态环境需要。四是山水林田湖草是生命共同体，要统筹兼顾、整体施策、多措并举，全方位、全地域、全过程开展生态文明建设。五是用最严格制度最严密法治保护生态环境，加快制度创新，强化制度执行，让制度成为刚性的约束和不可触碰的高压线。六是共谋全球生态文明建设，深度参与全球环境治理，形成世界环境保护和可持续发展的解决方案，引导应对气候变化国际合作。"[①]

（二）生态文明的中国自信

工业文明的弊端和痼疾，主要是对自然的破坏。现代西方社会，半个多世纪以来，花费了数万亿美元，调动最优秀的科学技术人员，采用最新的科学技术成果和强大的经济后盾，建设庞大的环保产业用于废弃物的净化处理，并在产业升级过程中将污染严重的产业和有害有毒垃圾转移到发展中国家。但环境问题，表现为环境污染、生态破坏和资源短缺，这大多是全球性问题。因此只依靠少数国家或地区或者采取局部行动，是不可能得到根本解决的。2017 年 7 月，中国政府正式发出禁令，2017 年年底前紧急禁止 4 类 24 种固体废料入境，包括生活来源废塑料、未经分拣的废纸等高污染固体废料。此禁令雷厉风行，其结果，曾经向中国长期出口"洋垃圾"的国家，如今面临国内环境严重污染的局面。

现在，无论是全球环境污染，还是二氧化碳排放导致地球增温、臭氧层变薄和生物多样性减少，或是资源能源短缺等问题，都在进一步恶化。正如 2007 年 10 月 25 日联合国的《全球环境展望》报告所说，人类正在逼近环境恶化的"引爆点"。

为什么人类在环境保护上付出了巨大的努力，但世界环境仍然在继续恶化？我们认为，环境保护本质上是为了解决工业文明发展积累的问题，这是线性经济结出的果实。如果人们仍然按照传统工业模式的线性、非循环思维对待环境污染问题，把本应统一的生产过程分割为相对独立的两部分：一部分设备进行产品生产，另一部分设备进行废弃物净化处理。统一的生产过程由两部分人完成，分别是产品生产者和环境保护工作者。这就人为割裂了生产过程的整体性，既不能解决问题，又浪费了大量资源。在前工业文明时期，人与自然的关系虽然由和谐相处发展到局部性的不和谐，但生态危机并不明显。真正使社会生产力发生质的飞跃，人类利用和改造自然的能力极大提高，人类对自然的

---

① 习近平，2018-05-20. 坚决打好污染防治攻坚战 推动生态文明建设迈上新台阶[N]. 人民日报（1）.

理念发生根本改变，人类对自然进行大规模的掠夺和破坏而导致人与自然的关系不和谐甚至对立，造成大规模的、全球性的、威胁着整个人类生存的生态危机，则是在工业文明时期。

我们曾经以为，生态文明会在发达国家首先兴起，因为工业文明率先在那里发展并达到最完善与取得最高成就和在那里首先爆发生态危机，以及在那里首先爆发轰轰烈烈的环境保护运动。但是，现实表明这种状况并没有出现。也许，正如卡普拉（1989）预言的："衰退中的文化拒绝变化，比任何时候都更加僵硬地抓住过时的观念不放；居统治地位的社会机构也不愿把他们的领导角色移交给新的文化力量。"

或许，这是由工业文明模式的历史惯性所决定的。历史的巨大惯性使同样的情况也曾出现在中国。在人类历史上，中华文明曾经取得农业文化的最高成就，并且中国在2000多年的时间中成为世界的中心，为人类文明做出了伟大的贡献。但由于成熟和完善的农业文明模式的强大惯性，完善和高稳态的封建社会制度结构，遵循农业经济—社会强大的历史定式，中国失去率先向工业文明发展的机会。但进入21世纪，中华民族凭借伟大智慧和强大生机，率先点燃生态文明的焰火。

第一，我们具备了建设生态文明的强大国力与动力。改革开放40余年来，中国社会主义建设事业取得了伟大成就，综合国力大大增强，已具备一定的物质条件。

中国环境污染和生态破坏的种种问题，能源和其他资源短缺的种种问题，同时并全面综合地突显出来，成为经济进一步发展的严重制约因素。同时，社会和民生的种种问题，又与之错综复杂地交织在一起，形成一种巨大的压力，向社会发展提出严峻的挑战。国外媒体评论说：中国的现状和复杂程度，是世界上任何一个国家都无法比拟的。从东部沿海到西部内陆，从繁华的都市到贫困的乡村，从政治到经济，从社会到文化，从民生到环境，凡是19世纪以来西方发达社会所出现的几乎所有现象，在今日中国都能同时看到。由于中国发展现状和复杂性极其特殊，世界上没有一个国家的成功经验可以帮助中国解决当前的所有问题。因为中国目前所要应付的挑战，是西方发达国家在过去200年里所遇困难的总和。中国在一代人的时间里所要肩负的历史重担，相当于美国几十届政府共同铸就的伟业。这种复杂而特别的历史使命是一种巨大压力、一种严峻的挑战。中国逐步认识到，走西方工业文明模式发展老路，是没有出路的。

第二，我们已经具备了建设生态文明社会的政治环境。中国特色社会主义的建设事业已经取得伟大的成就，现在又开启了建设生态文明的征程。中国人民全面推进经济建设、政治建设、文化建设、社会建设和生态文明建设。在生态文明建设实践中，发展低碳经济和循环经济，加强节能减排，建设资源节约型、环境友好型社会；努力推进经济、政治、文化、社会等领域改革的制度化，形成一整套同社会主义市场经济、社会主义民主政治、社会主义先进文化、社会主义和谐社会相适应的更加成熟、更加定型的制度安排。走中国人自己的道路，创造新的社会发展模式，生态文明的美好未来是可以预见的。

第二节 生态文明理论基石

解决人类所面临的各种棘手问题的方案和方法,不可能纠结于某种单一理论、学科或文化,而应是多种理论、学科的协同谐振,以及多种文化、思想的融会互补。生态文明以什么样的理论作为基础,将直接影响生态文明的发展方向及目标的实现。我们试图从环境保护理论、中国传统生态伦理思想、马克思主义生态文明观、科学发展观、习近平治国理政思想等视角分析中国生态文明的理论基础。

一、环境保护理论简述

严重的环境问题催生了众多的环境保护理论,众多的哲学家、经济学家、生态学家、社会活动家从各自不同的角度,建构了不同的学说及学术流派,如生态(环境)哲学、生态(环境)经济学、生态(环境)伦理学等。生态中心论、技术中心论、弱人类中心论是其中的代表。

生态中心论认为,非人类生物与非生物自身都具有存在的价值,它不依赖人类世界而具有价值,生物的丰富多样本身就是其价值的表现;人类虽有追求自身繁荣和人口数量增长的权利,但并没有由于这种权利而损害其他生物的丰富性和多样性的权利,在与非人类物质产生冲突时,人类必须改变自己的经济增长方式及政策,改变对物质欲望无止境的生活状态。

技术中心论认为,环境问题是客观存在的,但相信当前这种由于人口、能源、原料、粮食、生态等问题引起的环境困扰只是暂时的。技术虽不能完全消除这种困扰,但是可以大大减轻或解决大部分的环境污染问题。技术是抑制未来污染问题的主要动力。

弱人类中心论认为,环境的破坏和资源的滥用给人类带来了极大的痛苦,因此需要一种环境伦理学来做指导。人类在对自然和资源进行利用时,要有远大的目标和长远的考虑,只有这样才能使已被破坏的生态环境得到改善。人类在关注自身发展的同时,需要考虑经济、社会和环境三者协调发展,不能片面强调任何一方特别是用牺牲环境的办法来促进经济增长。虽然人类活动改变生态环境是不可避免的,但人类应该多建立对人有利的生态平衡,避免对人不利的生态平衡,不主张唯生态主义;应该建立全面协调发展的战略,实现经济增长、社会进步不以牺牲生态环境为代价,在经济增长和社会进步中实现生态环境的改善。

二、中国传统生态伦理思想

生态伦理作为生态文明的基石在中国传统思想中有着非常丰富的内涵,其从开始孕育就有同一的基调,即"天人合一"。这一基调的产生与中华农业文明起源时期的生态环境有着直接的联系,代表思想有道家、儒家和佛教 3 个流派的思想。

（一）道家"道法自然"的生态伦理思想

《道德经》第 25 章中书："人法地，地法天，天法道，道法自然。""道法自然"的天人观是道家生态伦理思想的理论基础。道家认为，人与万物都是大自然的存在物，人不能超出天道即自然法则而生存，人道必须顺应天道，人要遵循自然法则，所以主张人与自然有同等的价值，要和谐相处。"以辅万物之自然，而不敢为"内在地包含了人类的道德行为，道德法则也应遵循自然法则，效法天地自然，遵循自然界的规律。老子既没有把天道奉为与人对立的至尊权威，也没有把人贬为天道的附属物。人是社会经济活动的出发点和归宿，但为了满足自己的欲求，其需要保护资源和环境。他认为"故道大，天大，地大，人亦大。域中有四大，而人居其一焉。"为此，老子要求人们要有较高的自然意识，要在生产生活过程中发挥主体能动作用，自觉地控制自己对于自然界的行为欲求，从而避免因一味追求自身欲望的满足而过度开发利用资源的情况。此外，道家主张"无为"的处事态度是达到人与自然和谐的途径，即人类的行为应遵循"自然无为"的境界，顺应自然方能"无为而无不为"。这里老子的"无为"并不是消极的不作为，而是指顺其自然而不加以人为的意思。否则，人类违背自然规律的活动会引起自然秩序的混乱。

（二）儒家"参赞化育"的生态伦理思想

儒家思想是中国传统文化的主流。在生态文明思想中，儒家与道家有共同之处，都认为人作为自然界的一部分，应顺从、友善地对待自然，以求人与自然和谐共处。与道家以天道为出发点论述天人的关系不同，儒家把天道看作人道，注重以人道行天道，把人际道德规范推及人与物的道德关系上，认为人比自然更能自觉、自主地调整自己的行为，强调人类在参与和改造自然界中的能动性，从而保持、维护人与自然的和谐。但是，人应该按照自然规律，积极地改造和利用自然，从而促进万物的生长，达到人与天地共生共存。这些都表现出儒家按照自然规律利用自然资源的生态伦理追求。儒家主张"天人合一"，其本质是主客合一，肯定人与自然界的统一，所谓"天地变化，圣人效之""与天地相似，故不违。知周乎万物，而道济天下，故不过"，儒家肯定天地万物的内在价值，主张以仁爱之心对待自然，体现了以人为本的价值取向和人文精神。儒家认为，"仁者以天地万物为一体"，一荣俱荣，一损俱损。因此，人与自然万物是平等和谐的，必须尊重自然，尊重自然界中的其他生命。在实现"天人合一"的方式中，孟子以"诚"作为出发点，视"诚"为天的本性，是天地万物存在的根本。《礼记·中庸》也说："诚者，物之终始，不诚无物。"就是要求以"诚"这一道德修养实现"天人合一"。人与万物既然都是由天地所生的，因此他们是共生共处的关系，当然应该和睦相处。"天人合一"既是中国传统文化中的宇宙观，又是社会法则和人生理想，是中国古代先贤对于天人关系这一根本问题的思考，究其理论实质而言，是关于人与自然或者说自然界和精神的统一问题，对中国生态文明建设具有重要的理论意义。

（三）佛教的生态伦理思想

作为中国传统文化重要组成部分的佛教思想，其中包含着非常丰富的生态伦理思想。"法"是佛教的最高范畴和最高真理，也是佛教生态思想的根本。佛教认为，"法"贯穿于宇宙和人的生命之中，所有生命都归于"生命之法"的体系内，个人生命与宇宙生命是一个统一体，是宇宙生命的个体化和个性化。在佛教看来，"众生即佛""万类之中个个是佛"，也就是说，一切就是众生，众生都有佛性，都可以成佛。佛教从这一基本原则出发，在具体的实践环节，不但制定了"不杀生"的戒律，主张善待万物和尊重一切生命，而且这种善待万物的观念集中表现在佛教普度众生的慈悲情怀上，其要求对所有的生命都大慈大悲，对所有的生命都应给予保护和珍惜。这是关于人与自然关系思想的至高追求，也是佛教生态伦理思想的核心和精华所在。由此看来，自然界本身就是维系独立生存的生命的一个存在。这就是佛学"依正不二"原理，即生命之体与自然环境是一个密不可分的有机整体，人类只有和自然融合，才能共存和获益。人类一定要对自然界心存敬畏，保护自然界就是保护自己。在今天看来，佛教信仰虽然带有宗教神秘的内容，不能从根本上解决人类面临的生态危机问题，但它所主张的对生命的至高尊重，对于我们今天更好地保护生态环境和进行生态文明建设具有积极的意义。

中国古代传统文化中丰富的生态文明思想，以道、儒、佛三家最为耀眼。

中国生态伦理传统思想虽然产生的年代、流派不同，但有一些相似的观点，具体表现在以下几个方面。

1）人与自然和谐的思想。无论是儒家主张的人与自然的整体性，还是道家主张的人与天地万物的同源性，以及佛教主张的生命具有平等性，中国生态伦理传统思想都强调人与自然是一体的，应和谐共处、共存共荣。

2）人的道德规范应涵盖协调人与自然的关系。儒家关注的重点是人道，道家关注的重点是天道，但是它们都认为人类秩序与自然秩序应该是协调统一的。儒家不仅讲人道，还讲天道，"亲亲而仁民，仁民而爱物"的思想就是天道与人道的联接。儒家把天道与人道贯通一体，认为人类的道德规范包括人对物的评价，从而扩大了伦理学研究的范围。

三、马克思主义生态文明观

在《1844 年经济学哲学手稿》《德意志意识形态》《哥达纲领批判》等马克思、恩格斯经典著作中都包含着丰富的生态文明观的思想内容。恩格斯在《自然辩证法》中专门对人与自然的关系进行了大量的论述，而《马克思恩格斯论环境》一书高度概括了他们的生态文明思想的主要观点。

1）尊重自然规律是人类活动的前提。许多人认为生态危机是在 20 世纪后才出现的全球问题，产生于 19 世纪中叶的马克思主义不可能对生态危机具有清晰的认识。然而实际上，早在 19 世纪，马克思、恩格斯在分析了资本主义生产方式及其发展规律的基础上，就提出了警告，告诫人类应该尊重自然、善待自然，人类的活动应符合自然规律。

2）人与自然关系的双重性。马克思、恩格斯认为，人与自然关系的双重性是由人的双重性所决定的。一方面，"人本身是自然界的产物，是在他们的环境中并和这个环境一起发展起来的"①，这体现出人依赖自然，自然环境对人类活动具有的制约作用。另一方面，"社会是人同自然界的完成了的本质的统一，是自然界的真正复活，是人的实现了的自然主义和自然界的实现了的人道主义"②。马克思将自然、人、社会看作一个系统，并把人与自然的关系置于人与社会关系之中，从而揭示了人与自然关系的本质是人与人的关系，处理人与自然的矛盾从本源上应该是通过解决人与人的矛盾过程来完成的。

3）主体性原则在人与自然关系上的运用。马克思从实践角度来看待人与自然的主客体关系，认为人的社会性表现为人的实践性，人们在实践过程中与自然建立依存的关系，人的社会性表现为人的实践性，对自然的利用、改造是人实践活动的重要部分。这时，自然是人的实践对象，自然也改变了人本身。人在与自然这种互为对象性的关系中，也是一种主客体的关系。

4）人与自然关系是物质变换的关系。马克思认为，人与自然在交换过程中实质上是人与自然之间的物质交换过程，这种交换过程是通过劳动来完成的。"劳动首先是人和自然之间的过程，是人以自身的活动来引起、调整和控制人与自然之间的物质交换的过程。"③ 人与自然之间的矛盾实际上是这种"物质交换"没有得到合理的控制和调整。由此，我们可以认为马克思解决生态问题的原则是合理地调节人类与自然之间的物质交换。

5）协调人与自然的关系是人类的使命。马克思和恩格斯不仅把处理人与自然关系当成人类的使命，还把解决这一问题与解决社会关系问题联系起来。"人对自然生态的控制实质上是人对人自己的人文生态的控制"③。马克思还认为，只有共产主义扬弃了私有财产和异化变动，人类的一切活动才能够按照人的本性和自然规律合理地加以调节，从而协调人类与自然的关系。也就是说，只有共产主义社会才能达到人与自然、人与人之间的真正的和谐关系，而这才是人类的使命。

马克思和恩格斯的生态文明思想体现了社会整体发展观，对于当前的生态文明教育有着重大的指导作用。在处理人与自然关系上，马克思和恩格斯认为人占据主导地位，而且有能力认识和改造自然、保护自然，保护自然就是保护人类自身的发展。这指导着人类正确认识自然并且担负起对于自然的责任。这使人们清楚认识到人类对于自然改造、索取必须有所节制，不能随心所欲，人类应时刻保持严谨的科学态度，公正处理人与自然的关系。公正处理人与自然的关系就是公正处理人与人的关系。马克思和恩格斯反对消极自然保护观点所主张的把人完全回归到自然界中，他们主张在开发和改造自然过程中在遵循生态规律的前提下，正视人的合理需求和人类持续发展，在自觉地、积极地保护自然环境的前提下，合理地控制和调整人与自然之间的"物质变换"，最终实现人类共同美好未来的思想。马克思和恩格斯深刻地认识到人与自然的矛盾不是孤立存在的，不能孤立地解决人与自然问题，解决这个矛盾有待于解决人与人、人与社会、社会

---

① 马克思，恩格斯，1971. 马克思恩格斯全集：第 20 卷[M]. 中共中央编译局，译. 北京：人民出版社.
② 马克思，恩格斯，1979. 马克思恩格斯全集：第 42 卷[M]. 中共中央编译局，译. 北京：人民出版社.
③ 臧立，2003. 马克思恩格斯论环境[M]. 北京：中国环境科学出版社.

结构之间的相关问题，有待于人类的不断前行，在发展中解决人与自然之间的矛盾。

四、科学发展观蕴含的生态文明观

科学发展观，就是坚持以人为本，全面、协调、可持续的发展观，是胡锦涛在 2003 年 7 月 28 日的讲话中提出的中国共产党的重大战略思想。在党的十七大上，科学发展观被写入党章。在党的十八大报告中，正式将科学发展观列入党的指导思想。2012 年 11 月 14 日，党的十八大通过《中国共产党章程（修正案）》，把科学发展观同马克思列宁主义、毛泽东思想、邓小平理论、"三个代表"重要思想一道确立为党的行动指南。

科学发展观坚持运用马克思主义的唯物史观和辩证法、科学方法论来处理人与自然的关系，它以中华民族的整体利益为价值主体，继承和弘扬了中国生态伦理传统思想，真实还原了马克思主义生态文明观。可以说，科学发展观作为中国生态文明教育的理论思想基础符合中国当前实际。

1. 科学发展观始终强调人与自然的协调发展

科学发展观的重要内容之一，就是强调社会经济的发展必须与自然生态的保护相协调，在社会经济的发展中要努力实现人与自然之间的和谐，发展不能以破坏生态平衡为代价，发展不仅要与现存的自然条件相适应，还要顾及子孙后代的利益，要走可持续发展的道路。"可持续发展，就是要促进人与自然的和谐，实现经济发展和人口、资源、环境相协调，坚持走生产发展、生活富裕、生态良好的文明发展道路，保证一代接一代的永续发展。"[①] 永续发展不能以牺牲环境而谋求经济发展，也不是以保护生态环境为借口而不发展经济，它的目标是在追求经济发展与生态环境保护寻找一种平衡，在实现人与人之间和谐（本质上）中真正实现人与自然的平衡。这与中国生态伦理传统思想追求的"天人合一"的境界是一致的。此外，科学发展观的全面、协调发展与生态文明强调的整体性价值也是一致的。

2. 科学发展观的核心是以人为本

"以人为本"大致有这样几层含义：其一，人类社会是向前发展的。自从有了人类，从人类建立了人类社会开始，人类社会前行的脚步始终未曾停息。其二，发展是科学发展，兼顾人、社会、自然的关系和利益。其三，发展是为了满足人类的需求，为人提供良好的劳动空间、生活空间与精神空间。其四，发展依赖于人类自身努力，需要充分挖掘人的潜能和发挥人的作用。其五，发展的最终目标是人的全面发展，提高人的能力，升华人的精神，这是推动社会发展的关键。生态文明也是以人为本的，因为生态文明追求的价值是主张在人与自然整体协调发展的基础上，人类当前利益和久远利益之间的平衡，从而最大限度地保持可持续发展。由此可知，以人为本既是科学发展观的出发点，也是我们建设生态文明的基本出发点。

---

① 胡锦涛，2004-04-05. 在中央人口资源环境工作座谈会上的讲话[N]. 人民日报（2）.

五、习近平新时代生态文明观

习近平新时代生态文明观是在深刻认识与把握人类文明发展进步规律、社会主义发展规律和共产党治国理政规律的基础上，结合当下世情国情党情，针对我国生态环境保护现状而阐发的战略思想，概括起来主要包括生态文明的全球命运共同体论、国家治理体系论、人民福祉论、制度保障论、系统思维论和"两山"协调论六个方面[①]。

1. 全球命运共同体论

生态文明建设的命运共同体论基于全球命运共同体理念，树立国际生态环境责任形象。顺应人类发展的客观规律，推动生态环境全球治理。按照国际环境保护"公平和区别"的责任原则，倡导全球同舟共济、共同谋划与推进生态文明建设，承担保护环境与修复生态的应尽的国际责任与义务。积极推动全球环境治理，落实减排承诺，共同建设清洁美丽世界。解决全球生态环境问题，展现中国智慧、贡献中国方案，使我国成为全球生态环境治理的重要引领者、贡献者和倡导者，为实现全球生态善治打造"中国样板"，是习近平生态文明建设思想的重要内容之一。中国倡导并践行全球生态共同治理理念，树立负责任大国国际责任形象，进而"为解决人类问题贡献了中国智慧和中国方案""为全球生态安全作出贡献"[②]。

2. 国家治理体系论

如果说，"站起来"主要体现的是民族独立与社会主义制度建立的政治价值诉求，"富起来"主要强调的是人民富裕的经济价值诉求，那么，"强起来"彰显的则是包括生态文明目标"美丽中国"在内的建设社会主义现代化强国的全方位的观念认同与价值旨趣。中国的国家治理必须展现全面协调的发展理念，实现经济社会的可持续发展。习近平在党的十九大报告中明确指出，生态文明建设是千年大计，"本世纪中叶，在基本实现现代化的基础上，再奋斗十五年，把我国建成富强民主文明和谐美丽的社会主义现代化强国。[②]""美丽"追求进一步彰显建设生态文明的重要地位，更有利于体现中国特色社会主义生态文明实践途径和奋斗目标的有效融合。将实现生态文明作为现代化强国建设与国家治理能力增强的关键目标，确立包括"美丽"在内的"五位一体"的奋斗目标。这将进一步提升物质文明水平和精神文明水平，满足人们对美好物质精神生活需要满足，也凸显出充分提高生态文明水平，将为满足人们对美好生态环境需要的提供坚强的保障。

3. 人民福祉论

生态文明是国家民族的大事业，更是广大人民群众共治共建共享的全民事业。生态

---

① 胡长生，胡宇喆，2018. 习近平新时代生态文明观的理论贡献[J]. 求实（6）：4-20.

② 本书编写组，2017. 党的十九大报告辅导读本[M]. 北京：人民出版社.

文明建设的人民福祉论，即体现以人民为中心发展理念的要求，通过有效的生态环境治理，进一步兑现人们对于良好生态环境的价值诉求，着力破解影响人民群众生存发展的突出生态环境问题，满足人民群众对优质生态产品的日益增长需求，提高人们的绿色获得感、全面幸福感和生态安全感。2012 年 11 月 15 日，习近平在十八届中央政治局常委同中外记者见面时提出："人民对美好生活的向往，就是我们的奋斗目标"。党的十九大报告强调，在推进现代化建设以满足人民的物质精神美好生活需要的同时，必须供给生态产品以实现人民的优美生态需求。当前我国社会主要矛盾已经发生转化，必须充分体现人们对于优美生态环境向往的价值取向，充分保障人民群众住有居、居有景、景优美。建设生态文明，彰显民意、体现民生。习近平深刻指出："生态环境一头连着人民群众生活质量，一头连着社会和谐稳定；保护生态环境就是保障民生，改善生态环境就是改善民生。①"要在全社会倡导生态优先、环境有价、绿色消费、人人有责的生态公民理念，坚持简约适度、绿色低碳的生活与工作方式，自觉做生态环境保护的倡导者、行动者、示范者，共建天蓝地绿水清的美好家园。

4. 制度保障论

建设生态文明需要制度保障，按照习近平生态文明"两严论"要求，建立最严密的法治、最严格的制度，为建设生态文明提供科学有效的制度支撑与制度规范。致力于构建"产权关系清晰、激励约束并重、多元共同参与"的制度支撑与规范体系，使之成为不可触碰的高压线并具有刚性约束能力。习近平一再要求，推进生态文明建设"必须采取一些硬措施，真抓实干才能见效"②。习近平在主持中央政治局集体学习时明确指出："对破坏生态环境的行为，不能手软，不能下不为例……只有实行最严格的制度、最严密的法治，才能为生态文明建设提供可靠保障。②"习近平在党的十九大报告中指出，"加强对生态文明建设的总体设计和组织领导，设立国有自然资源资产管理和自然生态监管机构，完善生态环境管理制度"，表明生态文明制度设计与实施在源头、过程和结果上的相互衔接与有机统一，有助于实现生态治理的权责利相统一、外部成本与内部成本相衔接、社会成本与个人利益相结合的格局。

5. 系统思维论

生态治理的主客体是统一的有机整体。生态文明的系统思维论，即是以系统工程的思维来认识和建构生态文明，构建生态文明建设的治理体系，有效地增益生态容量和发展空间，全地域、全过程、全方位地推进生态环境治理。中国生态文明建设的生态治理效果相对于社会中的要素，诸如经济、政治、文化和社会等方面的治理程度与效果而言相对滞后，"慢了半拍"。加之工业化理性思维的惯性，以至于生态系统、环境污染、资源约束等严峻状况还未得到根本扭转。这有待于生态环境治理主体的系统性融合和生态环境治理客体的系统性整合。在推进生态文明建设的实践进程中，不断促进生态环境的

① 鹿心社，2014-10-28. 建设生态文明 增进民生福祉[N]. 人民日报.

② 习近平，2017. 习近平谈治国理政：第 2 卷[M]. 北京：外文出版社.

共建共治，实现建设路径与建设目的、理念践行与成果共享的有机统一，才能不断地激发全体社会成员建设生态文明的行动热情与实践智慧。党的十九大报告要求"构建政府为主导、企业为主体、社会组织和公众共同参与的环境治理体系"[①]，在广义上确立了环境治理的主体系统性思路，要求考量环境治理主体的系统性，政府、企业、社会组织与公众，各司其职、各负其责，形成促进生态环境治理的系统性合力。

6. "两山"协调论

"两山"指绿水青山和金山银山，即生态保护与经济发展。生态文明的"两山"协调论，是指协调绿水青山和金山银山即生态与经济、保护与发展的协调关系。意为不断将生态优势转变为发展优势，实现经济的生态化与生态的经济化，努力平衡和协调生态与经济、人与自然之间的关系，不断实现在发展中保护、在保护中发展，致力于经济社会发展与生态环境保护的双赢。用"两山"这一通俗词语，易与普通百姓的话语体系相衔接，更易使"两山"内涵被普通百姓接受和认同。新时代"两山"协调论思想是在继承和发展唯物辩证法的人与自然关系论的基础上建构的。2013年9月，习近平在哈萨克斯坦纳扎尔巴耶夫大学发表演讲时强调："我们既要绿水青山，也要金山银山，宁要绿水青山，不要金山银山，而且绿水青山就是金山银山。[②]"绿水青山与金山银山之间的关系，折射出人与自然之间的重要关系。对两者关系的认知和处理，包括着两者孰轻孰重、两者孰先孰后的理性甄别与价值取舍问题。新时代"两山"协调论，丰富与发展马克思主义生产力学说，科学地说明了绿水青山与金山银山即生态环境保护与经济社会发展之间的相互影响与相互转化的关系。牢固树立和深入践行绿水青山就是金山银山理念，是我们协调"两山"关系的根本遵循。

第三节 高等教育的生态文明

人类文明在经历黄色的农业文明、黑色的工业文明之后，现已进入绿色的生态文明发展阶段。高等教育发展史似乎是人类文明的缩影，高等教育从诞生那一天起，就是传播着哲学、宗教的一种简单的、纯粹的文明。建于11世纪初的波隆那大学、巴黎大学就是在宗教的庇护和宠爱下诞生的。工业文明的引领者是19世纪初的德国柏林大学，科研与教学并重，推进了工业文明，也使德国很快成为世界经济文化强国。而美国的《摩尔法案》催生了一批以服务社会为使命的"赠地"大学，威斯康星思想进一步将高等教育世俗化演绎到极致。今天，中国率先提出了把高等教育的文化引领职能作为大学的基本职能，并将生态文明建设列入全面建成小康社会的总体布局。这一基本治国方略不仅引导人们在建设美丽中国的征程中确立生态理念、强化生态意识、践行生态行为，而且

---

① 习近平，2017. 决胜全面建成小康社会 夺取新时代中国特色社会主义伟大胜利——在中国共产党第十九次全国代表大会上的报告[R]. 北京：人民出版社.

② 习近平，2014-07-11. 绿水青山就是金山银山：关于大力推进生态文明建设[N]. 人民日报.

给予国人一种共生意识、一种行为方式、一种思维模式。

美国高等教育学家 Ashby（1966）首次提出高等教育生态学（higher education ecology）的概念，提出应该以生态学的原理和方法考虑高等教育的发展问题，特别要把握高等教育系统内部的生态平衡、生态位态、协同进化的原理与机制，建立了一门新兴的边缘学科。博克（2001）热情呼吁，现代大学不能囿于象牙塔，而应超越象牙塔，推倒阻隔与社会交往的大学围墙篱笆，服务社会、引领社会。这可以说是现代大学放弃"农业文明"，走出"工业文明"，实践"生态文明"的昭示。但在传统的精英式高等教育中，在供给与需求巨大的落差中，"生态"思想只能束之高阁，被人们藏匿于意识深处。然而，当高等教育走出象牙塔，步入大众化甚至普及化的进程时，我们就必须在需求与供给之间进行认真的审视和度量，既要考虑高等教育自身发展也要考虑社会需求，既要审视高等教育的内部结构也要审视社会大系统对高等教育多元需求结构的变化。只有在高等教育与社会环境之间找到一种互为依存、互为促进、协调共生的"生态模式"，高等教育才能在推动经济社会发展的前提下实现自身的持续发展。换言之，高等教育的生态文明是实现高等教育大众化乃至普及化的必由路径，更是高等教育大众化、普及化的题中之义。

一、高等教育生态文明的使命

在建设生态文明的历史进程中，高等学校作为人口密度大、人才素质高、人员结构相对复杂的组织机构，作为肩负人才培养、科学研究、社会服务、文化传承与创新职能的高等学府同样在生态文明建设中肩负神圣的历史使命。

1）高等学校是弘扬生态文明的主课堂、主渠道和主阵地。2011 年《全国环境宣传教育行动纲要（2011—2015 年）》（以下简称《纲要》）中明确强调"推进高等学校环境教育，将环境教育作为高等学校学生素质教育的重要内容纳入教学计划……"落实《纲要》所提出的要求，高等学校要将基于可持续发展和生态学方面的基本理论与方法进课堂、进头脑，成为对学生进行生态文明教育的主渠道、主阵地。通过授课和实践，学生从成为社会人的前端阶段就已内化了环保意识、生态意识、节约意识、合理消费意识，从自己做起，从身边的小事做起，自觉保护自然、保护生态。

2）高校师生是生态文明的弘扬者、实施者、监督者。全球生态环境并没有随经济增长、投入增加而有所改善。我国近年来经济高速增长的同时也导致了环境的恶化，痛定思痛，人们认识到单纯依靠经济增长来衡量进步，而忽视环境所付出的成本，最后会破坏经济结构，使经济无法持续发展。无论是 20 世纪 80 年代的世界环境与发展委员会发表的《我们的共同未来》第一次明确提出的"可持续发展"的定义，还是我国 20 世纪 90 年代中期发表的《中国 21 世纪议程》正式提出的我国可持续发展的战略、政策和行动策略，作为高校师生，都应宣传这些思想，并以自己的实际行动加强能源资源节约和生态环境保护，成为生态文明建设的积极践行者。更为重要的是，其模范行动对我国的生态文明建设所起到的良好的示范和引领作用，是时代赋予当代高等教育的重要历史使命之一。

3）大学在人类进步中的责任。大学是社会领域中最活跃的细胞，对人类的生活、人类的进步做出了不朽的贡献。大学对社会的责任是通过两种渠道发生作用的：一是大学教师本身带着思想、带着科学走向社会，承担社会的责任；二是大学通过培养社会所需要的各种各样的专门人才，并将这些带有一定思想知识烙印的专门人才输送给社会，进而在社会生活的各个领域起作用。

二、高等教育生态文明的内容

（一）人才培养

1. 人才培养的问题

人才培养是高校最重要的任务。围绕这一问题，大学要回应 3 个问题，即培养什么样的人、怎样培养人、培养的人去向何处。但当前这 3 个问题出现了偏差。

1）培养什么样的人出现了偏差。"学而优则仕""学习好就都好""不要输在起跑线上"等错误的口号，成为有些家长的口头禅。高考升学率成为许多重点高中用来评判教学质量的标准，考上重点大学成为绝大多数学生和家长的追求。而进入大学后到底要将青少年培养成为什么样的人，几乎很少有人思考，或者思考的人也会感叹教育机制与体制的不完善。

2）怎样培养人出现了偏差。现在不少高校领导将很大一部分精力，甚至是主要精力放在大学排行、论文数量、科研经费上，近年来开始关注发表论文的影响因子。而对人才培养的规律、教育教学理论研究、教学改革措施方法、教学质量提升和教师队伍建设方面，往往就是"风声很大、雨点很小"，喊口号的多，涉及实质性的内容少。利益导向使教师重科研轻教学，知名教授上讲堂的越来越少，好课程、好教材缺乏。高校之间的竞争性加剧，趋同性越加明显。由于学科越分越细，学院越设越多，学生在支离破碎的专业面前，好像被笼子桎梏了思维，过分的专业培养，限制了他们改变世界和应对挑战的智慧和能力。大学同样忽视人文知识和文理综合能力的训练，忽视对于完整"人"的要求，使学生缺少基本的个人修养，不能更理性地思考和应对社会问题。

3）培养的人去向何处出现了偏差。现在大学毕业生的就业率，国家和人民都很关注，学校也很担心毕业生的就业问题，因为这关系到学校的生存和发展。功利性色彩使部分毕业生在就业时往往将赚钱作为第一要务，"先就业、后择业、再创业"看似语重心长，实质上没有把学生个性化的需求放在首位。毕业即就业，加上专业的适应面窄小，学生难以具备宽广的视野和拥有多元的职业生涯。

2. 人才培养措施

高等教育培养的人才，如何从生态文明建设出发，最终实现人与自然、人与社会及人自身的和谐发展，使人才的智慧、素质与能力适应生态文明建设的需要？高等学校的一切教育活动都必须以学生的成长成才为出发点和落脚点，即以人才培养为核心，培养适应未来社会发展、具备生态能力的优秀人才。

1）从长远入手，培养知识与能力完备的人。高校实行通识教育，打破专业壁垒，使学生在入学初就接受人文社会知识的教育，接受文理训练。在整个大学阶段培养学生的好奇心、逻辑思维及想象力、智力和社交能力。学生具备了较好的人文基础和生存能力，遇到问题既能跨学科思考，解决问题又能收放自如，这样才能适应未来的需要。

2）从可持续发展理念入手，将其贯穿教育教学的全过程。在课堂教学中增加可持续发展、环保理论和技能等内容，使学生掌握相应的知识技能；课外的社会实践、实习实训使学生了解了社会现状和环保需求；日常行为的规范养成、环保志愿者活动都在于培养学生生态文明意识和对人类可持续发展的责任心，建立起人与自然协调发展的责任心。

3）从终身学习入手，培养学生适应未来的能力。大学是学生发展的重要阶段，不仅能为学生谋求一份工作，还要面向未来使其学会应对各种变化和困难，能够创新创业。大学培养的学缘结构应为"π"形的知识结构和能力结构，"π"上面"一横"是代表人文和专业知识，这是基础；下面的"两条腿"，一条腿是表示外语和计算机能力，另一条腿则是表示思维和创新能力。没有"一横"就没有基础，不知道人类的何去何从，不能理性地对待各种自然社会问题。没有"两条腿"，就失去了获取处置信息和创新创业的能力，人类就会固步自封。

（二）科学研究

高校的科学研究已经成为国家科学事业及其创新体系的重要组成部分。目前，高校的科研项目多数是根据科研团队自身的研究领域、研究兴趣，通过各种渠道申请得到基金和资助的。需要与社会需求加强沟通，与环保部门加强协作。我国现在的科研体制造成科学研究一旦通过验收，便束之高阁。现有的科研体制、机制如何为生态文明建设服务，如何成为政府部门的决策依据，需要以生态科技创新为支撑，以构建学科、学术生态平衡为重点，营造良好的学科生态环境。一方面，增强广大教师为生态文明建设服务的科研意识，以环境保护、生态平衡、能源节约、新能源开发、废弃物回收利用为研究课题，形成在这些方面研究的科研队伍。另一方面，在提高高校自身科研能力的同时，将具有生态文明意识和科研能力的科技工作者以科技特派员的形式输送给社会，或以举办各类学历及非学历教育培训班的形式，提高全社会整体的生态科技水平。

高校的学科生态和学术生态直接影响人才培养，这既是一种教育生态，也是一种社会生态。学科建设的根本任务在于合理布局、凝练方向、汇集队伍、整合资源、搭建平台、凸显优势、突破藩篱、整合协同。对于特色不显、需求不足、发展不明的学科专业，需建立预警及退出机制。大学要在各自的发展目标定位上，制定政策措施，引导每个学科找准自己的位置，形成整体优化及协同发展的学科生态结构、生态环境。

学术生态系统是指由学术主体、学术客体及软硬件环境等元素构成的一个相互联系、相互影响和相互制约的学术系统。学术生态系统是学科生长和发展的"土壤"、"阳光"、"空气"或"雨露"、"肥料"。由于急剧变化的外部社会发展系统和研究者价值观的多元化及受利益的影响，学术界出现了学术成果泡沫化，原创性成果缺失，功利主义氛围日渐浓厚、学术氛围淡薄，学术交流意识淡化、深层次的学术交流弱化，学术争鸣日渐消失，学术不端行为频发等问题。从大学外部来看，虽然经过改革与发展，大学与政府之间的权力界限日益明晰，但政府依然牢牢掌握着高校发展乃至高校命脉的资源配置权。例如，政府人员手中掌握着大量的资源配置等方面的自由裁量权，行政权力实质上在不断膨胀和扩大，大学难以真正建立起自我发展、自我约束的内在生命机制。从大学内部来分析，产生此类问题有 3 点主要原因：一是管理者政绩观出现偏颇，以研究成果数量为荣；二是行政主导大学学术研究；三是大学制度建设滞后。

（三）社会服务

教学、科研和社会服务是高校的三大职能。与前两种职能相比，社会服务强调的是高等学校作为一个学术组织直接为社会做出多方面的贡献。高等学校的 3 种职能产生于不同的历史时期，教学职能在中世纪大学产生的时候就已经存在，科学研究职能在 19 世纪初期德国柏林大学得到确立，而社会服务职能则于 19 世纪下半叶形成于美国高等教育。一个多世纪以来，社会服务职能伴随着美国高等教育国际影响的提升和世界经济、科技的发展为世界各国高等学校所效仿学习。在我国，中华人民共和国成立后的 27 年（1949～1976 年）中，高等学校主要以教学工作为主，以培养社会主义建设者和接班人的方式间接地服务于国家、社会。直到 20 世纪 70 年代后期，我国高等教育迎来了改革的"春天"，高等学校除开展教学工作之外，其科学研究和社会服务发挥日趋重要的作用。40 多年来，我国高等教育事业改革始终围绕"适应、促进社会主义现代化建设发展的要求"进行，高等学校的社会服务职能日益凸显。

高等学校社会服务是一个很宽泛的概念，其包含丰富的内容。在我国，人们对高等学校社会服务的认识经历了从怀疑、争论、确立到重视的过程。一般来说，高校社会服务有广义和狭义之分。广义的社会服务是指高校作为一个学术组织为社会做出的所有贡献，包括直接的贡献和间接的贡献。我们可以将狭义的高等学校社会服务定义为高等学校在保证正常的人才培养任务情况下，依托高等学校的教学、科研、人才和知识等方面的优势向社会提供直接性、服务性的，以促进经济和社会发展为目的的活动。所涉及的内容有教育拓展服务、科研服务、产学研联合体。高校资源服务，包括人才资源服务、物质资源服务、信息资源服务。

当前，高等教育提倡发挥高校的社会服务功能，并不仅仅只是要求高校在科研和教学之外，去寻找社会服务项目，拓展社会服务的途径，发挥知识即时应用价值，更不是以社会服务项目来代替原来的教学和科研，而应该把社会服务的理念渗透于教学科研之中，发挥高校的教学、科研的社会服务功能。高等教育机构是社会的重要组成部分，从功能论的视角观察，高等教育机构之所以在当今社会起着越来越重要的作用，与知识经济时代对科技的依赖有着直接的关联。而高校在进行科学研究和科研人才培养方面有着其他社会机构无法比拟的优势。高校的教学和科研是其进行社会服务的前提和基础，是其社会服务得以不断开展的源泉。

在社会服务职能实施中，高等教育需要明确为谁服务和怎样服务。首先，高等教育社会服务的内容应当是有选择性的，应当选择那些适合自己的服务项目和服务对象，要拒绝那些对生态文明建设起负面效应的研究和项目，要有所为，有所不为，这也是作为高等院校基本的良知和责任。其次，高校参与社会服务并不是一味迎合与满足社会主体对高等教育无限制的要求，或严重影响高校人才培养、科学研究等其他职能，这都是不可取的。最后，高校的社会服务，要积极利用自己的优势资源，结合时代要求，服务社会发展。

（四）生态文化传承

一些高校在生态文明建设中，已经注重对学生知识传授与保证知识结构的完整性，通过开设环保教育课程和讲座，对学生进行环保知识、可持续发展理论及技能的渗透。在社会实践中，倡导环境恶化调研和环保实践活动，促成学生环保意识的养成。在校园内，完善各种制度规范学生生态行为，如宿舍用电包干、超量自负制度，食堂光盘行动，实验室洁净行动，环保知识竞赛，环保创意创业大赛，通过与学生亲密接触，促进学校文化生态的健康发展。

文化传承是高校的重要职能之一，校园环境建设与文化传承密不可分，环境建设要融入文化建设的元素，是一项需要全局思考、统筹规划的系统工程。当前，高校的环境建设，有许多与生态文明不相符的现象：一是对校园环境建设缺少全局思考、全面规划和长远打算，过多地关注物质文化建设而忽视了精神文化建设。一些高校为了追求短期利益或者市场利益而忽视对校园文化的长远规划，使校园文化建设如同"鸡肋"，二是注重表面工程、轻视精神构建，中国高校普遍存在花重金建设新校区，对于旧校区不加以维护，在新校区建设宏伟的图书馆、游泳池等大型场馆。然而，当我们去国外知名院校就会发现，它们的学校分布在城市各个角落，既没有宏伟的大楼也没有壮观的大门，在破旧的门楼内，有的甚至没有大型草坪，但是当你走进校园的时候就会感受到浓厚的校园文化气息，那是一种知识带来的庄严、肃穆。校园中的每一个雕像、每一块砖无不彰显校园的文化、悠久的历史和深厚的底蕴。三是高校的文化建设缺乏个性，而个性是学校在过去传统的优势、取得的成就、获得的殊荣的基础上建立起来的。校园文化拥有蓬勃生命力，关键原因是优秀的校园文化必将对成员产生巨大的号召力和影响力。但是，当前我国校园文化趋于一致化、雷同化，学校缺乏自己独特的文化，没有自身特点和发展优势，因此需要培育个性化的校园文化，做到百花齐放、百家争鸣，真正做到各种校园文化各领风骚，既体现彰显个性，又体现生态的多样性。

当前，国内大学多校区几乎成了一股风，而所造成的人力、财力及对生态的影响，并未引起足够的重视，教学资源、人力资源和能源的耗费，令人痛心疾首，这仅仅是为了满足高等教育大众化的社会需求吗？如果把这些资源用于教学和科研上，将会产生巨大的成就。在校园环境建设上，对能源系统、水系统、绿化系统，以及建筑设计中材料选择和废弃物的处置，注重优化，体现出节能环保与保持生态的特性，并通过校园文化予以传承。

校园生态文明建设，离不开生态管理。近年来，很多高校根据本校实际，不断完善校园管理，建立用水、用电管理办法，空调设备、大型仪器使用办法，教室、宿舍管理办法等，并加强日常监督检查，在校园网上公布环保动态信息，使生态管理有依有据、有理可循。

第四节　创业教育生态文明

　　"生态文明"融入高等教育的全过程，是当前高等教育质量提升的一种战略性选择，也是高等教育服务于生态文明建设的重大举措。生态文明有 3 个层次：生态文明的制度层次、生态文明的物质层次、生态文明的精神层次。如果用现代生态文明观来分析我国创业教育 30 多年的发展，在这 3 个层次上还存在着不尽合理的地方，主要表现在：制度层次上，虽有学者运用生态学原理来考虑创业教育总体设计，但尚未形成适应生态文明的系统创业教育体制、机制；物质层次上，更重视研究高校独立系统作用，忽视创业教育作为生态系统，其作用的发挥需要内外因子的协同作用，尚未构建适合生态文明的创业教育组织体系；在精神层面（或价值观）上，更多地体现"人类中心主义"的价值取向，尚未确立人与自然社会和谐发展的创业教育价值观。创业教育仍只局限于高等教育内部的"自娱自乐"，局限于高校内部个别部门追求师生创办企业经济获利，创业教育可持续发展遇到瓶颈。因此，运用生态文明视野观察分析创业教育，重新构建创业教育体制机制、组织体系和价值观，形成适应生态文明的创业教育中国化发展策略，已成为中国创业教育理论研究方面亟待解决的问题。

一、创业教育生态文明的逻辑

（一）生态文明需要创业教育这一发展形式

　　近现代以来的工业文明在带来进步的同时，也带来了生态、环境和资源等方面的压力，使我们面临严峻的经济社会可持续发展问题。西方学者认为，"人类中心论"是现代人类生态危机的思想本源，为了消除生态危机，西方应该从中国传统生态伦理中寻求答案。中国提出建设生态文明，摒弃了过去"人类中心主义"的立脚点，在更高更宽广的视野将人类和自然社会的发展融合在一起。生态文明使中国在应对全球经济竞争和生态环境承载双重压力面前初见曙光，建设美丽中国、和谐中国，实现中国梦及生态文明，必须发展与生态文明建设不可分割的现代科学技术和教育方式。创业教育涉及教育形式改革、教育内容调整，还表现为高等教育人才培养功能的再次定位，由此对教育思想价值进行梳理，反映出教育改革创新发展，诠释了教育的本质及发展走向。

（二）创业教育本身就是一个生态系统

　　1866 年，海格尔首次提出生态学概念，认为生态学是探讨生物有机体之间，以及生物有机体与其生存的无机环境之间相互关系的学问，这一概念逐步延展到人与自然的相互关系之中。1966 年，英国学者阿什比首度提出"高等教育生态学"的概念，从生态学的视角思考高等教育发展问题，开用生态学的原理和方法研究高等教育之先河。创业教育作为教育生态学的研究对象，按照教育生态学的观点，我们认为创业教育作为教育系统的组成部分，自身就是一个生态系统，外部与其他社会子系统相互联系，内部创业教育子系统紧密联系，而且这些联系协同运动、发展变化。创业教育受内部和外部诸多生态因子的综合作用，同时创业教育的成效也会反作用于各生态因子，促进或抑制其发展变化。

二、创业教育生态文明的要求

（一）体制机制的合理性安排

发达国家的创业教育内生于教育系统中，是教育的核心要素，而我国创业教育则是寄生于教育系统，是教育的附加要素。从我国创业教育实际运行来看，多数人认为开展创业教育是高校自身的事，是高校就业部门解决大学生严峻就业问题的举措之一，其结果是高校、政府、企业三方各成体系，创业教育缺乏有效的沟通交流。高校对所开展的创业教育是否符合社会现状并不清晰，政府出台的看似科学合理的政策在实施中困难重重，企业面临创业人才缺乏、创新创业能力停滞的困境。这些问题的解决都需要在体制机制上进行合理安排。

（二）组织结构的完整性构建

按照生态学的观点，创业教育是一个多元、复杂的生态系统，作为社会生态系统中表现出相对独立性的子系统，它与社会生态系统各类组织不断进行物质与能量的交换，相互作用。另外，它需要进行内部组织变革，进行自我的调节，组织结构的完整性制约着创业教育生态系统的进化程度和发挥作用。在这一方面，麻省理工学院提供了成功的案例。它以创业中心为核心，组建了数十个项目和中心，主要是"官方"的创业教育组织和"非官方"的学生创业"社团组织"。"官方"创业教育组织，包括创业中心、创业辅导服务中心、技术转移办公室、资本网络、专利委员会和专利管理委员会。学生创业"社团组织"，如全球创业工作坊、创业者俱乐部等。在创业教育外部支持系统中，美国政府通过《小企业法》专门成立了创业支持核心机构——小企业管理局，麻省理工学院享受到该局提供的良好创业政策法规、技术支持、融资支持、咨询与服务等。在麻省理工学院周围还存在多元化的"非官方"的社会支持机构，如各种创业园、风险投资机构、培训机构、资质评定机构、创业者协会、柯夫曼创业中心等。

（三）价值观的生态性转变

当前，世界各国在开展创业教育时，更关注人对自然社会的改造这一工具价值的提升。他们认为创业教育是未来人应该掌握的证明一个人事业心和开拓能力的第三本教育护照，是一种培养和提高生存能力的教育。其实，在生态文明视野中，创业教育价值观的生态性转变远比其技术革新更为迫切。创业教育不仅注重它所产生的经济效应和社会效应，还注重它的生态效应。它不仅培养具有创业意识、创业精神和创业能力的创业型人才，还通过创业遗传基因的传递，实现代代人与社会自然的共同持续发展。创业教育追求的不是人的单向功利需求，而是人与自然社会双向的和谐，追求的是人与自然社会生态的协调发展。

三、创业教育生态文明建设

（一）健全以"政府主导、高校主体、社会参与"多方参与、协同生长的有效机制

经过 10 多年的探索，我国高校创业教育形成了 3 种典型的发展模式，即课堂教学主导型模式、创业意识技能提升模式、综合型模式。2010 年，教育部出台的《关于大力推进高等学校创新创业教育和大学生自主创业工作的意见》，对推进高校创业教育提出了明确的要求。但从整体而言，创业教育仍缺乏一个涉及政府相关部门、社会多方参与者，具有可操作性的整体规划。在建设生态文明背景下，可以将以"政府主导、高校主体、社会参与"作为规划制定、体制机制建设的逻辑起点。《2017 中国高校学生创新创业调查报告》也提出："政府层面，进一步加强支持高校学生创新创业的政策支持力度……高校层面，进一步完善高校学生创新创业的服务与支持……社会层面，需要对高校学生创新创业有更多的宽容与支持。"

1）制定包括国家层面及高校自身的规划。政府制定国家层面的促进生态文明建设的创业教育整体发展战略，分层实施创业教育国家计划。国家层面的规划涉及创业教育生态文明的基本要求，涉及政府、高校、社会组织在创业教育职能方面的分工，涉及师资队伍建设、课程安排、平台搭建、激励政策制定和创业氛围营造等方面。高校自身的创业教育规划必须与高校发展规划相衔接，如浙江农林大学在推进创业教育过程中，将创业人才培养与学校创办生态性创业型大学进程有效对接，成立专门的创新创业学院——集贤学院，并对创业教育进行了生态规划，提出以培养具有生态创业意识、知识及能力的生态性创业型的领军人才，通过服务浙江"生态省"建设，成为生态文明建设的领航员。

2）突出高校创业教育主体地位。真正发挥出高校作为创业型人才培养实施者、智力型资本激发者、新创型企业资源融合者的主体作用。在高校周围，作为创业教育活动最主要的因子——创业师资和创业资金迅速地聚焦起来，创业资源的传输、创业平台的构建、创业人才的培养及知识资本的输出，这都需要高校发挥核心作用。高校作为创业教育的主力军，在发挥其教育优势，实现创业教育与社会需求结合、理论研究与实践活动结合、有形资源与无形制度协同方面引领创业教育发展未来。

3）搭建创业教育中政府、高校、社会组织三方协同运行机制。创业教育要取得成效，必须改变以往各自为战的局面，以促进生态文明发展为共同利益诉求，促使三方系统化运作，共同推进创业教育生态文明进程。政府不仅要从生态文明宏观战略层面提出创业教育的发展规划，还要通过有效的创业政策法规、资金扶持、创业平台建设，创业教育研究及创业文化氛围营造，为创业教育提供良好的生态环境；社会组织（企业、风险投资机构、基金会）通过资本运作、创业资金、项目合作、委托培养、共建创业基地、连锁加盟等形式提供创业资源。另外，部分社会组织成立的大学生创业法律援助站和大

学生创业扶助站，提供创业技能的培训、创业初期资金扶持、专家跟踪指导等服务；高校接受政府提供的创业需求、创业政策及社会提供的创业资源、创业服务，通过创业型师资队伍建设、课程建设、实践平台建设，将科研成果和创业人才在孵化器中进行创业孵化，为政府输出知识资本和创业人才，为社会组织输出商业化的创业技术和创业项目。

（二）形成高校"聚焦合作"的以创业学院为核心的创业教育组织体系

生态创业教育组织体系更多的应是横向协作组织所构成的体系，其组织体系基本构成包括创业学院、社会合作机构、专业领域的创业机构、竞赛机构、教育教学组织、辅导机构和质量监控中心等。创业学院制定创业规划，出台创业政策，整合学校创业教育资源，搭建创业平台，开展创业教育理论研究，制定出创业教育内容及标准；社会合作机构扮演大学——产业中介的角色，通过与产业部门、各类孵化器和科技园、风险投资机构、产业协会、商会等联系，挖掘社会创业资源，筹措创业教育资金；专业领域的创新创业机构，如生物医药创新中心、生态种业研究中心、生物基材料与生物质能源研究中心，这类中心非常注重特定领域产业与学术联系，虽然创业只是其商业活动的一部分，但这是未来大学生创业项目的核心竞争力；竞赛机构如"挑战杯"中国大学生创业计划竞赛，通过竞赛选拔优胜者，选择生态创业项目，吸引社会关注，进行风险投资，营造良好创业氛围；教学组织通过教学计划、师资培养、教学实施、实习实训、创业实践等途径具体负责本单位的创业教育工作；创业教育辅导机构，如高校创业指导中心，创业指导站等机构，提供创业项目、创业资金、导师和政策的咨询服务；质量监控中心开展创业质量评价和反馈，提供衡量高校创业教育质量的基准，反馈创业教育与社会需求的符合度，为引导高校培养有利于生态文明建设的创业人才提供依据。

（三）构造以"课程、师资"为核心的全程植入生态价值观的培养体系

创业教育是一种向被教育者传授概念与能力的教育，以此来发现那些不被人重视的机会，或当别人还在犹豫不决之时，能够有足够的自信心付诸行动。同样，生态文明视野下的创业教育需要受教育者在掌握基本的创业知识和创业技能的前提下，拥有能够识别出并付之于实施的生态创业机会。在这一过程中，起到核心作用的是生态化的创业教育课程和创业师资。

生态化的创业教育课程包括形式与内容的生态性。其课程基本形式有单一课程形式、多课程结合形式、专题教育形式和实践活动形式。单一课程形式是整合现有课程中有关创业及生态学识内容为独立课程的教学形式；多课程结合形式是将有关创业及生态学识内容，通过不同课程大纲内容调整，结合到不同课程来进行教学的形式；专题教育形式围绕如生态农业创业、生态产业发展前景等某个生态创业专题，来弥补渗透形式不足的教学形式；实践活动形式实现了"做中学、学中做"，如生态创业项目开发、生态创业公司的创建等实践活动，使创业教育课程能够与实际创业活动结合。丰富的生态创业文化活动是课程教学的有效补充，创业计划大赛、创业政策宣讲会、生态创业成功人士典型报告会等形式，塑造生态创业精神，提高生态创业意识。依托就业创业指导中心、各类研究中心、创业园、创业实训基地和创业实践平台开展的创业实训实践活动，提升

学生的生态创业能力。

生态化的创业师资要求教师作为学生思想和行为方式的引领人,自身首先根据生态文明的要求调整创业意识、知识和创业实践活动。其构成可以分为校内和校外两个部分。校内创业师资建设时,为在职教师提供到生态创业示范企业和基层挂职锻炼的机会,感受生态创业成效;每年选送一定数量的专业教师参加创业培训(研修)班或赴国内外考察学习,青年教师参与行业、企业、科研院所的生态创业实践,提升生态创业能力;学校优先安排师生生态创业项目,在教师考核、职称评定、项目经费等方面,对从事创业教育及生态创业项目的教师提供政策倾斜,实行政策激励。对于校外创业师资,可以从政府、社会组织提供的生态创业师资信息库,以及高校毕业生从事生态创业人士中进行选择,使其在创业课程教学、创业实训、创业实践中担任创业导师角色。

第五节 创业教育生态转型概述

生态文明是人类新的生活方式,是人与自然社会和谐发展的文明形态,是人类文明发展新阶段。生态文明要求人类全部知识及实践活动,从社会物质生产到社会生活,全部实现生态转型。科学技术和教育发展生态化,是生态文明建设的一个重要方面。它要求科学和教育价值观的变革,从以人统治自然为目标过渡到寻求人与自然和谐发展;科学观的变革,从机械论的科学观过渡到整体论的科学观,使科学从分化走向综合,从而对教育内容、目标方法做出调整;完善科学和教育的进步,完善科技成果的应用,避免科技成果滥用的现象,努力开发既有利于人的福利,又有利于自然环境保护的技术。创业教育肇始于西方工业社会,是联合国教科文组织提出的 21 世纪青年除学术教育、职业教育以外的"第三本教育护照"。经过国内外 30 多年的发展,创业教育逐渐得到认可,特别是 2010 年教育部两个推进创业教育文件的出台,使创业教育正式成为我国政府主导下全面推进的教育形式。然而,从创业教育发展历程来看,创业教育工具理性与价值理性发展失衡,在思维方法上更多地体现出"人类中心主义"的价值取向,它只是局限于如何创办企业,局限于经济获利的评价指标;只是关注人对自然的改造,从创业活动中实现个人的价值,而对人与自然、社会的协调发展漠然处之。这就使创业教育价值观发生了严重的漂移,使我们对创业教育前景越发忧虑。笔者认为,创业教育生态转型是创业教育接纳了生态思维方式,并成为共同的信念与价值取向。通过指导人的自觉生态创业行为,创业教育获得可持续发展。

一、创业教育的演进历程

(一)创业教育的认知

在人类的文明史上,许多事物的认知随着时代的演进和认知水平的提高而不断地深化拓展,对于创业教育的认知也不例外。在 20 世纪 50 年代,创业似乎主要局限在经济领域，创业教育在某种程度上是指创办小企业教育，相应的高等创业教育主要在商学院进行。联合国教科文组织发表的《21世纪的高等教育：展望和行动世界宣言》指出创业教育是全世界教育界努力的目标，创业不但为大学生就业提供机会，而且创业心态与经济发展有关。国内早期对创业教育的认识是以人文价值为基本取向的。丁立群和吴金秋（2004）将创业教育理解为"一种高层次的素质教育"。2002年，创业教育试点工作座谈会也将创业教育视为一种教育理念，这类观点被多数研究人员认同。随着创业型经济发展和创业型人才需求的不断增加，美国及欧盟的学者对创业教育的认识，经历了从最初的狭义的"创办企业"到广义的培养"开拓性素质的人才"认识的转变。国内一般是从广义和狭义两个方面来理解创业教育。罗志敏和夏人青（2011）认为，广义的创业教育就是培养具有开创性的个人的教育，而狭义的创业教育则是与就业培训结合在一起，为受教育者提供急需的技能、技巧和资源的教育，使他们能够自食其力。

（二）创业教育价值取向

在美国，创业教育已成为美国现代教育理念，它通过揭示创业的一般规律，传承创业的基本原理与方法，培养大学生的创业意识、创业知识、创业能力及创业心理品质，使大学生具备企业家一样的特质（企业家精神），以适应社会的变革。美国已将培养创业人才提升到国家战略的高度，使之成为促进经济发展的强大动力。我国高校开展创业教育价值取向，从最初的用大学生创业缓和严峻的就业压力，到为创业型经济提供创业型人才方向转变。徐小洲和李志永（2010）随着经济的深入发展，必须走出一条内涵式的内循环的发展道路，以创业活动为内生经济增长的重要动力，以创业型经济带动产业升级，增强我国经济在全球的可持续竞争力。当前，我国正处于创业型经济模式的关键时期，现代化建设急需大批具有创新精神和创业能力的复合型人才。

（三）创业教育思维方法

创业教育的思维方法正由单一走向整体，由教育系统内部的"自娱自乐"走向了全社会的"全民参与"。享有"美国创业教育之父"之称的Timmons（1999）认为，创业是一种思考、推理和行为方式，是一种追求机会、整体权衡、具有领导能力的行为。创业导致价值的产生、增加、实现和更新，不只是为所有者，也是为所有的参与者和利益相关者。现今美国创业教育体系，宏观层面形成了全国性的创业教育联盟，中观层面（高等教育与基础教育、校际、大学与企业、社区基金会合作）出现了广泛多样的合作，微观上实施校园内跨学科创业教育。从运作上讲，通过不断健全促进创业教育合作的动力机制，不仅促进了创业教育各子系统的紧密合作，还加强了与社会其他部门的整体配合。

目前，虽然国内创业教育在高校已经达成共识，但没有形成遍及中小学教育的完整体系。但在理论研究上，国内的学者已经认识到创业教育是一个生态系统。王长恒（2012）认为，创业教育是类似于生态体系的良性循环系统，系统中包括高校、政府、企业、家庭、学生等多个子系统，各子系统之间相互联系、相互作用、相互支撑，形成一个完整的创业教育培育体系。刘月秀（2012）认为，把创业教育看作生物体，影响创业教育的因子即为生态因子，创业教育及其生态因子构成一个生态系统。在一定的时间和空间范围内，通过信息流动、激励保障、辐射带动等而相互作用相互依存所构成的统一体。创业教育诸因子对创业教育的成效具有重要影响，而创业教育的成效又会反过来作用于各个生态因子，对各因子产生促进或抑制作用。

二、创业教育生态转型

在全球的经济竞争和生态环境已被破坏的双重压力下，实现我们的生存与发展目标，必须大力开发与自然环境相容的现代科学技术和教育方式。这需要在推动经济发展和社会进步方面起到重要作用的创业教育，在生态文明模式范围内，用生态文明的思维方式和方法，在吸收借鉴国外相关理论基础上，进行中国化的创新式继承，体现出时代精神，如此才能适应从工业文明到生态文明根本性变革的要求。

（一）创业教育生态转型是生态思维在创业教育上的运用

当前，用生态思维来研究教育规律成为一种新的视角和有效工具。创业教育生态转型与人类目前正在致力于建构的新型文明——生态文明是相对应的，是人与自然社会和谐哲学的发展，是创业教育中国化的核心思想。余谋昌（1996）认为，所谓生态思维主要是指运用生态学的观点去思考问题，又称生态方法。其主要是生态系统各种因素普遍联系和相互作用的整体性观点，生态系统物质循环、转化、再生的观点，生态系统的物质与能量输入和输出平衡的观点等。生态思维以整体性思维为特征，注重事物和过程多因多果的网络结构及概率统计方法的应用，重视非线性的和循环因素的分析。在生态文明时代，人类思维方式从机械论分析思维走向生态整体性思维，这是人类思维方式的变革。生态整体性思维，就是用生态系统整体性的观点进行思考和行动。与此同时，创业教育系统本身也是整体的概念，蕴含创业教育与自然界、社会、经济协调发展和整体生态化，它实现的是人的本身和人与自然社会共同演进、和谐发展、共存共荣的一种可持续的教育。

（二）创业教育生态转型改变了人类创业活动的方式和方向

创业活动作为人类的社会实践，是一种有组织、有规划的自觉活动形式。创业教育生态转型不是简单的生态知识在创业教育上的运用，而是思考创业教育与生态环境的一体性，并自觉追寻两者之间的和谐统一，这是一种生态智慧。这意味着人们对于创业教育的认识由机械转向有机，由封闭片面的"人本思维"转向开放整体的"天人合一"思想，由强调人与自然社会相互冲突的"冲突思维"逐步转向注重人与自然社会相互和谐的"和谐思维"，由只注重自然生态的经济价值向兼顾审美、生命、伦理等全面价值的转变。可以说，在个人身上体现出来的是接受创业教育感受生态价值实现个人价值，在整体上通过追寻人与外部环境和谐统一，自觉展开创造性的、能动的生态创业行动实现自然社会价值。

（三）创业教育生态转型促进了生态文明教育的发展

自从世界环境发展大会和《中国 21 世纪议程》颁布以后，国内理论界的一些专家就开始积极探索生态文明、生态文明教育的相关理论。现有研究关注的焦点集中于生态文明的产生、生态文明的含义、生态价值观、生态文明的地位和作用、生态文明建设的意义和重要性等问题，生态文明教育的理论研究还不够全面和深入。生态文明教育理论与思想基础，生态文明教育的内容和途径、评价体系，特别是生态文明教育实践的模式与成果等方面还有待更深入的研究。总体而言，目前中国生态文明教育停留在重理论轻实践、重知识传授轻能力培养阶段。创业教育与单纯的知识教育、能力教育和思想教育有所区别，是一种在综合素质培养基础上的开拓性素质的发掘与提升。这里的生态转型不是创业教育化为生态学，而是确立创业教育的生态意识，使创业教育带有鲜明的生态保护方向，寻求的是经济价值、精神价值和生态价值的统一。在教育模式与教育方法上，用生态整体、非线性的规则，让学生在宽广的时空，实现对整体知识的把握。创业教育还利用各种形式与传播媒介对青少年进行生态教育，培养其自幼在创业活动中的生态价值观，提高创业生态意识与生态修养，从而提高促进经济发展与生态环保的素质和能力。

三、创业教育生态转型的要求

（一）整体性结构

依据生态学的观点，创业教育是一个有机整体，组成其各个因子之间不是简单松散的集合，而是相互联系、相互作用构成的相互依赖的整体。任何一个因子的变化都会影响系统的其他因子，并将引起整个系统的变化。创业教育的性质和主体性、价值和创造性都是通过它的整体而不是部分表现出来的，它的发展和进化也是由整体而不是部分决定、推动和实现的。

（二）开放性视野

开放性视野表明创业教育秉承发散性思维，它拒绝常规、常轨，拒绝旧答案。在变与不变的对立统一中把握目标和实现自我，不受逻辑规则限制，突破旧概念、旧原理、旧体系、旧界限，是一种无定型和无约束的开放系统。它设法在没有关联的事物之间建立联系，进行独创性组合，不断地把想法、形象和见解重新组合成不同的形式。它认为创业教育处在交替作用的内外环境中，创业教育学习对象需要在多种可能性中寻找较为有利的方式，维护好自然社会生态过程发挥正常功能的先决前提，以既符合生态规律又能满足人们健康的多样化需求的创新创业能力为主要开发手段。

（三）前瞻性思维

创业教育不仅要立足现实还要着眼未来，是现实利益与长远利益的统一。它不仅培养具有创业意识、创业精神和创业能力的创业型人才，促进现实社会经济的发展，还通过"创业遗传基因"的繁殖，实现一代代人与自然社会的共同持续发展。创业教育不仅注重它所产生的经济效应和社会效应，还注重它的生态效应。如果人们只是遵循经济决定论，没有生态目标与社会目标，甚至以损害他人利益，或以牺牲环境为代价，将会导致社会贫富差距扩大，这样的创新创业活动是没有任何意义的。

（四）和谐性效用

创业教育追求的不是单向的功利性（即以人为中心，最大限度谋取和占有眼前利益），而是双向的和谐性，实现的是社会系统与自然生态系统的共存互赢、协调发展。它体现出全面深刻把握生物圈的规律和人与自然社会复杂的相互作用机制，既是利用现代科学技术来为人类生存、发展服务，又利用它来恢复和重建被工业文明破坏的人与自然的和谐关系，争取人与自然社会在更高的相互作用水平上的协同进化。

（五）义务性责任

创业教育是人类实现对自然社会改造的教育形式之一，人类应该认识到现实存在物的内在价值，不应只是为自己的生存发展权利任意地破坏自然社会环境。在创业活动中，根据人类长期以来所掌握的生态规律知识，根据人类生存和发展利益与其他非人类事物的内在价值的相互依赖关系，抱着尊重的态度和感恩的情怀来利用资源和改变环境，建立创业活动正确的行为规范，采取正确的行为，从而承担起对自然社会的义务和责任。

四、大学创业教育生态转型的实现途径

从人的发展过程来看，虽然在幼儿园、小学与中学教育中都可以传递生态创业精神，但这仅为下一阶段职业化、社会化提供了基本的准备。大学阶段的创业教育使学生发展与职业化、社会化的紧密衔接，大学阶段的创业教育成为帮助大学生塑造具有生态意识的创业精神基本人格的关键时期和主要阶段，具有明显的代表性和现实意义。大学的创业教育生态转型受内外生态因子的相互作用，内部因子主要有高校创业教育顶层设计、创业教育组织体系、创业教育课程体系、创业教育师资队伍体系和创业文化氛围等，外部因子主要是政策资金扶持体系、保障体系等。

（一）内部因子

1. 高校创业教育顶层设计

高校创业教育顶层设计就是对创业教育未来发展进行总体谋划，是对其整体理念的具体化。它是把创业教育当成一项系统工程，运用理念一致、功能协调、资源共享、结构统一等系统论的方法，从全局视角出发，对创业教育各个层次、要素进行统筹考虑，结合教学科研，利用知识、技术、创意、技能等开展创业活动，以创业促教学，以创业促科研，以创业提高社会服务能力，表现出创业活动内化为学校发展进化的自觉需求。浙江农林大学从人才培养类型、教育体系、教育教学改革、创业教育机制等方面，对学校创办生态性创业型大学进程中的创业教育进行了总体规划，生态性和创业型的战略定位和办学使命，有力地推动了学校创业教育生态转型。创业教育已经融入学校创建生态性创业型大学战略目标过程中，提出以培养具有生态创业意识、生态创业基本知识及掌握生态创业能力的新型创业人才的目标定位。

2. 创业教育组织体系

创业教育成效如何，有赖于创业教育组织机构的协调整合，形成创业合力。大学的创业教育组织需形成"纵横交错"的网络体系。纵向由校级创业教育领导小组、创业教育管理机构、创业教育活动组织及各教学单位构成多层次的创业组织，共同推进创业教育的开展。横向由发展战略管理处、创业管理处、社会合作处、教学质量监控中心和就业创业指导中心等机构组成。发展战略管理处开展生态文明与创业教育理论研究，为学校的发展定位、创业人才培养提供理论依据；创业管理处整合各种校内外创业资源，设立创业扶持基金和创业投资基金，制定创业评价与业绩考核制度，建设创业园和校内孵化基地；社会合作处负责搭建政府、大学、企业之间的桥梁，提供生态创业项目信息，并促使其落地；教学质量监控中心对创业教育进行社会评价，反馈实施效果，促进创业教育与社会需求的有效衔接；就业创业指导中心通过就业创业指导站、创业实验园等实体，为学生提供创业实习实践平台。

3. 创业教育课程体系

创业教育课程体系是创业教育生态转型的核心要素。美国是开展创业教育最早也是最普及的国家，对创业教育课程体系进行了系统设计，课程可以分为创业意识类、创业基础类、创业技能素质类和创业实务类，主要由商业计划书、创业营销、技术竞争优势、新兴企业融资、企业成长战略等部分组成。当前中国高校创业教育课程体系基本按照这种体系进行构建。我们认为，中国创业教育课程体系设置时还需开展生态知识教育和培养生态创业意识。其主要途径有单一课程形式、多课程结合形式、专题教育形式和实践活动形式。单一课程形式是从现有课程体系中选取有关生态学和创业教育概念、内容方面的论题，将它们合并为一体，发展为一门独立的课程。多课程结合形式也称渗透形式，是将创业教育与生态教育内容融入现有各门课程，通过各门课程的实施，将生态创业的意识与能力培养化整为零地实现。专题教育形式是在多课程结合形式的基础上，围绕某个生态创业专题，通过专题教育来弥补渗透形式的不足的形式，如大学生现代农业创业专题、生态产业发展前景专题等。实践活动形式是以创业教育综合实践活动为载体，对各学科创新创业知识与生态知识加以整合利用，形成具有生态思维、价值观和生态创业能力的课程形式，如绿色食品公司创建活动、生物农药研制与开发项目等。

4. 创业教育师资队伍体系

创业教育师资队伍建设好坏是创业教育能否取得成功的关键。理想的创业教育师资队伍应由具备较高学历、较强的科研能力，或具有一定创业经历的人员构成。创业教育师资队伍在建设过程中涉及师资选拔培养和激励管理等环节。在选拔培养上，选择有企业管理、市场营销、人力资源、经济学和社会学等背景的人员担任创业教育授课教师，选择具有企业管理经验或有创业经历人员担任创业教育指导教师，聘任创业公司负责人或公司高管担任创业实践导师。省级教育主管部门要统一加强对教师的创业教育培训，为教师提供到高新技术园、创业园、农村企业、科研院所和基层挂职锻炼的机会，提高教师对生态创业的认知和能力，使教师成为学生生态创业的领路人。在激励与管理上，通过岗位设置、业绩考核和职称评定等方面制度的有效引导和考核，为教师提供良好的创业政策环境和个人发展空间，促进专业教师自觉从事创业教育理论研究和实践探索。在保留大学教师身份的前提下，鼓励有创业兴趣的教师通过创办公司积累创业经验，为大学生提供直接的创业信息和技能。

5. 创业文化氛围

创业文化与创业教育相辅相成、协同深化。创业文化围绕大学的教学、科研、社会服务及文化传承功能，在促进创业教育前行过程中，主要通过质量文化、制度文化和校园文化三种形式得以体现。在创业文化视野中，将成功或失败的创业经历作为一种学习经验，鼓励更多大学生接受创业并愿意承担起尝试创业所带来的风险，使协同创业、公平竞争和宽容失败的创业教育环境得到了普遍认同和拥护。

（二）外部因子

1. 政策资金扶持体系

我国政府需将创业教育纳入创新型国家和生态文明建设发展战略，在所有教育层次中实施创业教育国家计划，出台鼓励和优先发展生态创业活动的政策。从政府层面，组建专门机构，规划、指导、协调生态创业活动，建立生态创业项目的数据平台和服务系统，为生态创业企业优先提供费用减免、土地流转补贴、房租补贴、无偿资助资金和中小企业贴息贷款等资金资助政策。出台相应创业资源整合政策，构建包括政府、企业、高校和创业者在内的多元主体的创业教育生态系统。这个系统以大学为基础，使创业资源迅速、紧密地结合在大学周围，有效地开发和利用全社会的创业资源，形成一个动态的、开放的、互动的并且能够有效辐射到创业者协会、风险投资机构、中小企业开发中心等非政府创业组织的良性运行机制。

2. 保障体系

当前保障体系主要涉及定向培养和劳动保障方面的内容。各级政府教育主管部门根据生态产业发展的需求，在大学招生政策上采取提前招生、定向培养和定向服务的方式，从源头上保证生态创业人才的供给。制定对于从事生态创业项目的大学生给予更大力度的学费减免和学费代偿制度，增强创业活动对大学生的吸引力。劳动保障主要集中在申报项目、评定职称、计算工龄和管理户口档案等问题上。这些问题的解决程度，将在很大程度上影响大学生的创业热情。

创业教育生态转型是创业教育由初期探索向中期提升发展的必由之路，是由面上规模扩张转向内涵发展的有效途径，是适应生态文明建设客观需要的必由之路。通过生态转型，创业教育能够形成中国特色体系和成熟的模式，为社会培养出更多更好的具有生态创业意识、生态创业能力和社会责任感的合格建设者。

第四章 创业教育的时代创新

第一节 信息化时代教育的变迁与创新

信息化是当今时代发展的潮流，代表着先进生产力的发展方向，而信息产生巨大价值的时代称为信息化时代。阿尔文·托夫勒（Alvin Toffler）认为，信息革命是第三次浪潮，大致从 20 世纪 50 年代开始，其象征性的代表是计算机。信息革命以信息技术为主体，是以智能为主而不是以机械能和体能为主，重点是创造和开发知识。人类社会正向信息化时代过渡，跨进了第三次浪潮，表现在社会形态上则是从工业社会进入了信息社会。

工业社会的发展，使教育成为一种培养"工业人"的武器，人们千篇一律地成为工业流水线的"零部件"，人们的创造性普遍地受到了抑制。尽管信息社会生活方式仍处在萌芽期，但已经初露端倪，最显著的事实是通信与互联网技术的迅猛发展，形成了一种全球思维，"地球村"的全体村民都可以参与其中。新交通技术的出现，使人和物品从地球的一端到另一端所花费的时间、精力和费用，比工业社会要少得多。信息社会生产力发展水平，已使人类摆脱对生存的担忧，人们大量的时间、精力将趋向于投到生产个性化的产品需求；信息社会高度重视创造力、革新力、审美力、理解力、洞察力、好奇心、文化素养和智慧这类特质；信息社会是一个富有创造力的花园，人类精神可以在里面自由盛放，从而达到人的全面自由发展；信息社会人类追寻内心呼唤而勇于创新创业，从而不断揭示新的奥秘，创造新的方式，征服新的心灵世界；信息社会以知识为中轴，强调人与人之间知识的竞争，科技精英凭借他们所接受的教育和个人努力逐渐成为社会主干力量。

一、信息技术的变迁

（一）信息技术的影响

信息技术的进步极大地改变了人类生活的风景线，其影响包括以下几个方面。

1）直接获得全球最新知识的能力。这种能力不仅得益于互联网的飞速发展，还得益于出版业的进步、新通信技术的发展、新交通技术的进步及信息储存能力的提升等因素。

2）接近任何领域内翘楚的能力。人们比任何时候都接近各行各业中的顶尖人物，如动动手指，就能够听到最优秀音乐家的演奏，就可以看到最成功企业家的演讲，就可以收看最精彩的体育赛事，就可以触摸到最优秀设计师的精妙设计。对比他们，人们可以更为准确地审视自己的能力，衡量自己所处的状态。

3）全球志同道合之人即时互动的能力。思想需要碰撞才会有火花，每个人不仅有交流的需求，还都需要另一个人回应来检验自己的想法，分享信息和智慧。英国诗人约翰·邓恩（John Donne）说："没有人是一座孤岛，可以自全。每个人都是大陆的一片，整体的一部分。"现在即使是身处孤岛，因为有了网络，也能够随心所欲地与感兴趣的人进行交流。

4）自我展示的能力。新思想、新作品，包括任何可能令人兴奋的东西都可以在网络上展示出来。100 年前，也许需要花数年甚至是数十年才能为众人所知的新事物，对现在而言则不费吹灰之力，从你做出决定到他人知晓，几乎是瞬息之间。

5）及时接受反馈的能力。我们现今不仅能够快速传播信息，还能够快速接受反馈信息，如顾客评论、读者评论、观众评论，或通过脸书（Facebook）、QQ、微信等社交软件得到快速反馈。所有这一切都是新生事物，改变了盲人摸象的状态。

6）快速获取资金的能力。资金是人生事业的必需品，以前总是掌握在极少数人手里，导致获取资金是一条鸿沟。现今，直接交流的新途径使大众化的金融资助形式成为现实，出现了蚂蚁借呗、微粒贷等网络信贷平台，大量的小额资金的拥有者聚集在一起，形成集腋成裘的效应。

7）众创时代有梦想就会成功的能力。克里斯·安德森（Chris Anderson）的长尾理论发现，在资源共享条件下，品种与成本是成反比的。品种多样化，会带来更多用户选择，更好地满足用户的个性化需求。经济和企业规模不是越大越好，小的也可能是好的。

8）随心所欲发展的能力。当今时代，人们已摆脱知识获取原有的时间和空间的束缚，可自由选择生涯发展路径和发展层次。

（二）信息技术触发教育革命

信息技术使大部分人摆脱了时间和空间的束缚，信息化时代为每个人都提供了新的历史机遇，教育现在有可能回归本位，为变化性、创造力和多样化提供前所未有的机遇。信息化在全球快速发展，对提高国民素质、促进创新型国家建设方面的显著作用，使其被迅速提上了重要议事日程，并使之造福于自然社会及人类本身的历史进程。

《教育信息化十年发展规划（2011—2020 年）》提出，"以教育信息化带动教育现代化，破解制约我国教育发展的难题，促进教育的创新与变革，是加快从教育大国向教育强国迈进的重大战略抉择"[①]。信息技术改变了教学范式，改变了教师的角色，也改变了教学方式的秩序和结构。

1）信息技术改变了教学范式。传统的教学是以教师为主、以课堂为主、以教材为主。几千年来，教师通过口耳相传、言传身教传授知识，虽历经时代变迁的影响和洗礼，但由于班级授课制始终保持着非常稳定的状态，还未曾发生过颠覆性的变化。如今，信息化颠覆了学校、课堂和教师作为知识唯一来源的认知，学生可以运用信息技术通过多种方式和途径获取知识、自主学习，传统的由上而下的"等级集权制"学习正向互惠互

---

① 教育部，2012. 教育信息化十年发展规划(2011—2020 年)[EB/OL].（2012-03-13）[2015-12-12]. http://www.moe.gov.cn/srcsite/A16/s3342/201203/t20120313-133322.html.

利的"民主制"学习转变。互联网把信息传播到世界的角角落落,学生可以随意地通过各种媒介获取大量的信息,甚至超过教师拥有的信息总量。

2)信息技术改变了教师的角色。教师不再是知识的唯一拥有者,也不是知识的绝对权威。信息技术能为学生设计个性化的学习环境,为学生提供筛选信息的策略与方法,帮助学生克服学习中的困难,教师的角色从知识的提供者更多地转变为活动的组织者。以学习者为中心的教育设计,使原有的自然生命形态的教师逐步转变为人工智能形态的教师。信息化环境下,教师利用网络化和个性化的载体和方式,在与学生、家长即时沟通的同时,运用大数据分析学生的学习进程,结合学生的个性化特征,提出学习建议和改进措施,提升了教育的针对性、主动性和实效性。

3)信息技术改变了教学方式的环境和结构。与传统课堂教学环境下的学习相比,技术密集型的非线性学习具有学习时间的碎片化、学习空间的多样性、学习内容的离散性、拖拉式的信息传递、知识建构的主动性等重要特征……互联网技术与可再生能源相融合的时代,人类需要将生物圈变成学习环境,学习是"分散"与"合作"的结合体,具有鲜明的社会特性,学习的深刻意义在于改善自我与环境的交互关系,不断反思、发现、建构新的个体生命。信息技术使教学环境从狭隘的学校课堂无限延伸到人类的生存空间,而且各级各类教育体系开始横向连接、纵向贯通,逐步形成灵活开放的终身教育体系。信息技术带来图片、音视频、三维空间和3D打印技术的广泛运用,引发的数字化、虚拟化、形象化、立体化、动漫化的学习形式,满足了学习者在信息化社会的学习需求,极大激发了学习者的学习热情,自主学习、研究性学习、探究式学习和协作学习广泛使用,出现了微课程、慕课(massive open online courses,MOOC)和翻转式学习等新型课程和教学形态,在时间和空间上打破了传统教学结构,促进了师生关系的改造、优化和重组。

二、信息化时代的教育变迁

时代在变迁,社会在进步,探讨信息化时代的教育变迁,首先应清楚教育的目标、方式和内容,使教育的变迁不偏离教育的本源而又有时代的张力。

(一)教育的目标

教育有培养学习者追求生活意义的目标,这促使学习者能够意识到自身的发展能为别人创造价值并受到社会的尊重。信息化时代是一个全新的时代,教育的目标应该从只培养学习者读、写和算的能力,变革成为整个社会发展服务。这种变革本质如同爱因斯坦(1936)所言:"人们应该警惕,不要向年轻人鼓吹把通常形式上的成功作为人生的主要目标。在求学期间和生活中,最重要的做事动机是做事的快乐、对其结果感觉到的快乐以及知晓这一结果对社会具有价值。"

发展是通过教育、学习来增强人的能力,可分为4个方面:掌握科学技术的能力、优化经济关系的能力、提升伦理道德的能力和追求审美情操的能力。科学技术是人类对自然规律的认识,是解决实际问题的手段,而教育是科学技术得以传播的主要手段。经济关系指的是人们在物质生产和再生产过程中结成的相互关系的进化。经济关系作为社会关系中最基本的关系，既包括狭义上的生产过程中形成的人与人之间的关系，也包含广义上的生产、分配、交换与消费若干环节内诸种关系所组成的生产关系。伦理道德用以调节不断发展的人与社会、人与自然和人与人之间的关系，深化人们的认识，更新人们的道德观念，促进伦理道德规范的形成，对科学技术与经济的发展发挥重要的精神与文化支撑作用。审美情操是人所具有的高级的情感之一，其发展包括对美与善的追求、人格完善、社会道德规范的建立，以达到人的精神上的肯定、自由的追求和人的本质上的实现。这 4 个方面不可有失偏颇，其共同作用的结果使人的发展成为现实。

教育的目标是通过教育功能来实现的，教育功能在呈现形式上可分为显性功能和隐性功能。显性功能是根据教育目的，在实际运行中得出与之相对应的教育效果，如人的全面发展、促进社会进步等表现形式。隐性功能是将教育目的融入日常活动中，在潜移默化中影响受教育者的理想信念、价值评判、情感态度。例如，传统文化讲座、音乐欣赏、美术作品赏析等文化素质养成活动，甚至是娱乐性游戏和节目。隐性功能通常伴随着显性功能出现，不可预期成效，但一旦被正式确认也可以表现出显性功能。教育要实现功能并且达成目标，需要从教育的方式上进行调整以适应时代的变化。

（二）教育的方式

目前教育主要研究范围集中在为什么教、教什么及怎么教等问题上，正如亨德森（1993）所言的"教育学通常被理解为教的科学和艺术"。在人类教育史上，由于人们长期关注教、施行教，那些不教的主张被忽视甚至无视。特别是工业革命科技的迅猛发展，教育界中弥漫着对技术的拜物教，各种教的技术开发运用，努力提升教的质量以满足社会的需求，教育学逐渐成为一门专门研究教的学科。

在中西方教育史上一直还存在着"不教"的思想传统，"不教之教"一直以来被推崇为教育的最高境界。不教的思想源头在中国主要来源于道家和佛教的教育思想，近代的蔡元培（1920）主张，最好使学生自己去研究，教员不讲也可以，等到学生实在不能用自己的力量了解功课时才去帮助他。国外特别是以古希腊为源头的欧美文化中也有关于不教的深刻见解。林格（2011）主张"最好的教育方式是无为而无所不为，不教而无所不教"。爱尔兰诗人奥斯卡·王尔德（Oscar Wilde）认为："教育是一种令人钦佩的事情，然而需要时刻铭记在心的是：值得学的东西是教不出来的。"美国投资家罗杰斯（Rodgers）更是一贯强调教育教学中应"突出学习者的中心地位……我不相信有人能把知识教给另外的人。我怀疑教育到底有多大用？我只知道只有一个人想学，他才会去学。老师能做的大概只是让学生学起来方便点：把食物放在学生面前，告诉他们这有多么鲜美，之后让他们自己去吃。"美国著名作家爱默生（Emerson）是这样表述的："人是内生的，教育是其外在的表现。跟我们内心发现的自然相比，我们从别处得来的帮助是机械的。因此，在学习过程中，从前者学到的东西令人愉悦，而且效果长存。"

实际上，教与不教都是教育的方式，它们互动共生，不可偏颇。教是以教育者为主体，在教育过程中直接的讲授或教授知识的行为，受教育者只是被动地接受教育。不教是教育者不直接讲授或教授知识，而是让受教育者自己去思考，自行获取知识，这时受教育者是主动的。教育的存在是培养人，不仅是教给知识还要让受教育者拥有自我发展的能力，这包括对受教育者的人文精神的培育、人格的养成、人生的发展等。如果说不教的教育学在工业社会还只是一种憧憬，而信息社会教育的重心从教授转变为自学、从说教转向探究，不教的教育学成为现实，同时也实现了教与不教的有机融合。

（三）教育的内容

教育的内容按难易程度可以分为数据、信息、知识、理解和智慧5个级别。数据代表着物体和事件的独特符号；信息是由被人处理加工并认为有价值的数据组成的；知识是客观世界在人脑中的主观映像，可以是感性知识也可以是理性知识；理解是对行为、功能原因式的解答；智慧则与数据、信息、知识和理解不同，智慧还包含价值考量、效果评价，而另外四者只与效能有关，即只与做事成功的概率和引发各类资源的消耗数量有关。可以说这是做正确的事（效果）与正确地做事（效能）之间的区别。另外，智慧追求的是短期效用与长期效果之间的平衡，甚至会为了长期效果而放弃显著的短期利益。它使教育更为理想化，关注到人的长远发展和社会的整体利益。但现行的教育注重追求数据、信息、知识和理解，较少提及和考虑到培养人的智慧。其实，智慧是教育当中最需要探索的内容，它能使学习者善于做出价值评判，预测出行为的后果，并善于总结经验以求在失败中提高。通过智慧培养，我们能够从灌输知识转变到培养学习生活中的真正重要的、最有普适意义的能力，如诚信力、判断力、求知力、创造力、凝聚力、交际力和耐受力等。

三、信息化时代的教育创新

工业革命时期培养掌握知识最全面、发展最全面的人是教学目的，与之对应的各种教育理论的核心问题是教的方法和记忆的方法。随着信息技术的发展，知识获取变得轻松便捷，智能网络还能提供记忆辅助，学习不再是如何掌握更多的知识和记忆了。当受教育者不再依赖教师时，教学的目的也就达到了。

（一）教育方式的创新

信息化时代学习者学习的特点是做中学。他们在遇到新事物的时候不再束手无策，不用向教师请教后才尝试，他们可以通过与好友交流、查看别人类似的经验，从计算机、电视和网络等数字媒体中学习，甚至从游戏中进行学习探索。他们往往跳过接受教的环节，在做中学，相比于传统教育中培养的学习者，他们更适应"不教"的学习方式。

学习特点的变化促使教学方式从以传授为主，转变成为以学习者选择和提供有效的教学资源促使其自由发展为第一要务，如提供云教育与云学习的形式。云教育促进了教育方式、教育方法的改革，更为重要的是，为社会发展服务和学习者身心发展服务找到了基点，这是教育服务供给方式上的深层变革。任何人都可以自由地对云端的教育资源进行搜索选择、加工处理，使之充满个性特点，而且它充实终身学习的时空，使处处时时学习成为时代的特征。云教育将世界上最好的学校、教师和内容即时提供给学习者，如哈佛大学和麻省理工学院的在线教育平台，通过云学位认证来收取学费，是名副其实的"教育超市"。云学习则是通过云学习平台和云终端学习工具，将知识开发商、组件设计师、运营商、课程提供者、学习者这些不同类型的用户无缝地连接起来，实现资源共享和多用户共赢。通过教育者对学习者活动的有效设置，学习者与学习对象的互动交流，实现了人与"云"之间的互动。云教育方式灵活、优质高效，是一对一的学习设计，成本很低。随着云学校的普及，未来学习者在家学习不是梦想，这摆脱了学校的约束，突破教育者狭隘的知识拥有，可以自由选择自己需要的学习方式和内容。

另外，云教育可以为学习者提供柔性教育和柔性学习形式。柔性教育是一种弹性、灵活的教育方式，它以学习者个性充分发挥为目的，以此创设理想的教育环境和氛围。它特别注重能力培养，包括数据推理能力、人际交往能力、团队协作能力和自我进化能力。柔性学习是对碎片化学习的优化整合，鼓励学习者积极参与，在自然自在的情况下进行自由探讨，它可以最大程度地发挥教育者和学习者的创造力。

柔性教育与柔性学习的优势在于：一是为学习者创造民主、宽松的学习氛围，建立平等的师生关系；二是鼓励学习者提出不同意见，淡化教育者的权威；三是注重学习过程的自主性，学习者根据自己的背景、兴趣、性格和技能情况进行自主学习；四是教育者将自身的经验、意识和想法融入教学，引导学习者进行独立思考、批判和自省；五是通过柔性团队的运行，培养学习者组织、管理团队的社会交往能力和创新能力。

（二）学校责任的创新

信息化时代的学习方式的创新，带来教育各方责任角色转换，学校不再是教育的主体责任者。现代意义上的学校诞生之时，教育的责任从个人、家庭转移到国家、社会和学校，相应的学习选择权被学校、教师拥有，学习变成一件被动的事情。随着信息技术的发展，在线教育、家庭教育、终身学习和弹性学制等教育形式的涌现，学校和教师对教学和学习方式的控制能力不断弱化，学习选择权回归到个人手中。教育的责任回归到个人是一种螺旋式上升，意味着个人有更多的学习自由，承担着对自身更大的责任。学校和教师的责任从课堂讲授、课后作业和教学实践进行知识的内化和外化，转变为帮助学习者进行自组织学习。学习者可以利用云课程先行学习相关内容，学校的教学设计和教师的责任在于帮助每个学习者排疑解难，师生之间、生生之间进行民主平等的探讨，课后开展实践加以深化巩固。例如，对传统课堂具有颠覆意义的翻转课堂，它改变了传统课堂的"教—受"模式，师生的角色发生了质的变化，学校和教师的责任是理解和关心学生的个性成长，引导学习者自己去解决问题。萨尔曼·可汗（Salman Khan）所创立的可汗学院（Khan Academy），强调了学习者按自己的节奏学习，重点突出"学"而不是"教"。

选择权的回归和实践将带来学校教育的变革，催生新的学校责任。各级各类学校有责任创新教学模式和学习情境，改善学习者的体验、激发学习者的兴趣和提高学习者的学习质量。这既是信息化时代教育的要求，也是学校之间竞争的需求。

（三）教师能力的创新

工业时代教师在面对大量学生时，所要求具有的能力是传授、检查知识的掌握程度。信息化时代以教学为中心转变为以学习者为中心，教师的权威受到了极大的挑战，但不意味着教师这一职业可以被取代。

教师能力创新表现在以下几个方面：一是指导能力。教师要能在纷繁的信息世界中参与学习者寻找自我、发展自我，构筑良好的社会互助关系的过程。与工业时代单纯传授知识不同，教师不再是拥有渊博知识的权威人物，也不是知识传播的唯一合法者，教师如今更多充当的是指导者、策划者的角色。学习者的学习过程需要教师的参与，而且其成长过程同样需要教师的陪伴。二是转化能力。信息化时代，教师要善于将瞬息万变的信息资源及时转化为有效的学习情境，将海量的信息和知识转化为有效的教学资源加以利用，只有这样才能满足学习者快速发展的个性需求。三是运用能力。在翻转课堂中，教师需要提前录制相关的微课程，通过信息手段全景展示学习内容。教师要将本课程内容的核心概念、背景知识、自主学习任务在微课程上进行罗列，将视频、字幕和交流环节融为一体，教师和学生在网络上对课程可以自由编辑、互动交流，充分体现课程教学的趣味性、动态性和开放性。教师还要为学习者搭建一个挖掘知识的平台，允许学习者超越课程的知识结构，通过概念补充、实例论证、个案分析拓宽学习视野，培养其批判精神和创新能力。四是可持续发展能力。教师的信息技术运用能力、教学能力和专业素养需要与时俱进，紧跟信息化发展步伐，始终站在知识能力的前沿。参加教育信息化培训、学科专业教研活动、个人学习进化，甚至向学习者学习都是提升教师可持续发展能力的有效途径。五是高超的教育智慧。信息化时代育人不仅仅需要发挥信息技术工具理性，更要超越工具理性，成就价值理性。教师在传授知识的同时，更重要的是将信息、知识、能力和智慧有机结合起来，促进学习者全面素质特别是思维方式、意志品质、理想信仰和创新、创业能力的发展。高超的教育智慧和艺术需要教师既是"数字化教师"来授业，更需要教师成为"智慧化教师"传道解惑。

第二节　"互联网＋教育"的变迁与发展

1946 年，当世界上第一台数字电子计算机问世时，谁会想到这个重达 30 吨、占地 10 间房的巨物后来能够走进寻常百姓人家？1968 年，美国阿帕网开始组建的时候，也没有人会料想到如今的互联网会走进全世界的每个角落。就影响的广泛和深刻而言，20 世纪人类最伟大的发明不外乎于计算机和互联网。可以这样说，人类发明了计算机，同时是扩展了人脑；人类发明了互联网，同时也在现实世界以外创造了另一个世界。到了 21 世纪，以信息技术为核心和先导的新技术革命依旧方兴未艾，人类以更快的速度由工业时代向信息时代奔跑。如果说 20 世纪是互联网的世纪，那么 21 世纪就是"互联网＋"的世纪。"互联网＋"是把互联网的创新成果与经济社会各领域深度融合，推动技术进步、效率提升和组织变革，提升实体经济创新力和生产力，形成更广泛的以互联网为基础设施和创新要素的经济社会发展新形态。我国也在加速构建高速、移动、安全、广泛的新一代信息基础设施，推进信息网络技术广泛运用，致力形成万物互联、人机交互、天地一体的网络空间。

李克强在 2015 年政府工作报告中首次提出制定"互联网＋"行动计划。同年 12 月，习近平在浙江乌镇举行的第二届世界互联网大会上向世界宣告："'十三五'时期，中国将大力实施网络强国战略、国家大数据战略、'互联网＋'行动计划，发展积极向上的网络文化，拓展网络经济空间，促进互联网和经济社会融合发展。^①""互联网＋"作为一项国家战略，必将成为未来我国经济社会创新发展的重要驱动力量。同社会许多其他行业一样，教育受到了互联网巨大的影响，"互联网＋"思维对传统教育理念带来了革命性的冲击和挑战。

我们不知不觉地置身于这样的一个"互联网＋"时代，技术更新、技术应用难以预测，飞速发展的信息化已在潜移默化、深刻地改变着人类的社会方式、生活方式和学习方式。每时每刻，我们进行着自动化和智能化的生产，见证"互联网＋生产"的进程；每天每日，收发电子邮件、微信息交往成为我们生活的一部分，见证"互联网＋交往"的力量；"双十一""双十二"，日益增长的天猫、淘宝网交易额，见证"互联网＋消费"的力量。"互联网＋"正在颠覆时代、升华时代和重新定义时代。而"互联网＋教育"与业已快速成型的"互联网＋生产""互联网＋交往""互联网＋消费"相比，则显得落后很多。但从种种端倪中，我们依稀能够看到"互联网＋教育"的广阔未来和可能带来的教育变迁、学习的革命。其表现在以下 4 个方面。

1）资源形态的变迁。传统的教育资源形态是教科书和教案。在"互联网＋教育"时代，这种形态仍需存在，但正在悄然拓展和变迁，教育资源数字化或数字化的教育资源的使用，可以让我们摆脱授课教育主体，打破教育的时空限制，使优质教育资源的大规模共享成为可能。教育信息化的受众没有了边界，家门口就有好学校，群山挡不住知识，就像《互联网时代》中讲到的"理论上说，世界上一门课只需要一个老师"。通过教育信息化和教育资源的数字化，达到了增加教育机会、提高教育质量和降低教育成本三重目的。

2）教学形态的变迁。信息化让每个孩子都可以坐到教室的第一排。"互联网＋教育"时代，教学形态将会有重大的变迁：学生课下听课、课上解疑释惑，小组学习、团队合作和深入的主题探究讨论，即翻转课堂；学生学习个性化、互动式甚至自行安排；学生主体地位更为突出。教育从"教"到"不教"，越来越转变为学习者中心的人才培养新模式，教育信息化必然带来人才培养模式的新变化，它不是将原来的平面资源变成数字资源，也不是简单的教材上传，更不是从"人教"变成"电灌"；它要实现的是信息技术与教育教学的深度融合，从而形成以多媒体、交互式、个性化、自适应、学习者为中心的人才培养新模式。

3）学校形态的变迁。"互联网＋教育"时代，学校形态正逐步走向"你中有我，我

---

① 习近平，2015. 在第二届世界互联网大会开幕式上的讲话（全文）[EB/OL].（2015-12-16）[2016-12-15]. http://www.xinhuanet. com/politics/2015/12/16/c-1117481089.htm.

中有你"的混合式学校形态和混合式学习模式。近年来出现的慕课就是其中的典型形式。其突出特点主要有两个：学生与学校之间的多选关系；线上与线下的密切联系。这宛如是教育领域的线上到线下（online to offline，O2O）模式。例如，如果一名北京大学的学生，他的60%的课程在北京大学学习，20%的课程在清华大学学习，另有20%的课程在国家开放大学（The Open University of China，是教育部直属的，以现代信息技术为支撑，学历教育与非学历教育并举，实施远程开放教育的新型高等学校）、华文慕课、学堂在线或是EDX（是麻省理工学院和哈佛大学于2012年4月联手创建的大规模开放在线课堂平台）、Future Learn（英国的第一慕课平台）学习，最后他得到北京大学认证的学位证书。他是北京大学学生吗？是或不是。你中有我，我中有你，开放融合，这就是我们未来的学校新形态，这就是未来我们教育的新时代。

4）社会形态的变迁。信息化能够带来社会形态的变化，教育信息化促使教育社会化、社会学习化，走向学习型社会。从1972年的《富尔报告》、1996年的《德罗尔报告》到2015年的《重新思考教育》乃至《2030年可持续发展议程》，终身学习和学习型社会建设逐渐成为人们的共识，而教育信息化则是实现这种共识的重要力量。现在的数字化能力更优、数字储存能力更强、数据传输速度更快、数字接收能力更先进，这标志着一个数字学习时代的到来。我们随处可见到的"低头一族"，无论是在娱乐还是在学习，至少已经具备了学习的条件。学习无处不可、无处不在，它已然成为我们的生活方式、生存方式，学习也成为社会的生存方式。在互联网时代，我们与孩子们的感受是不同的，我们只是被动适应互联网，更多地用功利主义来认识与利用它；他们则是互联网时代的"原住民"，是数字化的一代，他们更适应碎片化、即时化的学习。所以，人人皆学、处处可学的泛在学习时代，全民学习、终身学习的学习型社会，在教育信息化浪潮冲击下就变得很有可能。

一、"互联网＋"的前世今生

（一）"互联网＋"概念的提出

"互联网＋"的概念第一次出现是在2014年4月21日的《人民日报》上。深圳市腾讯计算机系统有限公司（以下简称"腾讯"）首席执行官马化腾发表文章第一次公开提出"互联网＋"的概念，他认为"互联网＋"是一个趋势，"＋"的是传统的各行各业。在2015年的全国两会上，马化腾提出了加快推动"互联网＋"发展的建议。在这份建议中，他对"互联网＋"的解释是"以互联网平台为基础，利用信息通信技术与各行业的跨界融合，推动产业转型升级，并不断创造出新产品、新业务与新模式，构建连接一切的新生态"。国内另一家互联网巨头阿里巴巴网络技术有限公司（以下简称"阿里巴巴"）随后通过阿里研究院推出了《"互联网＋"研究报告》，提出所谓"互联网＋"是指"以互联网为主的一整套信息技术（包括移动互联网、云计算、大数据技术等）在经济、社会生活各部门的扩散、应用过程。""'互联网＋'的过程也是传统产业转型升级的过程，推动各产业的互联网化，'互联网＋'的动力在于云计算、大数据与新分工网络。"2015 年 7 月，国务院印发的《关于积极推进"互联网＋"行动的指导意见》中，对"互联网＋"的解释是"把互联网的创新成果与经济社会各领域深度融合，推动技术进步、效率提升和组织变革，提升实体经济创新力和生产力，形成更广泛的以互联网为基础设施和创新要素的经济社会发展新形态"[①]。这可视作目前为止官方对"互联网＋"最权威的解释。

（二）"互联网＋"的多种认识

和其他概念一样，不同的行业、不同的人群站在各自视角，对"互联网＋"都会产生不同的界定和诠释。

从信息传播的角度看，"互联网＋"是基于新一代互联网技术的信息革命。互联网的产生发展基于通信技术的积累和创新，而在"互联网＋"时代，随着以去中心化、用户生产内容、平台化为核心特征的 Web2.0 的出现，人际信息传播方式发生了新的变革。以大数据和人工智能为核心技术的新一代互联网使每个人都成为网络社会中的一个独立的信息源，传统的中心化的信息传播的单向模式不复存在。因此，"互联网＋"不是在传统互联网中做一点提升，而会是一次全新的信息革命，在这次信息革命中，主角要从一个传播的时代，转向智能感应的时代。马化腾等（2012）认为，互联网的实质是一种关系，"互联网＋"的实质是关系及其智能连接方式。互联网去中心化，降低信息不对称，重新解构了过去的组织结构、社会结构与关系结构，关系及其连接方式相对更具有随机性，主要是连接意义上的人工智能在发挥作用；"互联网＋"真正实现分布式、零距离，关系的建构与连接融汇了人的智能，是"人工智能＋人的智能＋群体智能"的交汇。互联网是通过计算机的连接，部分实现了人的连接、人和信息的连接；"互联网＋"融合云计算、大数据、物联网等，实现人与人、人与物、人与服务、人与场景、人与未来的连接。

从经济转型的角度看，"互联网＋"是实体经济与互联网深度融合的经济形态。利用互联网技术，传统产业获得了进行自我变革和转型升级前所未有的机遇。互联网将不同产业领域的信息连接起来，将生产、流通、服务等环节打通，培育出新产品、新模式和新业态。目前，互联网与零售、金融、交通、教育、医疗、养老等深度融合，已经培育出电子商务、互联网金融、智能家居等多种商业模式和消费模式。

从社会治理的角度看，"互联网＋"是推动社会治理创新的有效手段。俞可平（2000）提出，善治是治理的最佳状态。善治是政府与公民社会通过合作来对公共事务进行管理，它使政治国家与公民社会达到最佳的结合状态，实质就是国家权力向社会的回归。汪小红（2012）认为，在理论的渊源上，治理理论是善治理论的基础，而善治理论又对治理理论做出补充和完善。因此，善治一方面继承了治理理论的基本价值理念，如"政府—市场—社会"的多中心合作治理模式；另一方面形成了超越治理理论的价值取向。互联网平台正是技术上搭建了一个政府与社会沟通协商合作的平台，使普通公民等社会主体参与到开放的公共决策成为现实可能。例如，近年来出现的政务微博、微信和移动程序

[①] 国务院，2015. 关于积极推进"互联网＋"行动的指导意见[EB/OL].（2015-07-01）[2016-12-17]. http://www.gov.cn/gongbao/content/2015/content_2897187.htm.

（Application，App），就有效促进了政府信息公开，提升了政府的社会治理能力和保证了公民参与权。

（三）"互联网＋"的4个要点

"互联网＋"具有以下4个要点。

1）具有非工具性。要走出"互联网＋"工具论的狭隘视野，不能仅从实用主义的角度，以自我为中心做取舍。一定要把它当作更具生态性的要素来看待，它就是我们的生存环境、我们的生活、我们的生命不可分割的存在。

2）具有独有性。就像每个人心中都有一个哈姆雷特一样，每个人也都有一个"互联网＋"。它和你的时间、空间、生活、事业、行业、关系相联，与你的现实世界和虚拟世界纠缠在一起，任何时间对"互联网＋"给出的都不会是最终答案，这就是"互联网＋"的独有性。

3）具有动态性。如果我们用最简洁的方式来表述"互联网＋"，那就是"跨界融合、连接一切"。跨界融合是"互联网＋"现在真真切切要发生的事情，连接一切则更代表了"互联网＋"和这个时代的未来。正是这种"跨界融合、连接一切"会面临各种各样的可能与不确定性，所以说"互联网＋"是动态的。

4）具有生态性。切忌孤立地看待、解读"互联网＋"。"互联网＋"是生态要素，具有很强的协同性、全局性、系统性。我们认为，分析创新驱动发展，大众创业、万众创新，"中国制造2025"，智慧民生，表面上相互分离的行动，串起这些"珍珠"的线就是"互联网＋"。它不会是停留在字面上的一个概念，未来它对于产业、经济和整个社会都会有非常长远的影响，而且一定会汇成一股越来越强大的力量推动一个新时代的到来。"互联网"为什么可以"＋"另外一个行业？这是因为互联网、云计算、大数据等技术，不仅提供了产业方面的革命，还关系到 N 个产业的变化。

（四）"＋"的5个层次

第一个层次是"互＋联＋网"。互联网是连接、形成交互，并纳入网络或虚拟网络。信息和通信技术（information and communication technology，ICT）改变了距离、时间、空间，虚拟与现实都成为一种存在，每个人都无意或有意地被划分到不同的社群与网络。对于互联网产业的企业及其从业者而言，这里也有一个连接、联盟、生态圈的问题，要以用户需求为导向，否则将根本没有"＋"别人的能力。

第二个层次是"互联网＋移动互联网＋云计算＋大数据＋安全云库＋物联网＋产业互联网（如工业互联网、能源互联网）"。"＋"是互联互通，是"下里巴人"不是"阳春白雪、曲高和寡"。如果我们只是单纯去讲某个方面的网络，这和连接本身就是对立的，更谈不上连接一切。万物互联，而不是单一连接，切忌变成"信息孤岛"。

第三个层次是"互联网＋人"。移动终端是人的智能化器官，让用户触觉、听觉、视觉等都持续在线、无处不达。"互联网＋人"是"互联网＋"的起点和归宿，是"互联网＋"文化的决定因素，也是"互联网＋"无穷尽方向的原始动力所在。

第四个层次是"互联网＋其他行业"。其他行业并非传统行业，所有的行业和互联网产业一样都存在自我革命、自我更迭的演变过程，新兴行业要拥抱互联网，而传统行业的创新创业更离不开互联网。现在进展最快的有"互联网＋零售"产生的电子商务，"互联网＋金融"出现的互联网金融，"互联网＋教育"也趋于成熟。

第五个层次是"互联网＋∞"。"∞"代表无穷大，这就是连接一切的最高阶段。人与人、人与物、人与场景、场景与物、物与物，这些都无时无刻不在连接。不同的时空、地域、行业、机构乃至动物包括人的意念、行为都在连接。连接后产生的随机组合是难以计算的，可以说是"互联网＋$X+Y+Z$"这样的基本模式。以"互联网＋汽车消费市场服务"为例，这之后可以加上"保险""代驾""救援""拼车""修理"等服务，这样实现了跨界与融合，对市场进行了细分领域的创新创业。

"互联网＋"有两个"＋"：第一个"＋"应该是加速，而不是要破坏什么。互联网整体就是一个加速工具，而且一直在加速。我们现在已经在不断加速，而且速度越来越快，最近几年没有哪个行业可以离开互联网。第二个"＋"是破坏性创新。现在已经开始出现了，像互联网金融比较明显，就是要打破旧格局。整体互联网的环境已经出现，对所有行业的冲击力已经出现，没有哪个行业不重视它。

（五）"互联网＋"的作用

"互联网＋"催生创客经济，从"人人皆可成才，人人尽其才"到"人人皆可创新，创新惠及人人"，再到"大众创业、万众创新"，可谓一脉相承，这说明国家已经把创新驱动发展的重心放到了人人、大众、万众这些主体细胞上来了，尊重人性，发挥潜力，拓展 WE 众经济[①]、创客经济。

互联网、生态化降低了创业门槛，外包形式提供了多种合作的可能性，并进一步降低了创业运行成本。让专业的人做专业的事，自己只做最擅长、具有核心竞争力的事情。这对于初始创业公司来说是非常重要的。我们不必一定拥有，如众创空间就不可能拥有所有的服务资源和服务能力，完全可以与第三方进行合作。

众创空间顺应网络发展，借助国家推动大众创业、万众创新的契机，构建面向人人的创业服务平台，激发亿万群众的创造力，这其中就包括大学生在内的各类青年创新人才和创新团队，创业带动就业，打造出经济发展新的引擎。众创空间可以认为是其中的一个连接器，是创新创业生态中一个举足轻重的环节，是由创新创业思想转化为商业价值的转化器、放大器，它融汇了众筹、众包等思想，更具有生态性和交叉性。

同时，我们通过"互联网＋"的方式把每个人、每个个体连接起来，大家融合与创造，众包、众筹、众挖、众设、众创，再加上交互、共享，就有可能出现 WE 众经济。这种经济形态使每个个体的创意、创新、创造的能动性与活力充分释放，再"WE＋"、再结合、再融合，这就是螺旋式上升、波浪式前进的创新潮流，这就是创新发展的主旋律。

---

① WE 众经济是指以人为中心的新的连接方式、新的关系模式、新的合作结构及其规则，是大众的积极参与和跨界融合，是协同创新创造。

二、"互联网＋"的时代特征

我们要全面理解"互联网＋"的精髓，除了从技术角度去把握它的本身是什么以外，还要站在时代的角度去理解它所带来的社会影响，理解怎样关联、匹配和契合。只有这样，我们才能不断带来技术变化和社会变化，进而在学习、生活、实践、决策时应用自如。

（一）跨界融合

"互联网＋"的特质用最简洁的方式来表述是"跨界融合，连接一切"。"＋"本身就是一种跨界，就是变革，就是开放，就是一种融合。融合本身也指代身份的融合，客户消费转化为投资，伙伴参与创新等；融合提高了开放度，增强了适应性，如果能够融合到每个行业，无论是对互联网还是传统行业，都是一件好事。例如，支付宝（中国）网络技术有限公司（以下简称支付宝），使"互联网＋金融"直接进入商业的关键节点，促进整合协同、提高效能，实现交叉营销。又如，腾讯做了连接器，开放了平台，可以让很多的人、物、服务、机构嵌入连接器，带来连接的价值。这既影响了我们的智慧生活的方式，又影响了我们与自然社会对话的方式。

查理·托马斯·芒格（Charlie Thomas Munger）一直是跨界思维的推崇者，他将跨界思维比喻为"锤子"，而将需要创新的问题看作"钉子"，对于一个拿锤子的人来说，所有的问题看起来都像一枚钉子。对于我们现在所处的时代与环境剧烈变化背后，驱动要素与跨界相关度非常大。过去传统工业结构化模式，在移动互联网、大数据技术的冲击下正在被颠覆。颠覆所带来的是产业、行业之间的融合。不止这些，新兴行业产业不断出现和蓬勃兴起，又成为跨界的土壤。跨界首先需要跨越思维方式的"界"，更多的应成为一种行为方式，不是只有创新时才有跨界，也不是只有需要跨界时才会做跨界的准备。

跨界不是领地的跨界或者行业产业的延伸，而是组织系统的跨界重组；跨界不是停留在组织机构的物理边界上，而更多的是组织机构内部资源的整合，同时会引起自己的组织边界和系统结构的重组。跨界不只是对外在商业模式的颠覆，还是对组织内部系统的颠覆。我们设想，即使思维、战略上进行了跨界，如果组织管理各个方面没有系统调整，这样的跨界成功率不会很高。组织内部一定要动态化、柔性化、协同化，形成灵活可变的柔性组织，如此才能合力推动外部的跨界。

（二）创新驱动

张晓峰（2006）在《关键：智力资本与战略性重构》一书中提及，关键驱动要素有三大类：资源、客户、创新。改革开放前，以资源驱动为主、客户驱动为辅，创新驱动不足。现在中国粗放的资源驱动型增长方式难以为继，必须转到创新驱动发展这条道路上来，要敢于打破垄断格局与条框限制，破除束缚生产力发展的因素，建立跨界、协作、融合的环境与条件。充分利用互联网的优势，用互联网思维来求新、求变，也更能充分发挥创新的力量。

政府的现有信号、政策已经足够明确指出，我国正处于向创新驱动发展转型的关键时期。中国经济社会发展的未来是创新、创意、创业、创造驱动式的发展，是破除体制的藩篱，是个人创造力的发挥，是协同创新、跨界创新、融合创新，这是经济发展的新常态。把经济增长真正从要素增长转换为创新驱动，才不会过分依赖投入、规模扩张，这有利于激发各类主体的创新创业活动，建设以企业为主体的产学研用协同创新机制。这其中需着重考虑激发驱动要素本身的动能，驱动要素能动性与创造性的协调，产品化产业化过程中创意、创新的价值，"互联网＋"需做出一些更生态化的安排。

（三）重塑结构

重塑结构从互联网时代就已经开始了。全球化、信息革命、互联网已经打破原有的社会结构、经济结构、关系结构、文化结构，由此带来许多要素，如权力、关系、连接、规则和对话方式的转变。互联网改变了关系结构，摧毁了原有对象的身份结构，如用户、伙伴、股东、服务者等身份，促使它们在一定条件下可以自由切换；改写了地理边界，摧毁了原有游戏规则及管控模式；突破了原有的边界，降低了信息不对称性。信息民主化、公开化，参与的民主化、个性化越来越深入人心；互联网让社会结构存在随时不确定性，让组织、雇用、合作重生，现实世界与虚拟世界不可分割，自我雇用，动态自组织、自媒体大行其道；互联网降低了整个社会的交易成本，提高了全社会的运转效率。例如，购票从原先到售票点排队还不一定买得到的情况，改变为使用互联网不到一分钟就可以完成购买。用户的需求越来越多地在互联网上得到满足，如通信需求、传播需求、娱乐需求、购物需求等；互联网把选择权让渡给用户，用户可以在海量的数据中自行选择，获得自己喜欢的用户体验。个性化定制把自己的特殊喜好加入产品服务中，让商品生产与消费服务随心所欲；互联网还可以打通用户的关联，让分享更直接，评价不失真；互联网集成大众智慧，用户可以参与设计、传播、创造，可以控制物流、菜品评价，甚至可以参与企业管理及运行。互联网基于个体衍生出 WE 众经济、众包、众筹、众创、众挖，这是经济社会、商业运营的新结构，同时它融入生活，成为一种生活方式，我们甚至可以说"没有互联网做不到的事"。例如，由坎宁（Canning）于 1995 年首先开发的 Wiki（多人协作的写作系统），是一种在网络上开放且可供多人协同创作的超文本系统，该系统支持面向社群的协作式写作。坎宁将 Wiki 定义为"一种允许一群用户用简单的描述来创建和连接一组网页的社会计算系统"。Wiki 站点由多人（甚至任何访问者）维护，每个人都可以发表自己的意见，或者对共同的主题进行扩展和探讨。

（四）尊重人性

人性，即人类天然具备的基本精神属性。《孟子·告子上》曰："人性之无分于善不善也，犹水之无分于东西也。"尊重人性，即尊重人的本性，对人的欲望的满足，对尊重的重视，对与人相处的要求，对新鲜的好奇，当然还包括慵懒、惬意、随性，这也是人性的一部分。

人性的光辉是推动进步的重要力量。推动经济增长、社会进步、文化繁荣的重要力量就是人性的光辉。尊重人性是互联网最本质的文化，互联网把冰冷的技术力量发挥得最完全，也是来源于对人性的尊重、对用户体验的敬畏、对人的创造性的重视。人性即体验、敬畏，人性即驱动、方向，人性即市场、需求，人性即合作、共享；人性是连接的最小单元、最佳协议、最后逻辑，人性也是连接的最后归宿、融合的起点、存在的理由。从最小一次互动到宏大平台的搭建，都是基于人性的思考、开发、设计、运营、创新和改进；人性是检验的标尺，是关系的核心。尊重人性、重视人性可以为服务增值，这就是我们经常提出的不忘记初心，即基于人性。

创新驱动，既是体制机制的改革，也是重塑创新生态、创业生态、协作生态、价值规则的过程，是基于人性的另外一层意义上的"开放"，即由过去的对外开放为主转为对内开放为主，激发内生活力和大众的创造性，推动整体开放生态的塑造；对于个人而言也是这样，我们观察一个人的关系，可以看他自愿花费更多的精力和时间的地方。这是自愿的或潜意识存在的观念，不是企业组织完全能够雇用产生的。他所花的是"优质时间"，通过是否个性张扬、是否处于激活态在做事、是否在持续创新创业来衡量。

（五）开放生态

"风起于青萍之末，止于草莽之间"。好的生态，如技术和金融结合的生态、产业和研发进行连接的生态等，能够激活创造性、放大创造力、孕育创意、促进转化、带来社会价值创新；差的环境，如陈旧的规则、欠缺的生态则会将创新扼杀于襁褓之中。

开放度决定行业、企业的命运。未来的商业是无边无界的世界，我们衡量一个企业的未来的关键指标，就是企业跨界的开放性、生态性程度。开放才能融合，我们可以设想颠覆性创新，但如果在一个自我封闭的系统中循环，那么创新将很难实现。同样，如果不能以开放的心态去对自己所做的跨界行为进行洞察，自然无法思考和设计全新的商业模式。在一个开放的生态系统中，跨界才能找到一些和外界其他因素之间的共通点。我们可以设计跨界合作的规则，可以把企业的生态圈延伸和外部的生态系统进行协同、交互、融合，跨界力量成为创新的力量。国家积极鼓励大众创业、万众创新的目的之一，就是孵化培育一大批创新型小微企业，并从中成长出能够引领未来经济发展的跨国企业，形成新的产业业态和经济增长点，这最需要的条件是要有创意、创新、创业的生态。生态建设既需要主观设计，又需要发挥要素的连接性和能动性；生态系统内外信息、能量和物质是随时交换的，而不是自我封闭的构筑；要素间交互、分享、融合、协作平等发生，同时又各具特色，保持各自的独立、个性与尊重。

当前创新创业特征正发生巨大的变化，呈现政府主导向市场发力、从小众主体到大众群体，从创新能力内部组织到开放协同创新，从供给导向到需求导向转变等许多开放新特点。例如，深圳正努力成为"创客之城"，或许会成为全球"创客梦工厂"。一大批以创新工场、创业咖啡、创客空间为代表的新型孵化器层出不穷，它们充分发挥政策集成和协同效应，利用创新和创业相结合、线上和线下相结合、孵化与投资相结合等优势，为广大创新创业者提供良好的工作空间、网络空间、社交空间和资源共享空间，构成了低成本、便利化、开放式、全要素的众创空间初步形态。

"互联网＋"行动计划的核心是生态计划，重塑教育生态、创新生态、协作生态、创业生态、虚拟空间生态、资源配置和价值实现机制。最重要的是，内在创造性激发导向的教育生态，专业教育与职业教育平衡，高中前教育与大学教育衔接，大学教育与社会教育连接；社会价值创新导向的创意创新生态，创意创新与价值创造之间的桥梁；协同创新、整合创新、价值重现的生态环境，知识产权、人力资本和努力与个人努力预期结果匹配。这些生态将引发一场越来越深入的改革浪潮。

（六）连接一切

理解"互联网＋"，一定要把握它和连接之间的关系。跨界需要连接，融合需要连接，创新需要连接。连接是一种对话方式、一种存在形态，没有连接就没有"互联网＋"。连接的方式、效果、质量、机制决定了连接的广度、深度和可持续性。

连接是有层次的，可连接性是有差异的。从连接的层次看，可以概括为 3 个"tion"：连接（connection）、交互（interaction）、关系（relationship）。3 个层次的连接方式、连接内容与连接质量都不尽相同。第一层"连接"很多机构和服务都可以做到，如一款城市服务的 App、《中国新歌声》、《十二道锋味》等节目，短期可以聚来很大的流量。第二层"交互"很关键，它承上启下，交互是分流、导流的前提，要建立信任和依赖。例如，吐槽栏目，用户的所思所想与服务提供方进行了充分的沟通，不只对单个用户，所有用户用这种方式与服务提供方建立了信任关系，服务提供方可以对用户进行分层分类，有意为之。第三层"关系"，这是连接的目的，是创新驱动和商业价值的核心，沉淀信任是连接的归宿，是商业目标，是社会价值创新创业的基础。

"连接一切"有一些基本要素，包括技术（如互联网技术、云计算技术、物联网技术、大数据技术等）、场景、参与者（人、物、机构、平台、行业、产业、系统）、协议与交互、信任等。这里的信任作为一个要素，许多人不一定会认同，但它确实是重要的因素之一，这是因为互联网时代信息不对称性降低，所以连接节点的可替代性增强，如何选择节点或连接器，信任是最好的判别因素。信任让"＋"成为可能，让连接的其他要素与信息流转不会停滞，让节点不会被人有意屏蔽。

互联网时代积淀信任关系变得非常重要。做不到负责、生态、开放和分享的人、机构、平台，肯定不能获得信任。有了信任，别人才会愿意被你连接，或愿意连接你，失去别人的信任就相当于"失连"，企业的成长性、生存和发展很大程度上取决于"信任"的含金量。"互联网＋"形成的是一种倒逼机制，让诚信、信任建立，这是人性推动社会进步最好的证据。

在互联网背景下，过去我们讲的门户、入口就是现有我们所指的节点，所谓的结合连接器就是转接器。单一入口即使流量惊人，如果不能成为存量，不能进行导流、分流、个性化的匹配，其本身价值也有限而且随时会被取代。华为公司每年都会发布《全球连接指数》，把连接作为一个核心要素去评估分析、判断企业和一个区域未来的价值和发展的可能性。在华为的视野中，连接和土地、资本、劳动力等量评价，作为一种生产要素来看待。微信也是一个很好的连接器，并且功能越来越强大，开放越来越到位。

三、"互联网＋教育"概述

互联网运用的迅猛发展，特别是大数据、云计算、移动互联网和模拟现实等技术的发展，正深刻地改变着教育的面貌，推动教育向数字化、网络化和智能化方向发展。我们关心"互联网＋教育"，不仅仅认为互联网对传统教育而言是教育技术革新，更是感知到其将对学习、教学、组织机构，以及对教育理念和教育体制带来猛烈的冲击。

（一）"互联网＋教育"的内涵、本质与特征

1. "互联网＋教育"的内涵和本质

有学者认为，"互联网＋"遵循互联网思维，将互联网与传统行业相结合，从底层重构或改造这些传统行业，从而促进行业高效率、高质量发展。"互联网＋教育"是在尊重教育本质特性的基础上，用互联网思维及行为模式重塑教育教学模式、内容、工具、方法的过程。可见，"互联网＋教育"的本质是传统教学活动的在线化、数据化，是教育网络化和教育信息化融合的升级版，并与教育的诸多要素进行全面融合。只有"在线"才能形成"活的"数据，随时被调用和挖掘。教育教学数据只有流动起来，其价值才能最大限度地发挥出来。"互联网＋教育"的"＋"，不仅仅是技术上的"＋"，更应该是理念、思维和教学模式上的"＋"，其中，推动教育教学与管理模式创新是其重要内容。"互联网＋教育"是对传统教育的底层重构，从应用形态上看，有"互联网＋教育管理""互联网＋教学"等。笔者认为，把"互联网＋教育"定义为一种新型教育形态，比较能够反映"互联网＋教育"的本质。"互联网＋教育"并不仅仅是网络技术在教育上的应用，也不仅仅是教育用互联网技术建立各种教育、学习平台。它是互联网、移动互联网与教育深度融合，是推动教育进步、效率提升和组织变革、增强教育创新力和生产力的具有战略性和全局性的教育变革。

2. "互联网＋教育"的特征

"互联网＋教育"作为一种新型教育形态具有以下 5 个特征。

1）跨界连接。"互联网＋"中的"＋"表示一种连接，是由此及彼的连接，不同的跨界连接出现不同的新的形态，如"互联网＋德育""互联网＋课程"，也可以是"互联网＋教学""互联网＋管理"等，这里每个"＋"体现都是跨界连接，都是基于原有的教育内容、方式的提升，都是一次质的飞跃。

2）创新驱动。"互联网＋教育"体现的是用互联网思维及手段对教育整体或是部分进行创新，使教育发生了量变到质变的变革。这里的创新主要表现形式有互联网技术对教育创新的促进，如图形图像技术、搜索技术和社交网络促进互联网教育形态的进一步发展，如云计算、网络视频、课程录制、移动教学等新技术带来了教育教学互动创新模式的形成等。互联网对教育众创空间发展的促进，利用网络无阻开放的优势，创建各种类型的教育教学众创空间，给学生提供新型的创新学习和创业试验的平台。互联网对开放分享创新的促进，教育主体的创新理念和设想通过对互联网进行集成与协作，使参与者都能共享成果，促进教育教学的创新点迅速推广。

3）优化关系。这表现在"互联网＋教育"打破原有的结构关系，优化重组，使师生关系、教育机构与学习者的关系发生根本性变化，进化为更高版本的关系水平。改变

传统组织、合作关系等的传统内涵，打破了现实世界与虚拟世界的界限。用户除了拥有更多的学习选择权外，分享加强，实现了信息对称交流。传统处于被动地位的学习者与处于主动地位的教学方关系变得模糊，人人参与，开源创新，集成众人智慧共同创新创业。

4）扩大开放。"互联网＋教育"使学校教育走出篱墙，跨越时空，全球连成一片，实现了真正意义上的开放。2007的创建的可汗学院，是由孟加拉裔美国人萨尔曼·可汗创立的一家教育性非营利组织，旨在利用网络影片进行免费授课，现有关于数学、历史、金融、物理、化学、生物、天文学等科目的内容，拥有可汗老师的教学影片超过 2000段、教学视频 3500 多部，向世界各地的人们提供免费的高品质教育。该项目从可汗给亲戚的孩子讲授的在线视频课程开始，迅速向周围蔓延，并从家庭走进了学校，经过两年的努力，迅速聚集了 1000 万名学员，成为世界上最大的"学校"。

5）多元生态。教育系统生态性表现为多元、多样、自然、进化、渐进、质变等，"互联网＋教育"使教育上述特性更为突出、更具操作性。网络技术可以让教育更为广泛地关注每个学习者，学习内容更贴近需求，学习者与教学者互为联动、互为促进，学习者的主体性、创造性更能充分表现，学习方式更具个性化、细微化，学习变成生活的一部分，无处不在，可以说生活即学习。教学者变成了指导者、引导者、关心者、启迪者，在"进化"学习者的同时自身也迅速得到了"进化"。

（二）教育资源从封闭到开放

传统模式下，教育资源集聚在校园这个相对封闭的物理空间里，局限于课堂、图书馆、实验室等场所，满足固定人群的需求。互联网以其海量的储存和强大的交互性，成为人类历史上前所未有的巨大"信息库"，而且这个信息库还在源源不断地扩容。借助互联网，使优质的教育资源让世界人民共享成为可能。风靡全球的慕课，即大规模开放式在线课程，就是"互联网＋教育"的产物。它具有以下特点：一是大规模的课程。它不是少数个人发布的一两门课程，而是包含那些由数以万计参与者发布的课程，只有这些课程是大型的或者是大规模的，它才是典型的慕课。二是开放的课程。尊崇创用共享协议，只有当课程是开放的，它才可以成为慕课。三是网络的课程。它不是面对面的课程教学，而是将这些课程材料散布于互联网上，人们的上课地点不受局限。无论你身在何处，都可以花最少的钱享有美国大学的一流课程，而这只需要一台计算机（或手机）和网络连接即可。

（三）教育机构从单一到多元

当前，传统教育以学校为主要载体，借助"互联网＋"对教育资源进行重新配置和整合，社会教育机构、新型教育组织依靠灵活性、免费性及广泛性等优势给学校教育带来了强烈冲击，教育组织形态呈现多元化的趋势。

这些教育组织包括优秀平台，如美国的三巨头 Coursera、edX 和 Udacity。Coursera是目前发展规模最大的慕课平台，拥有将近 500 门来自世界各地大学的课程，门类丰富。edX 是哈佛大学与麻省理工学院共同出资组建的非营利性组织，与全球顶级高校结盟，系统源代码开放，课程形式设计更自由灵活。Udacity 以计算机类课程为主，课程数量不多，却极为精致，许多细节专为在线授课而设计。其他平台如 Stanford Online，是斯坦福大学官方的在线课程平台，与"学堂在线"相同，也是基于 Open edX 开发，课程制作很精致。NovoED 由斯坦福大学教师发起，以经济管理及创业类课程为主，重视实践环节。Future Learn 由英国 12 所高校联合发起，集合了英国许多优秀大学的在线课程。Open2Study 是澳大利亚最大的慕课平台，课程丰富，在设计和制作上超乎其他平台。Iversity 是来自德国的慕课平台，课程尚且不多，不过在课程的设计和制作上思路很开阔。Ewant 是由两岸五大交通大学（上海交通大学、西安交通大学、西南交通大学、北京交通大学、台湾交通大学）共同组建的慕课平台。WEPs 由美国与芬兰多所高校合作开发，开设多门数学课程。授课对象包括开设院校的在校学生，课程内容符合教学大纲要求，考试合格者可获得开设院校所认可的该课程学分。

国内 MOOC 学院是最大的中文慕课学习社区，收录了 1500 多门各大慕课平台上的课程，有 50 万学习者在这里点评课程、分享笔记、讨论交流。慕课网（IMOOC）是由北京慕课科技中心创立的，是目前国内慕课的先驱者之一。慕课网是一个互联网、信息技术（information technology，IT）免费学习平台，创新的网络一站式学习、实践体验；服务及时贴心，内容专业、有趣易学。酷学习（Kuxuexi）是上海首个推出基础教育慕课的公益免费视频网站。学堂在线（XuetangX）是由清华大学研发的中文慕课平台，于2013 年 10 月 10 日正式启动，面向全球提供在线课程；任何拥有上网条件的学生均可通过该平台，在网上学习课程视频；学堂在线目前运行了包括清华大学、北京大学、麻省理工学院、斯坦福大学等 60 多所国内外高校的超过 500 门课程，涵盖计算机、经管、理学、工程、文学、历史、艺术等多个领域。

这些慕课平台通过提供在线课程，挑战传统大学在教育和科研市场中的绝对优势地位。有的慕课平台还通过与大学合作提供课程学习证书。例如，Coursera 平台上专门设有专业（specialization）栏目，在这个栏目下只要完成一定要求的课程学习就可以获得世界顶尖大学颁发的专业证书。这必将直接冲击现行的高等教育学历制度和招生制度，促使大学的组织边界悄然发生变化。

（四）学习从被动到自主

与"互联网＋"时代教育变革相适应的是，网络一代的学习者更习惯于"不教"的学习方式。美国心理学家加德纳（Gardner）将当今信息时代的年轻人称为"App 一代"，这一代人的学习方式正在发生巨大的变化，他们习惯从网络、电视、动画中学习，他们对依赖课本和辅助材料获得信息的学习与授课方式越来越没有耐心。柯林斯和哈尔弗森（2013）指出，"青少年带头运用新的数字媒体，从而使个人交流、工作和学习的边界变得模糊……青少年设计的网页上充满了以动画形式呈现的计算机图像和声音，他们混合各种图像制作成音乐录影，参与网络聊天和论坛，撰写博客，这种种行为使他们发展出一种学校不会教授的复杂的媒体素养。"从小玩游戏长大的网络一代，已经习惯于游戏学习。"玩视频游戏的孩子在虚拟世界中发展了复杂的问题解决以及交流技能，超出了大多数父母的经验水平。"他们的学习方式是，在尝试摸索中学习一个新东西，他们面对新东西不经过任何的传授就会直接尝试、运用。而在传统教育中长大的一代会更多地依赖教，他们面对新东西时通常会研读说明、请专家教授之后才去尝试使用。面对一个需要学习的情境时，网络一代更习惯于跳过教的环节，即在做中学；而在传统教育中长大的一代则会在求教后再用，即先学再做。简而言之，与传统教育中成长的一代代人相比，网络一代更习惯于不教的学习方式，不是由教师教的方式。适应这种变化，新加坡的教育工作者提出了新的教育信条："教的更少，学的更多。"

（五）教学从灌输到"不教"

随着信息技术特别是传播技术的发展，教育的方式正在逐渐发生革命性的变化，代表性的表现是在家上学、在线教育、终身学习、弹性学制等教育形态的出现，学校对于知识和学习方式的控制权不断削弱，与学习相关的选择权逐渐回归个人。在信息技术时代，教育的责任将从学校时代的国家，再度回归到学徒时代的个人。不同的是，这是螺旋性的上升，个人将对自己的学习和教育享有更多的自由，承担更大的责任，学习将彻底变成一件自我可以主导并完成的任务。这也代表着人类本身在教育领域的一种巨大解放。教师的教向学习者个人自组织学习的回归，教师的责任转变为"帮助为学"的角度。与之相适应，教师的作用从教学的主导者变成学生学习的辅助者、服务者，教学从单纯灌输知识向更加注重互动对话的翻转课堂转变。这里的翻转课堂，主要是指课堂承载的功能发生改变，即由过去课堂主要以教师主导传授知识转变为教师要求学生课前在网上完成所有相关知识点的视频学习的形式，课堂上主要是交流和评估，也就是答疑解惑和评估鉴定学习成果。翻转课堂的出现将倒逼学校的教学模式改革，使教师面临教学策略和技能方面的挑战。如何既调动学生的实际参与，及时检查学生的知识掌握情况并给予反馈，又不干预学生的选择，促进学生的自主学习，对教师的理念转变和素质能力都是新的考验。这就体现了"不教"的教育学的些许端倪。在信息化时代，教师的作用不是消退了，而是强化了。教师既要运用信息技术为每个学习者设计个性化学习平台，又要能够指导学习者正确采集信息和处理信息，指导学习者将信息转化为知识，指导学习者把知识内化为自己的理念，使其学会应用学到的知识去解决实际问题，从而成为学习者内在的智慧。培养学习者的思维能力，单纯依靠"器"（指工具、硬件，即计算机硬件）和"技"（指信息技术的技能，包括制作软件和使用软件的能力）是解决不了的，尤其是教师的人格魅力引导是任何机器都代替不了的。

四、"互联网＋教育"的未来发展模式

随着"互联网＋"成为国家战略，"互联网＋教育"风生水起。可以预见的是，随着信息科技日新月异的发展，"互联网"将无所不在、无所不连。"互联网＋教育"不会只是在线教育，而是对传统教育进行彻底而深刻的改变，直至塑造一个开放的教育生态环境。

（一）未来发展

1. 数字学习

通过共建国家数字化教育资源中心，促进资源形态的变迁，实现数字学习。高质量

的数字化教育资源是数字时代的高质量教育的前提。

目前，建设高质量、高效率国家数字化教育资源中心的基本思路是坚持体制机制创新，整合、改造及开发多来源、多层次、多类型资源，实现共建共享；倡导社会责任，实现传统名校名师优质教育资源面向国家数字化教育资源中心开放的突破；要建立共建共享的激励机制促进资源共享；要统一标准、完善平台，解决资源库侵害和"信息孤岛"问题，为共建共享和开放服务提供技术可能；要充分利用云技术及其所带来的合作模式，保证数据和资源的高可用性、高可靠性；要加速开发面向学生的优质教育资源，使资源中心既面向教师又面向学生。

2. 混合学习

建设全国高质量数字化学习支持服务示范区，促进教学形态变迁，实现混合学习。教育信息化不是简单的教育技术化，信息技术与教育教学的真正深度融合是提高在线教育人才培养的关键。这除了要有一流的数字化教育资源课程，同时需要高品质的学习支持服务。设立全国高质量数字化学习支持服务示范区，充分应用现代信息技术创建功能齐全、性能可靠、兼容网络与移动技术的数字化学习环境，探索线上教育与线下教育结合方式，架构个别学习、小组讨论和导学助学相结合的混合式教育业态，支撑由"以教为主"的传统教育模式走向"以学为主"的新型教育模式，带动以学习者为中心的人才培养模式改革，促进学习内容与学习方式的转型升级。例如，谷歌公司旗下 DeepMind 公司的"阿尔法围棋"战胜围棋世界冠军李世石，开启了人工智能（artificial intelligence，AI）的新时代，也启发了人们对教育与学习的深入思考，未来的教育可能将更强调想象力、创造力的培养而不是记忆力的训练。现在出现的虚拟现实（virtual reality，VR）、增强现实（augmented reality，AR）技术的日趋成熟及相应资源制作成本的不断下降，沉浸式学习走出实验室走入课堂，甚至在不远的将来成为常态化，从而为学习者提供一个虚拟但相对真实的学习环境，学习者通过高度参与和互动体验，自主学习知识，提升学习效果，提高教育效率。教育信息化的前景是，通过信息技术与教育教学的深度融合，形成"互联网＋教育"的叠加效应、聚合效应、倍增效应、倍乘效应。

3. 定制学习

建立不同学习成果积累认证转换制度，促进学校和社会形态变迁，实现定制学习、定制教育，促成学习型社会建立。关键在于建立个人学分认定与学分转换等制度，打通继续教育与终身教育的通道。其中最关键的是要探索网络学习学分认定与学分转换等制度，包括对以学分为基本教育单元的学分管理制度设计。如果完成这种的制度设计，建立了个人学习账户和学习成果累计、认证、转换制度，制定国家资历认可框架、学习成果认可框架及标准体系，学习者就可以弹性学习、自由选课选班选校；各级各类教育就能纵向衔接、横向沟通，学历教育与非学历教育、正规教育与非正规教育、线上教育与线下教育就能实现相互融合，达到"跨界学习"层次；学习资源成为"学习超市"，教育也可以和商品一样跨界定制了，大学的围墙真正被拆除了，所展示出来的就是一个人性化、个性化、终身化的生机勃勃的教育体系。

4. 服务平台与决策系统

基于大数据技术的教育管理公共服务平台和决策系统建设，推进教育管理信息化，促进教育科学管理与决策。大数据正日益对全球经济运行体制、社会生活方式和国家治理能力产生重要的影响。在教育领域，大数据应用能够揭示传统技术方式难以展现的逻辑关系，成为提升政府的教育治理能力的新途径。"用数据说话、用数据决策、用数据管理、用数据创新"的管理机制，完善教育管理公共服务平台，推动教育基础数据的瞬时收集和共享，形成覆盖全国的教育资源云服务体系，以及在此基础上的教育科学决策支持服务系统。

5. 教学新形态

基于教学的生成本质和人文化成的价值追求，适应、运用互联网思维，实现两者双重双向超越，展示出新的教学形态。教学与互联网，一方面，互联网在以其对象化的方式展现教学世界的同时，给"教学"刻印上数字化的烙印，而在教学中也得以部分地自我呈现；另一方面，教学的文化使命和生成性、发展性原则使自身融于互联网，并使自身获得信息世界的属性，使互联网成为教学世界的另一种形态。教学的要素品质、关系样式、存在形态、时空界域、思维方式等均将发生变化，在观感、思维、体验、评价诸多方面，以崭新的面貌给人以巨大的异质化的冲击。"互联网＋"条件下的教学，由于面对无中心、无边缘、超时空、去个性化、非线性和虚拟化的特点，打破了传统课堂教学的时空局限、要素离散、角色固化、过程同质和资源短缺，尤其是学习行为的浅层性和评价的相对终结性，逐步走向开放教学边界、增多教学元素、盘活课堂教学、促进深层学习的阶段，达到教学的持续生成与发展。

（二）未来模式

"互联网＋教育"的未来模式主要从"互联网＋教育内容""互联网＋教育体验""互联网＋教育管理""互联网＋教育评价"4个方面进行构建。

1. "互联网＋教育内容"

"互联网＋教育内容"是"互联网＋教育"的资源基础和核心能力。教育的变革创新最终要以课程与教学为落脚点，而课程与教学又是相互交叉、相互依存的密切关系。翻转课堂是将信息技术与学科教学进行尝试融合的可选方式，通过课前的预习、课中的个性化学习、课后的梳理提升，突破了课本的束缚，令学科可视化、动态化，打破了知识的垄断，让师生平等，改善了师生关系，将课堂变为双向互动的学习场域。有专家认为，控制和限制不是"互联网＋教育"时代的教学特征，让每位学生都能使用自带设备接受"互联网＋教育"，实现个性化学习才是学校课程变革和教学转型的目标。我们也可以根据学生能力和兴趣的分层教学进行课堂创新，由此促使学生学习态度转变、学习习惯养成及学习能力提高。慕课的出现为"互联网＋教育内容"模式提供了创新样板。借鉴国内成功经验，我们认为，中国慕课的发展应更多放在关注社会认可度上，在课程内容上应更好发挥公共教育服务体系的作用，明确其发展定位及面向需求层次；在运行机制上，探索运用互联网技术打破地域、时空、校际界限，深度整合已有的教学内容和在线课程资源，形成课程互选和学分互认的可行模式。可汗学院是产生于普通民众的另一个典型的"互联网＋教育"案例。其创始人萨尔曼·可汗的初衷只是通过网络的方式指导远在家乡的家人学习。但在不经意间，可汗学院已发展成为一家世界知名的非营利性教育组织，其课程被翻译成25种语言，在全球拥有超过4000万注册学习者。从最初不出现教师影像，而只是在写字板上呈现演算和推导过程的教学视频开发，发展到如今集微视频资源、学习与教学的组织、支持、管理和服务的整套较为完整的系统。可汗学院成为全球较具影响力的开放教育组织。这3种模式中，翻转课堂代表了信息化的教学形态；慕课代表了优质资源的开放服务模式；可汗学院代表了一种普通民众提供教育资源的社会教育模式。这一切，都昭示着学校教育与社会教育、正式学习与非正式学习、在线学习与面对面学习之间的融合，昭示着一种全新、开放的教育生态体系。

我们如果更进一步地设想，"互联网＋教育内容"未来是否成为一个以课程设计为核心，集成整合各类优质教育资源的，看得见、摸不着的教育资源的超市。

2. "互联网＋教育体验"

"互联网＋"时代是以用户需求为导向，用户体验为王的时代。对教育来说，也不例外。运用互联网技术，精准把握学习者需求；利用大数据和云计算技术，对学习者的学习倾向、学习兴趣、学习能力、学习目标等进行智能分析；优化"互联网＋教育"产品的供给，使学习过程更为简单、便捷、有趣，帮助学习者深度参与其中，提高学习者体验。"互联网＋教育体验"的一个极致做法，是通过教育类网络游戏实现快乐的"体验式学习"。国内已有网络游戏公司开始着手开发教育类网络游戏，尝试将游戏的娱乐性和自主学习结合起来，为学习者创设生动的游戏化学习情境。玩家在游戏场景中可以体验现实生活中不可能接触到的虚拟世界，而且游戏的奖励和竞争机制可以极大地调动学习者的学习兴趣，激发其学习动力，持续提高其自主学习的黏性。

3. "互联网＋教育管理"

信息技术革命和大数据的运用，多种多样、高效即时的学校支持系统层出不穷，渗透到教学管理、教务管理、学生管理、校园管理等各领域、各环节。政府、学校与第三方教育机构积极探索，在现有的教育管理信息系统的基础上，通过大数据分析和可视化技术形成"实时化、自动化、交互化"的智慧教育管理方式，促成了教育可视化管控、教育智能决策支持、教育安全预警及教育远程督导，降低了管理的人工成本，提高了管理实效。作为教育信息化重要内容的"智慧校园"就是"互联网＋教育管理"的产物。所谓智慧校园，是以借助新一代的物联网、云计算、泛在感知等信息技术，打造物联化、智能化、感知化、信息化的新兴校园。这是因为各种智能设备的普遍应用，各种监测信息可随时获取，这使智慧校园成为可能。不久的将来，教学管理和教学状态监测、科研项目管理和科技成果转化、校务管理和学校决策支持、校园虚拟社区和人际交往平台、校园信息化生活服务和后勤管理等，都将为智慧校园和"互联网＋教育管理"提供广阔的空间。

4. "互联网＋教育评价"

信息技术与大数据对教育评价带来了明显的变化。一是评价信息更为真实全面。"互联网＋"所收集的是全过程、全方位的教育数据，克服了传统教育评价难以收集评价依据和单一的评价数据的弊端。不仅如此，它还可以收集考试成绩以外的情感因素、心理倾向、实践能力等非量化的数据，从而能够支撑综合系统化的评价，使教育评价的内涵与功能得到拓展。二是评价应用更为便捷。通过互联网平台，教师可以依据学习表现评价学生，学生也可以对教师的教学成效打分，学校和教育部门借助数据可以远程分析评价教学活动和学习成效，家长也可以通过数据及时了解孩子的情况和学校的教育质量。在这样的一种"互联网＋教育评价"环境中，每个参与者既是评价的主体，也是评价的对象，社会各方面介入教育评价更为方便也更为深入。目前，云校等国内互联网教育企业已经在尝试通过挖掘管理、教学、学习的基础数据，构建科学的学生成长模型，为对学生进行系统评价创造条件。这些以人为中心的"互联网＋教育评价"探索，代表了"互联网＋教育评价"创造有效评价依据和支持保障评价应用的发展方向。

第三节　大数据时代的教育创新

大数据就是互联网发展到现今阶段的一种表象或特征。在以云计算为代表的技术创新支撑下，这些原本很难收集和使用的庞大数据开始容易被利用起来，通过各行各业的不断创新，大数据会逐步为人类创造更多的价值。

一、大数据认知

（一）特征与定义

2011 年 5 月，美国麦肯锡咨询公司发布的《大数据：创新、竞争和生产力的下一个前沿领域》指出，大数据是大小超出了传统数据库软件工具的获取、存储、管理和分析能力的数据集。业界（IBM 公司最早定义）将大数据的特征归纳为 4 个"V"［大量（volume）、多样（variety）、价值（value）、高速（velocity）］，另一种说法认为特征有 4 个层面：一是数据体量巨大，大数据的起始计量单位至少是 P（1000 个 T）、E（100 万个 T）或 Z（10 亿个 T）。二是数据类型繁多，如网络日志、视频、图片、地理位置信息等。三是价值密度低，商业价值高。四是处理速度快。最后这一点与传统的数据挖掘技术有着本质的不同。

有人说"三分技术，七分数据，得数据者得天下"。我们先不去考究是何人所言，而事实就已经论证了其正确性。"大数据之父"维克托·迈尔·舍恩伯格（Victor Mayer Schenberger）在《大数据时代》一书中举了百般例证，都是为了说明一个道理：大数据时代已经到来，我们要用大数据思维去发掘大数据的潜在价值。大数据以其快速搜集、处理和利用复杂信息的优势，被全世界人们接受。当前，大数据浪潮席卷了全球，被认为是继信息化和互联网后整个信息革命的又一次高峰，数据资源已成为与自然资源、人力资源一样重要的国家战略资源。当前，大数据已被广泛应用到经济、科技、文化和教育各个领域，成为创新驱动发展战略的重要工具。用数据说话、用数据决策、用数据管理和用数据创新创业的数据文化氛围已悄然形成，大数据时代已经到来。系统认知大数据，我们可以从 3 个层面来展开，具体如图 4-1 所示。

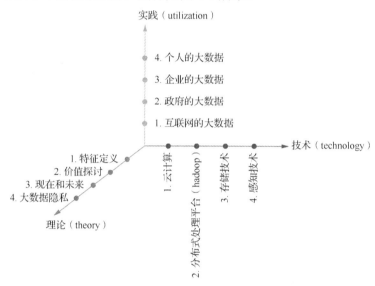

图 4-1　系统认知大数据的层面

第一层面是理论。理论是认知的必然途径，也是被广泛认同和传播的基线。可以从大数据的特征定义理解行业对大数据的整体描绘和定性，从对大数据价值的探讨来深入解析大数据的珍贵所在，从对大数据的现在和未来去洞悉大数据的发展趋势。

第二层面是技术。技术是大数据价值体现的手段和前进的基石。可以从云计算、分布式处理技术、存储技术和感知技术的发展来说明大数据从采集、处理、存储到形成结果的整个过程。

第三层面是实践。实践是大数据的最终价值体现。可以从互联网的大数据、政府的大数据、企业的大数据和个人的大数据 4 个方面来描绘大数据已经展现的美好景象及未来可实现的蓝图。

（二）大数据思维

舍恩伯格认为在大数据时代，人们对待数据的思维方式会发生以下 3 个明显的变化：一是人们处理的数据从单一样本数据变成全量数据（全样本数据）；二是由于是海量数据和全样本数据，人们不得不接受数据的混杂性，而放弃对精确性的追求；三是人类通过对大数据的处理，放弃对因果关系的渴求，转而关注相关关系（即数据的关联性关系）。

我们可以这样认为，大数据思维最关键的转变在于从自然思维转向智能思维，使大数据具有生命力一样，获得类似于"人脑"的智能，甚至智慧。我们可以从以下 4 个方面来进一步探讨大数据思维的内涵。

1. 总体性思维

在大数据时代，人们可以空前地获取与研究对象相关的极为全面的甚至是所有的数据，而不再依赖采样这种方式。相应地，思维方式也从样本思维转向总体性思维，更加全面、立体、系统地认识某类社会现象的全貌。

正如舍恩伯格和库克耶（2013）所总结的："我们总是习惯把统计抽样看作文明得以建立的牢固基石，就如同几何学定理和万有引力定律一样。但是，统计抽样其实只是为了在技术受限的特定时期，解决当时存在的一些特定问题而产生的，其历史不足一百年。如今，技术环境已经有了很大的改善。在大数据时代进行抽样分析就像是在汽车时代骑马一样。在某些特定的情况下，我们依然可以使用样本分析法，但这不再是我们分析数据的主要方式。"

2. 容错性思维

舍恩伯格和库克耶（2013）指出："执迷于精确性是信息缺乏时代和模拟时代的产物。只有 5%的数据是结构化且能适用于传统数据库的。如果不接受混乱，剩下 95%的非结构化数据就无法利用，只有接受数据的不精确性，我们才能打开一扇从未涉足的世界的窗户。"也就是说，在大数据时代，思维方式要从精确思维转向容错性思维。当你拥有海量的即时数据时，就不应该将绝对的精准继续作为追求的主要目标。适当忽略微观层面上的精确度，容许在数据中出现一定程度的错误与混杂，反而有助于在宏观层面对事物进行更精准的把握。

3. 相关性思维

舍恩伯格和库克耶（2013）指出："大数据的出现让人们放弃了对因果关系的渴求，转而关注相关关系，人们只需知道'是什么'，而不用知道'为什么'。我们不必非得知道事物或现象背后的复杂深层原因，而只需要通过大数据分析获知'是什么'就相当了不起了，这会给我们提供非常新颖且有价值的观点、信息和知识。"也就是说，在大数据时代，思维方式要从因果思维转向相关思维，努力颠覆千百年来人类形成的传统思维模式和固有偏见，如此才能更好地分享大数据带来的深刻洞见。

4. 智能化思维

计算机的普及应用极大地推动了工业自动控制、人工智能和机器学习等新技术的发展，机器人研发也取得了突飞猛进的成果，并开始在企业中大规模应用。可以说，进入信息社会后，人类社会的生产自动化、智能化水平已得到明显提升。但是，目前在工业生产中仍然面临着一些瓶颈而无法取得突破性进展，机器的思维方式仍属于线性、简单、物理、机械的自然思维，智能水平还不尽如人意。像"人机世纪大战"这种由机器获胜的情况则给我们带来了曙光。2016 年，"人机大战"无异于大数据对人类智商的一次不经意的"嘲弄"。由谷歌公司研造的人工智能系统阿尔法围棋，挑战世界围棋冠军李世石，最终以 4∶1 获胜。从某种意义上说，人工智能的胜利其实就是大数据的胜利。大数据时代的到来，可以为提升机器智能带来巨大的潜力，将有效推进机器思维方式由自然思维转向智能思维，这才是大数据思维在工业生产中应用的关键所在和核心内容。

大数据的真正价值在于创造，在于填补无数个还未实现过的空白。有人把数据比喻为蕴藏能量的煤矿。煤炭按照性质有焦煤、无烟煤、肥煤、贫煤等分类，而露天煤矿、深山煤矿的挖掘成本又不一样。与此类似，大数据并不在"大"，而在于"有用"。价值含量、挖掘成本比数量更为重要。

（三）大数据价值

大数据在投资商眼里是金光闪闪的资产，脸书上市时，评估机构评定的有效资产中大部分是其社交网站上的数据。如何使它变现，这在于提高对数据的"加工"能力，通过"加工"实现数据的增值。

美国塔吉特（Target）公司是一家高级折扣零售店，为美国第四大零售商。它较早运用了大数据，以孕妇怀孕期间可能会购买的 20 多种商品为基础，将所有用户的购买记录作为数据来源，通过构建模型分析购买者的行为相关性，推断出孕妇的具体临盆时间，这样它的销售部门就可以有针对性地在每个怀孕顾客的不同阶段，寄送相应的产品优惠券。它通过监测购买者购买商品的时间和品种来准确预测顾客的孕期，这是一个对数据的二次利用的典型案例。现在你在浏览器或网上商城中阅读过的信息，当你再一次登录时，这些信息就会自动推送过来。有人说这是一种"偷窥"，但不可否认的是这是大数据的更多次的运用。

未来在大数据领域较具有价值的是两种事物：一是拥有大数据思维的人，这种人有能力将大数据的潜在价值转化为实际利益；二是还未有被大数据触及过的业务领域，这些是还未被挖掘的"油井""金矿"，是所谓价值无限的"蓝海"。

这里有一个有趣的例子。1948 年辽沈战役期间，四野司令员林彪要求每天进行军情汇报，由值班参谋读出下属各个纵队、师、团用电台报告的当日战况和缴获情况。那几乎是重复着千篇一律、枯燥无味的数据：每支部队歼敌多少、俘虏多少；缴获的火炮、车辆多少，枪支、物资多少……有一天，值班参谋照例汇报当日的战况，林彪突然打断他："刚才念的在胡家窝棚那个战斗的缴获，你们听到了吗？"大家都很茫然，因为如此的战斗每天都有几十起，不都是差不多一模一样的枯燥数字吗？他扫视一周，见无人回答，便接连问了三句话："为什么那里缴获的短枪与长枪的比例比其他战斗略高？为什么那里缴获和击毁的小车与大车的比例比其他战斗略高？为什么在那里俘虏和击毙的军官与士兵的比例比其他战斗略高？"他走向挂满军用地图的墙壁，指着地图上的那个点说："我断定，敌人的指挥部就在这里！"果然，部队很快就抓住了敌方的指挥官廖耀湘，并取得这场重要战役的胜利。

《三国演义》中人们所熟知的诸葛亮和司马懿，就是用智慧和知识对抗的一对典型代表。司马懿是诸葛亮的最大对手，可以说是古人中具有"大数据思维"的代表人物。

魏蜀军对决，诸葛亮遣使求战，司马懿问使者："诸葛公起居饮食如何，一顿能吃多少米？"使者说："很少。"然后他又问政事，使者说："打二十军棍以上的处罚，都是诸葛丞相自己阅批。"经过一番不经意的询问，司马懿对手下说："诸葛亮将要死了。"果然，诸葛亮不久便病故军中。司马懿从诸葛亮几点睡觉、每天吃几碗饭等数据信息中，判断出诸葛亮命不久矣，战略目光可谓长远。

这些例子真实地反映在各行各业，探求数据价值取决于把握数据的人，关键是人的数据思维，与其说是大数据创造了价值，不如说是大数据思维触发了新的价值增长。

（四）现在和未来

大数据在当下已有了广泛应用：大数据帮助政府实现市场经济调控、公共卫生安全防范、灾难预警、社会舆论监督；大数据帮助城市预防犯罪，实现智慧交通，提升应急处置能力；大数据帮助医疗机构建立患者的疾病风险跟踪机制，帮助医药企业提升药品的临床使用效果，帮助艾滋病研究机构为患者提供定制的药物；大数据帮助航空公司节省运营成本，帮助电信企业提升售后服务质量，帮助保险企业识别欺诈、骗保行为，帮助快递公司监测分析运输车辆的故障险情以提前预警维修，帮助电力公司有效识别预警即将发生故障的设备；大数据帮助电商平台向用户推荐商品和服务，帮助旅游网站为旅游者提供心仪的旅游路线，帮助二手市场的买卖双方找到最合适的交易目标，帮助用户找到最合适的商品购买时期、商家和最优惠价格；大数据帮助企业提升营销的针对性，降低物流和库存的成本，减少投资的风险，以及帮助企业提升广告投放精准度；大数据帮助娱乐行业预测歌手、歌曲、电影、电视剧的受欢迎程度，并为投资者分析评估制作一部电影的最佳投资；大数据帮助社交网站提供更准确的好友推荐，为用户提供更精准的企业招聘信息，向用户推荐可能喜欢的游戏及适合购买的商品。

其实，这些只不过是能够想到的现实场景部分，历史的车轮滚滚向前，我们虽无法准确预测大数据终会把人类社会带往哪种形态，但我们相信因大数据而产生的变革浪潮将很快影响地球的每一个角落。

未来，大数据除了将更好地解决社会问题、商业营销问题、科学技术问题外，还有一个可预见的趋势是"以人为本"的大数据方针。人类的发展都将与大数据有关，我们可以用大数据解决人的发展问题。大数据在人类领域的未来运用，概括起来主要有以下几个方面：一是用户行为数据，运用于精准广告投放、内容推荐、行为习惯和喜好分析、产品优化等方面；二是用户消费数据，运用于精准营销、信用记录分析、活动促销、理财等方面；三是用户地理位置数据，可以运用于 O2O 推广、商家推荐、交友推荐等方面；四是互联网金融数据，运用于 P2P（peer to peer，点对点网络借款）、小额贷款、支付、信用、供应链金融等方面；五是用户社交等用户原创内容（user generated content，UGC）数据，运用于趋势分析、流行元素分析、受欢迎程度分析、舆论监控分析、社会问题分析等方面。

二、大数据时代的教育变革

随着互联网不断向万物互联进化，人们将以多种更为紧密和更有价值的方式连接在一起。对于人类生活而言，万物互联让生活变得更加智能化，让人变得更有创造力、更有效率，在做出更好的决策的同时享受更高品质的生活。

大数据时代同样给中国教育带来了新的冲击和新的期许。我国教育要在大数据时代体现出自身的价值，引领并服务社会发展，就必须顺势而为、应时而作，进行适时创新，以发挥大数据时代教育的效力。

（一）教育创新的现实需要

教育创新是满足大数据时代教育综合改革发展的需要。在大数据理念和技术的指引下，教学应更具有说服力与影响力，教学评价体系应更具科学性与权威性，学生培养应更具针对性与实效性。在这样的发展要求下，必须对涉及的教育理念、课程、教学、评价和管理制度等教育要素进行整体创新，而不是旁敲侧击、修修补补。实施教育综合改革，并通过持续的教育创新、发展和积淀，最终形成一种符合大数据时代要求的新型教育形态和教育文化。

教育创新是满足大数据时代创新创业人才培养的需要。大数据时代的教育创新以培养信息社会需要的创新创业人才为目标，创新创业人才的培养一般是通过教学互动、实践锻炼、创新创业活动来开展。而在大数据时代，创新创业人才培养的每个环节都可能存在数据的产生和集聚，这些数据的不断变化和叠加，冲击着人们的思维方式，为教育创新提供了便利，也对其提出了更高的要求。大数据背景下创新创业人才的挖掘和培养，迫切需要新思维、新理论、新方法的指引和支持。因此，大数据时代要实现对创新创业人才的有效培养，培养思维与培养模式必须与时俱进。

教育创新是大数据思维下教学方式优化的需要。大数据时代的到来，引发了人们的思维方式、学习方式、教学方式和交往方式的变革。同时，数字技术的运用已经开始重塑人的大脑，变革着人的认知模式。大数据思维与技术对教育教学提出了更高的要求，这需要改变原有的教学方式，构建与大数据时代发展相适应的新型教学方式。例如，多元教学资源的充分运用，课堂教学如何把控、教师的角色如何调整、学生如何把大量的知识转化为智慧等，都需要在教学方式上进行优化重组。

（二）教育创新发展趋势

我们认为，教育创新发展趋势主要表现在以下几个方面。

1. 大数据在教育决策上广泛运用

大数据使教育决策更加科学合理。艾瑞斯（2014）认为："人类总是过于高估自己的直觉，而很少去倾听身边数字所发出的声音……大数据决策干扰并取代传统的直觉和经验专家。其不仅在改变着决策的方法，也在改变决策本身。"

大数据技术使我们能够容易获取大量有用的数据，这是以往所不可及的。它能给予教育决策者以理性思维和科学态度，站在宏观视野和高远眼界角度，探索教育事业发展全貌。改变以往教育系统的架构，在很大程度上依赖当时的主要决策制定者的偏好，而不是依赖数据状况。利用大数据，可以使决策者得以在全面而坚实的经验基础上改善其决策的质量，从而使教育决策从意识形态的偏见中脱离出来。大数据时代，教育决策突破了传统思维模式和决策的种种假设，跳出了各种假定和主观藩篱，决策的科学性和客观性大大增强，我们积极迅速地接收数据、使用数据，并快速采取行动。

2. 大数据在教育教学上广泛运用

大数据思维催化着教育教学的变革，在新的时代背景下，大数据思维将渗透并融入教育教学的全过程，在挑战传统教育体系的同时，建构起未来教育体系。

1）课堂变得更加多元化。大数据时代的课堂不再是整齐划一的班级、集中的教师与学生、统一的教材等传统模式。翻转课堂、数字校园、云课堂的设想……课堂变得无处不在，也将不再是单一和被动的模式化、固态化的传统课堂。课堂既可以是校内的也可以是校外的，既可以是现场的也可以是网络的，课堂的空间、时间被无限拓宽，课堂形式变得自由多元，完全以用户需求为导向。

2）教师角色发生新的变化。教师不再仅是课堂上固有的课本知识的传授者，而是更加注重多场所、多途径培养学生的思维能力、知识辨析与利用的能力、信息收集与整合的能力的引导者。

3）教学过程更具开放性。大数据时代的教学过程将突破传统教学在时间、空间和地域上的限制，为师生之间、学生之间的交流提供便捷的平台。在教学过程中，学生将拥有更多的主动性，可以更自由、更深入、更有效地参与到教学的各个环节之中，向教师提出符合自身特点和自身需求的学习诉求。教师了解学生的各种学习诉求之后，和其他教师或学生讨论出最为合适的教学内容和方法，并将其运用于教学之中。在教学过程中，学生的参与性、师生的教学互动性都将大大增强。这一切过程既可以通过现场教学来完成，也可以通过网络平台来完成。大数据理论与技术确保教学过程的开放性能够得以实现。

3. 大数据在教育管理、研究和应用中的支撑作用

大数据技术中的数据存储、数据传输、数据获取和数据处理等技术，为教育创新提供新的视角和研究领域。我们获得了以往难以获取的数据动态，教育创新越来越离不开大数据的预测、分析和判断。在大数据时代，谁拥有了大数据的深度分析人才和大数据分析结果的运用管理人才，谁就占据了未来竞争的主动地位。在大数据时代，数据管理、数据研究和应用成为教育创新中的关键环节。

4. 大数据在个性化教育上运用

当今世界，云技术、物联网、移动互联网和基于二者的大数据技术正推动着教育的变革。在这种背景下，服务于学习个性化和学习行为支持的各种柔性教育信息系统将得

到充分的开发和应用。未来教育在互联网、大数据等技术的作用下，教育将变得越来越个性化，大数据技术的应用将进一步推动个性化教育的发展。

在大数据时代，学校和教师不再专注于整齐划一的机器化培养人才，他们更多关注的是学生的个性化发展，他们为学生量身定制多样化的教学内容和课程体系。在教育评价上，实现传统的单一成绩评价方式转向学习评价、成长评价和综合性评价等。他们开始运用大数据技术对学生的成长轨迹和多元评价收集大量数据，从而分析出每个个体学生的知识结构、技术能力等独一无二的特性。运用这些数据，他们以学生的需求为导向调整教育行为，以最大限度地挖掘学生的潜能，激励学生的成长。从这种意义上说，大数据思维下的教育教学评价，更有利于实现教育的个性化，从而真正提升教育的效果。

（三）大数据时代的教育创新

为教育创设的互联网、云计算，形成了涵盖大气圈、岩石圈、水圈和生命圈的地球第五圈层——大数据圈，并相互作用，引发持续的学习变革与教育创新。人类的学习行为基本对应信息载体与传递方式。例如，印刷术的普及和图书馆的知识传递方式决定了大学成为教育的中心；工业革命和更加廉价的印刷术使职业教育得到普及；云计算使自组织学习与他组织教学进行整合。翻转课堂、微课教学、混合式学习，特别是慕课打开了教育的崭新格局，学习者的智力将得到新的解放。

大数据与传统数据相比，具有非结构化、分布式、可视式，它改变了数据分析由特定专家完成的情况，个体的学习者可以按需学习、按需调用，实现即时学习、思维创新和知识生成。学校作为知识传授的场所将发生质变，课堂越来越少、越来越小，云资源越来越多；讲授越来越少，交互越来越多；教师越来越少，合作越来越多；办公室越来越少，实验室越来越多。大数据时代是每个人的时代，我们都成为学习和教育的主人。原因如下：一是最广泛开发云资源，不断地为泛化学习开辟道路，满足学习者个体终身学习的需求。二是教育培训机构、学习者个人在云计算条件下运用创造性学习的原理，为在学习过程中思维创新与知识生成展开教育培训和自我培训学习。三是学习由"去我"变成"为我"，学习者感受学习的愉悦与幸福，他组织为自组织进行服务，学习由"教"到"不教"。四是教学管理者消除了科学主义的极端思潮，建构了新人文主义思想，为学习者创造更大的幸福服务；对云计算教育资源开发与管理进行顶层设计，有效运用翻转课堂、微课教学和混合式学习诸多的方式，实现学校教育与慕课的优化整合，以求最人性化的学习效果。五是学习者和教育者进行即时角色互换，促进持续创新，为人的自由全面发展创造更多的知识积累和智慧技能。

1. 学校形态的变革

（1）云教育与云学习

以前我们想学习，首先想到的是到学校求学、请教老师、进图书馆或买本书自己研究等，而现在我们首先想到的是求助于网络，接受云教育进行云学习。云教育指的是基于云计算商业模式应用的教育平台服务。在云平台上，我们能够发现现实中存在的所有教育机构、管理组织、培训公司、招生服务机构、宣传组织、行业协会、新闻媒体、法律机构等，它们汇集在云平台上并整合为"资源池"，各种资源组成了生态系统，快速衍化，有效降低教育成本。云教育与云学习完全颠覆了传统的学习方式。

云教育包含云培训中的教育培训管理信息系统、远程教育培训系统和培训机构网站，属于大型教育平台且涉及技术领域。云教育是通过教育云实现的。教育云是云计算在教育领域的实际应用，即根据用户要求进行研发使用的教育云平台。教育云平台包括以下各个要素：云教育管理平台、交互式学习网站、资源共建共享系统、多媒体互动教学系统、电子书包系统、教育信息化管理系统。它的应用能够解决教育资源分布不均、教育资源更新速度慢、教育资源共享程度低、教育资源成本较高等问题，而且为学校管理者提供从日常工作管理、学籍管理到教学教务管理的一系列的服务，具有低成本、易管理、易升级、易定制等特征。

基于云计算的云教育不仅仅促进了教育方式、教育方法的改革，更重要的是促进了教育思想观念的更新，对教育制度、教材建设等也带来了革命性的影响。最大的变革是教育机构的大数据建设，它全面推进了大数据教育的生态环境，以促进学习者综合素质的全面提升。云技术的发展，使教育为促进社会发展服务和为学习者身心服务的形式逐步发生改变。在大数据条件下，学校没有围墙，任何的知识都能与云端相连，这引发教育范式的改变。任何人都可以对云端的教育数据资源进行搜索、选择、加工、处理、重构，使之成为可以容易消化的有机内容。以往我们做不到的"私人定制"，但在大数据条件下就可以实现。就教育的内部规律而言，大数据条件下的教育是目前最能实现个性化教育的环境，它为学习者创造性地提供了自主、合作和探究的创新学习机遇。大数据教育彻底颠覆了传统的学习时空观，充实了终身教育的内涵，时时处处的学习成为时代的标志。学习者通过嵌入式学习、参与式学习，将自身的聪明才智最大限度地发挥出来。

云学习是指在云计算环境中，围绕学习服务，以学习科学、知识生态系统工程的理论为指导，建立云知识、云任务、云资源、云组件、云网站和学习者认知结构等关键模型，利用软件架构和WWW（World Wide Web，即全球广域网）开发互动探究、开放式、个性化、分布式的学习系统。它是互动探究式学习资源开发、交易、运行与进化的技术规范。

云学习生态系统具有高度的生成性、重用性和扩展性。简单地说，这种生态系统包括云学习平台和云终端学习机。云学习平台是云端资源库，全球开放、社会共建、协作共享，架构"知识云"。云终端学习机可以随时随地、即需即学的方式实现对知识云的互动探究学习。它是一种轻量级的客户端，如笔记本电脑、平板电脑、智能手机等。

通过云系统内部的资源商店机制、学习组件程序商店机制、云网站机制及云客户端机制，我们把知识开发者、组件开发者、运营者、学习者、课程开发者、评价者等不同类型用户有机地组成一个系统，不仅实现资源共建共享、各主体逐步成长的目标，还形成多用户共赢的局面。

云学习具有以下特点：一是以学习者为本的理念机制。云学习从传统的"去我化"变为以"为我化"，云学习机制以人脑思维在学习过程中的创新规律为参考，设置情境、激发动机、训练能力、培养兴趣，提高学习能力和转智能力。二是知识生成与管理。在云学习的世界中，知识具有类似人脑的形态，它呈现网络化、可以重构再生，并依此开发匹配学习资源，管理学习过程，实现闭环控制和个性化推送。三是互动探究。包括人与"云"互动、人与人互动探究，其中人与"云"之间的互动，主要通过操作学习对象或与之关联的对象来实现，它包括人对学习对象的认知、探索、实验、模仿、训练、重构、游戏、评价、协同等行为来实现；人与人互动探究，主要通过教育者对学习者活动流程的设置，对活动型组件和学习资源的配置来实现。

"云"冲破传统学校的围墙，把学校办在了"云"中。每个学习者和教育者都能用自己的计算机、手机进行终端学习，包括读书、写笔记、做作业、做课件、发博客、做实验、进行互动讨论、参加各种活动。同样，教育已从硬性教育发展为柔性教育，这是一种弹性、灵活的教育方式，学有所教，为学习者个性充分发展创造理想的生态圈。它特别注重能力培养，包括实践能力和创造能力、数理能力和辩证能力、交际能力和合作能力、适应能力和自我管理能力。

（2）柔性学习和柔性教育

学习状态呈现碎片化趋势是这个时代学习的特点，而柔性教育能够将碎片基因重组。学习者呈现出"百花齐放"的学习特性，这是我们这个时代宝贵的精神财富，是世界多样性在学习领域的表现，理应受到尊重。在大数据时代，柔性学习将取代硬性学习，柔性教育将代替硬性教育。

未来大部分的教育者是课堂的组织者和学习的引导者，而不再只是知识的讲授者。云教育打破传统学校课堂教学多重壁垒，将全球最好的学校、最好的教育家、最好的授课内容提供给合适的学习者，即时调整，随时演化，建立起一个超级的柔性学习平台。柔性学习系统中出现了超级指导者、超级策划者等新的个体形态。超级指导者是具有爱心、具有扎实专业理论知识和丰富实践经验的教育者，担负在线学习互动交流和答疑解惑的责任。教育者已不再是拥有渊博知识的权威，也不是知识的唯一的传播者，而是学习者学习的指导者和活动组织者及新的学习形式的积极参与者，这是一种新型"教练"。超级策划者是新型教育机构的经理或大学的校长，他们是提供优质教育服务的供应商，是世界范围内最优秀教育资源的组织者和策划者。

云教育提供的教育服务绝大部分是免费的。斯坦福大学、哈佛大学依靠大数据技术，研究开发出最好的在线教育平台。它们通过"云学位"认证来收取学费，是名副其实的教育超市。这个教育超市提供学习资源是免费的，但提供其他服务是收费的。例如，斯坦福大学教授塞巴斯蒂安·特龙（Thrun）创办的在线教育网站 Udacity 提供的教育产品是免费的，但它推荐的 1%成绩优异的学习者到全世界最好的公司，是需要收取中介费的。对于个人来说，知识的获得和传播，不仅边际成本将趋于零，还可以找到工作。这种吸引力是无穷的，势必对传统学校教育产生巨大的冲击。

我们从信息论的角度分析学习的本质。学习的本质是大脑对信息的加工，有效的加工来自于有效的情境互动。"云"提供给学习行为持续的诱导、评价和支持，提供瞬时交流协作。这种方式方便灵活、优质高效。随着"云"学校的普及，学习者可以在家中自主学习，跳出学校的束缚，突破狭隘的知识范围，自由选择自己需要的学习方式和内容。"云"学校的兴起是对现行学校运作模式的颠覆性的变革，将大大削弱现行学校的教育功能。办教育的主体从国家办教育，逐步回归到个人办教育，这会引起教育颠覆性的变革。未来的大部分高等院校，则将更多的精力放在了新知识的生产中心建设上。

《第二人生》（*Second Life*）是一个在美国非常受欢迎的网络虚拟游戏。在游戏中，玩家可以在游戏中做许多现实生活中的事情，如吃饭、跳舞、购物、开车、旅游等。通过各种各样的活动，全世界的玩家都可以相互交流。*Second Life* 是一个 "网络游戏＋社交网络＋Web 2.0" 的组合，它由位于美国圣弗朗西斯科的林登实验室（Linden Lab），于 2003 年开发并发布，是一个以合作、交融、开放为特色的三维网络虚拟世界。中国也有一些类似于 *Second Life* 的软件也在开发中，其中比较著名的有《海皮士》（*HiPiHi*）、*uWorld* 及 *Novoking*。

Second Life 最近已经成为很多大学的前沿虚拟课堂，包括哈佛大学、佩珀代因大学、依隆大学、俄亥俄大学、鲍尔州立大学、纽约大学、斯坦福大学、代尔夫特理工大学、特拉维夫阿夫卡工程学院。*Second Life* 为管理员主持一次讨论或一个项目营造了一个欢迎的气氛，根据《纽约时报》的一篇文章，他们大概已经出售了 100 块用于教育目的的土地。哈佛大学教师丽贝卡·内松（Rebecca Nessen）在 2006 年下半年把她的 "合法研究" 课程带到 *Second Life* 中了，这篇文章引用她的话说 "不论一个远程教育系统多么好，你和你的学生之间还是会存在一些内在的隔阂"，她说："*Second Life* 确实缩小了那个隔阂。现在我和我的学生可以在固定的课堂之外拥有更多的非官方时间在一起了"。对于把 *Second Life* 应用于教育中，得克萨斯大学奥斯汀分校的研究员乔·桑切斯（Joe Sanchez），对一个交互式的定性分析进行了评估，发现一旦学生们克服了 *Second Life* 中技术上和使用上的困难，他们表现出一种对社交式学习活动的偏爱，并因在学习过程中和其他人互相交流而获得很大乐趣。*Second Life* 倡导校企联合，寓产学研于一体，鼓励人们将现实世界扩展到虚拟世界，同时依据现实世界的逻辑关系来建构虚拟世界，并尽力构建一个现实的延伸镜像。这种意图为教育在虚拟世界中的存在和发展提供了可能性，在这个虚拟世界中，用户可以以第三视角观察他人的活动，用自己的键盘和鼠标控制自己的化身，与同在这个世界中的人物进行互动合作，将虚拟空白世界像搭积木一样共同来构建。在这个无限可能的虚拟世界中，用户自由翱翔、坦诚交流，去实现自己的梦想。

Second Life 的这些特点明显地带有教育功能。一是活力无限。它让学习者、教育者同时双向地在教育过程中最大限度地展示自己的创造力，创造力有多少，教育世界就有多大。二是远程教育功能。学习者的学习不受时间、空间的限制，可以做到率性学习，在虚拟世界中同道中人比比皆是。三是低风险环境。所有的活动几乎在毫无风险的情况下进行，让参与者不必担心其承受能力而受到制约。四是 "面对面" 交流。在交流过程中，我们是否 "看到" 对方是影响人们交流的开放程度的关键环节。*Second Life* 虚拟化身的存在改变了人与人之间交互的感觉，那是一种自然、亲切的交流感受，如同教育者、学习者在现实中的交流讨论一般。五是积极参与。学习者不是被动地在其中听教育者讲课，而是真正参与到学习活动当中，相互倾听，把对知识的理解转化为智力才能。六是教育方式的多样性，如进行角色互换、国际学习交流、历史重演、虚拟旅行等。

Second Life 具有的优势为柔性教育的发展提供了技术平台。柔性教育的作用主要体现在以下几个方面：其一，给学习者创造一个宽松民主的学习氛围，建立平等的师生关系，师生能够共同交流、相互切磋；其二，淡化了教育者的学术权威，鼓励学习者对学

习内容提出新观点和发表不同的意见；其三，学习者整个学习过程具有很强的自主性，可以在教育者的指导下根据自己的兴趣、性格、爱好、能力、特长和实际需求来自主学习；其四，教育者更多的是引导者，其研究成果，以及发现问题、提出问题和解决问题的观念、意识和处理问题的方法，都可以作为引导学习者独立思考、自我批判和自我反省；其五，通过项目、活动的开展，教育者引导学习者提高交际能力、合作意识和创新能力。

2. 教学方式的变革

（1）颠覆传统课堂

现行的教育体系几乎是两个世纪以前建立起来的，其目的是满足工业时代的需要。美国教育专员威廉·哈里斯（William Harris）在 1899 年时曾大力推崇美国学校的"机械训练模式"：教育学生"中规中矩、不越界、不妨碍他人"。时代在变，学校教育也必须变化。未来教育具有五大特征：其一，在全球化加速推进和信息化迅猛发展的背景下，应该是更加开放的教育；其二，更加重视学生的个性化和多样性，应该是更加适合的教育；其三，更加关注学生的心灵和幸福，应该是更加人本的教育；其四，让所有孩子都能享受到优质教育资源，应该是更加平等的教育；其五，强调学习能力的养成和终身教育，应该是更加可持续的教育。教育现代化的根本目的是促进人的现代化，提升人的主体性，为每个学生的发展提供无限可能。要培养为未来做好准备的、负责任的、有自信的、具备 21 世纪技能和全球视野的数字公民。

在传统教学过程中，知识的习得通常通过讲授、内化、外化 3 个阶段完成。讲授是通过教师在课上完成的，内化和外化则是通过学生完成课后作业和实践来实现的。自出现云教育、云学习以来，学习者通过云课程及其他媒介，在课前首先通过个性化主动学习，了解应用程序性知识和反省性知识，重构事实性知识和概念性知识，课中教育者对每个学习者给予启发、排疑解惑，师生、生生之间进行自由平等的交流探究，课后实践加以深化。简而言之，从"先教后学"到"先学后教"，实现课堂翻转。

翻转课堂改变了传统教育"授—受"的旧模式，师生的角色都发生了质的变化。一般流程为"引入任务→自主学习→组内交流→展示讲评→练习巩固"。翻转课堂的教学模式与传统的新一轮基础教育课程改革（以下简称新课改）下以学生为中心的教学模式有相似之处，它也是讲究以学生为主体，以学生的多边活动为中心，充分调动学生的积极性和创造性，注重学生的个性发展。它以"导、学、展、构"为主要课堂模型，其中"学"是充分发挥学生自主性的环节，是主要的教学环节，教师在"引入任务、介绍学法"之后，学生要"自主学习，组内交流"，然后"成果展示，表达调和"，再进行"测试反馈"，最后"整理内化"，形成牢固的知识网络。

教育者的责任是理解和关心学生，引导学习者解决问题。翻转课堂的优势主要有以下两个方面：一是帮助偶有闲暇的学习者。翻转课堂使他们即便无暇上课，也能够随时衔接课程内容，让学习者机动灵活地自主安排学习时间。二是帮助有困难的学习者。在传统课堂教学中，最受教师关心的往往是学习优秀者，学习较次者被动学习，甚至于跟不上进度。翻转课堂能够暂停、重放视频，直到理解为止，而教师在课堂上的时间可以调整用途，辅导每一位有需求的学习者。

（2）教学手段的变革

在课堂教学中，将大数据时代的网络技术运用于教学上，将传统可视化学习技术图像、图形、表格等与交互式白板、共享性多屏展示和可触摸平板在课堂教学中结合应用，可有效提高教学的有效性。

采用问题导向、启发式、研究式、课内外结合的导学模式，以大数据为平台，增强师生互动。鉴于大数据时代教学内容的特点，采用精讲、讨论、引导、小组合作等方法，激发学生思维，提升学生的实践能力、创造能力，培养与提高学生适应现代化建设要求的综合素质。

开发基于大数据平台的学习模式。例如，基于阅读形态的电子阅读、数字阅读、移动阅读、泛在阅读；基于阅读载体的手机阅读、电子阅读器阅读、平板阅读；基于阅读对象的多媒体阅读、电子文本阅读、微电子文本阅读；基于阅读方式的在线阅读、超文本阅读、屏幕阅读、互动立体聚合的阅读。学习器具的充分使用，手机、微信、电子邮件、QQ 等方便快速的联系方式，使教学内容深化在课内，延展在课外，互联于电子媒体中。学习成果上传送终端，再反馈到教师与学生中，在教师和学生、学生和学生的互动中完成进一步优化。

利用微课是进行翻转课堂教学必不可少的手段，这是学生进行自主学习、个性化学习的重要形式。用好这种形式，首先，需要教师按照知识点录制微课以供学生使用。其次，学生在自主学习过程中，利用微课反复学习知识点或难点，保持与教师的即时交流。这能够让学生不受时间和空间的限制随时、随地学习，拓宽了学习的范围。

利用国际上比较风靡的一种记忆术——思维导图（又称龙骨思维导图）的方法。它是根据人的大脑生理结构特点来实施的一种记忆方法。根据学习内容的内在联系，它是由学习者按照记忆点呈放射性的思考并以知识树或其他图形的形式直观描画出来的形象记忆法。这种思维导图便于学生对知识清晰明确地掌握，有利于提高自主学习的效率。

利用沉浸阅读方法。这种阅读方法在国外比较流行，在国内主要用于英语学习上，也可以把这种阅读方法推广到其他学科上。大体是以 5～10 分钟为一节，让学生通过身心调节进入一种忘我的安静状态，然后全神贯注、心无旁骛地沉浸在所阅读的文字当中。例如，读小说或散文，让读者完全沉浸到故事情节当中，不去评判、不去分析，只充当事件中的某一角色，完全高效地读完一节。然后回顾反思从事件当中悟出了什么道理、什么社会意义等。这一阅读方法能够让学生高效地自主学习，有利于翻转课堂的顺利开展。

3. 教育服务平台的改进

在教育领域中，由于学习材料和学习工具日益贴近学生个体的需求和偏好，分析运用大数据有助于学生学习得更为有效。而且大数据的分析、统计和反馈功能可帮助教师针对学生的学习发展情况来调整教学，对教学及时进行改善。大数据融入教育教学，将推动教育教学改革的发展，使学生能更好地获得有用的知识和技能。

大数据时代面临的一大挑战是如何整合信息。在教育面临资源过多的大环境下，应当按照教育和学生成长的规律，选择、梳理出对学生学习成长有利的有效资源，搭建一个能协助学生筛选出最需要信息资源的服务平台。因此，要创建一个综合性资源服务、个性化内容定制、主动化推送服务的教育服务平台，便于学生进行系统化、专业化、个性化的学习。

这个平台是突破教育资源信息化、数字化升级整合的困局与难题，打破信息分割、资源零散、封闭自享的局面，使教育资源逐渐走向平台开放、内容开放、校园开放。它能够避免资源形式的单一化，消除"消息烟囱""信息孤岛"等现象，使形态各异的特色教育资源转型为教育资产，满足不同类型、不同阶段的教育需求，进而形成高质量的教育产品及服务。这个平台是将书、报、刊等出版物、图书馆馆藏、博物馆馆藏、学校收藏等各类型资料整合起来，对各类型数字资源进行同质化规范，整合各类终端产品，满足教育资源对教与学的全新需求。这个平台同时也是个性化服务平台。大数据时代的到来，信息大爆炸，充斥着大量繁杂的数据，如何选择真正有益、有效的信息资源提供给学生和教师，是大数据时代教育需要解决的一个难题。

我们需要利用大数据梳理相关信息，搭建有利于师生寻找各自所需资源的平台，创建个性化的数字化资源，将数字化资源和个性化教学资源有机结合起来，设计一个便捷的搜索工具平台以保证学生能有效获取知识，实现自主学习。提供主动化、个性化、有针对性的服务，在恰当的时间将恰当的知识和信息推送给恰当的人，营造一个对学生个性成长有利的教育环境。

第四节　创业教育的时空思维及培养

思维是人类最重要的心理活动之一，思维的存在才使人类和其他动物有了显著的不同。目前我们比较关注思维与具体问题的联系，但探讨其对人类生活的影响则较少涉猎。思维方式是个人是否幸福和成功的决定因素，思维决定着人的行为方式，伴随着人类创业活动的变革与发展，在时空视阈中透视创业教育思维方式的进化，有助于我们对创业教育行为方式进行不断审视和优化。

一、创业教育的时空思维

人类的创业活动需要站在时空视阈去理解把握，同样作为其教育形式的创业教育亦是如此。只有在广袤的时空视阈下，我们的创业教育才会展示出服务人类创业活动的教育属性。

（一）自由空间

创业活动需要动力，这种动力可以是功利的驱使，也可以是内化的期盼。我们需要功利式的创新创业，但我们更需要内化的期盼来产生伟大的、超前的、具有颠覆性质的对人类产生重大改变的创新创业活动。这种内化的期盼是一种欲望，正是我们创业教育最关心、最想培养的东西。

我们认为，创新创业的原动力是自由。马克思在《共产党宣言》所设想的未来理想社会是一个人人自由得以全面发展的社会，"一个种的全部特性、种的类特性就在于生命活动的性质，而人类的特性恰恰就是自由的自觉的活动。"[①] 毛泽东说："自由是对必然的认识和对客观世界的改造。只有在认识必然的基础上，人们才有自由的活动。这是自由和必然的辩证规律。"[②] 同样，"人对客观世界的认识，由必然王国到自由王国的飞跃，要有一个过程。"[②] 我们需要一种氛围，"是一种让思想活跃、不被障碍阻断的氛围，一种不受禁锢的、未被人为过滤的吸收知识的环境。只有在这样的空气下，思想才会自由放飞，创新才会奔涌迸发。"[③] 马克思在《青年在选择职业时的考虑》中说："能给人以尊严的只有这样的职业，在从事这种职业时我们不是作为奴隶般的工具，而是在自己的领域内独立地进行创造……"[①] 我们应该把学生的创新创业活动升华到对自由信仰的层次。

对自由的信仰可以使思想不受桎梏，不会出现对权威和权力的盲目跟从，容易产生批判性思维，不囿于常规。安德森提出长尾理论，这有悖于常识，被认为是对传统经济学提出的"二八定律"彻底叛逆。安德森（2006）认为，由于成本和效率的因素，当商品储存流通展示的场地和渠道足够宽广，商品生产成本急剧下降以至于个人都可以进行生产，并且商品的销售成本急剧降低时，几乎任何以前看似需求极低的产品，只要有卖，都会有人买。这些需求和销量不高的产品所占据的共同市场份额，可以和主流产品的市场份额相比，甚至更大。

伟大的创意往往来自于无拘无束的自由空间，在自由选择下才有可能异想天开。美国莫哈韦小镇上的一帮太空迷，痴迷于火星移民，他们不知道是否能够成功，但他们知道不去尝试成功的机会就为零。10 多年不在乎名利的坚持和对自由的强烈追求，他们一直坚持做别人看起来不可能的事情，小镇也逐渐形成了太空飞船的产业链条。在过分指导和过严监管的地方，别指望有奇迹发生。因为人的能力，唯有在身心和谐的情况下，才能发挥到最佳水平。这样就可以理解，为何钟表匠在监狱中制作钟表的精度总是达不到人在自由状态下的精度；金字塔的伟大是因为它不是奴隶建造的，而是由"自由人"创造的人类奇迹。

我国的创业教育到了增加一点自由氛围的时候了。国家提倡全方位的、全过程的全民创新创业，但更需要有一种脱离功利环境与氛围的高境界、高层次的创业。我们不需太关注这些人才的数量，而是要努力营造这种自由的氛围，因为这才是民族的希望所在。试想创业教育总是处于淘宝等网店的较低境界和层次，不仅难以培养出敢做大事、开创原始颠覆和引领性创新的人才，还会误导创业的本质需求。没有对自由理想的追求，没有技术精英和企业家的模范带头，中国将难以成为创新型国家。同样，只有学术自由，才能使一所大学成为国家的"双一流"（世界一流大学和世界一流学科），或成为地方的

① 马克思，恩格斯，1979. 马克思恩格斯全集：第 42 卷[M]. 中共中央编译局，译. 北京：人民出版社.

② 中共中央文献编辑委员会，1986. 毛泽东著作选读：下册[M]. 北京：人民出版社.

③ 李培根，2016-11-24. 创新创业还需要一种力量[N]. 中国教育报（6）.

"重点建设高校"及优势特色学科。作为教育工作者,我们不能把学生当作完成创业任务的工具,作为创业学院也不能把促进师生创业当成指标任务来完成。

(二)生态空间

所谓创业教育的生态空间,是指位于一定空间范围的创业教育因子(包括生物因子和非生物因子),通过彼此关联和彼此作用构成的空间格局。创业教育的生态空间需要的是良性循环发展,生态因子在其中不断与空间内外不同因子进行能量、物质和信息的交换。这一生态空间是由若干个不同建设维度的创业教育生态系统所组成的。这一空间至少涉及 5 个方面的维度:一是由大中小学所组成的一体化创业教育生态系统。要打破现行教育体系在培养创业人才上的学段壁垒,实现大中小学相互衔接、各自侧重,以期达到整体推进创业教育。二是由研究型大学—教学型大学—职业型大学所组成的创业教育生态系统。研究型大学的侧重点是创业原理与方法论研究与教育,选择高新技术项目,培养精英型的创业人才;教学型大学的侧重点是创业知识与技能的传授与教育,选择应用型项目,培养复合型创业人才;职业型大学侧重于创业知识与单项技术的传授与教育,选择实用型项目,培养职业型人才。三是由政府—高校—企业协同构成的创业教育生态系统。政府是创业教育生态系统的参与者与规则制定者,可以在政策制定、资金支持、舆论导向、服务平台等方面提供良好环境。高校是这一系统的关键,要使创业教育理论与实践相结合,使智力资源与支持性资产相对接,成为创业型人才的培养实施方、智力型资本引入者、创业型资源融合点。高校应强调开放办学,主动地和业界、社会保持良好的关系,把社会和业界作为创业教育生态环境的重要组成部分。企业是创业教育资金、平台和培训服务的提供者,包括各种科技园、孵化器、风险投资机构、小企业研发中心等。四是由创业教育早期的创业意识教育、创业教育中期的创业能力培养、创业教育后期的创业准备和预孵化构成的阶段式创业教育生态系统。五是学校内部的创业教育生态系统。这一生态系统会涉及创业教育的制度设计、人才培养方案改革、创业组织和创业网络搭建、创业师资培训和引进、一体化创业文化培育等方面,这需要运用理念一致、结构统一、功能互补、资源共享等系统论方法,从全局出发,对创业教育进行顶层设计。

(三)层次空间

创新创业可选择的空间其实有很多的层次,像金字塔结构。具体如图 4-2 所示。

从图 4-2 可知,处于最底端的是技术应用创新,最上层的是科学发现。要构建这样一个完整的金字塔结构,需要长期的积累。不同层级的创新创业都是国家和社会所需要的,不能厚此薄彼,同时形成合理的金字塔结构。我们既需要塔尖的代表即最高层次的科学发现,也需要量大面广底层的技术层次的创新。例如,运用量子纠缠原理的量子通信技术属于科学方法创新和技术原理创新,这种"高精尖"的创新是国家战略;普遍存在的技术应用创新和技术集成创新同样也能做"大文章",就像马云的贡献主要是在技术应用创新和技术集成创新方面,成就了全球著名的"互联网+金融"创业神话,激发了千百万人的创业热情。如果没有基础层次的技术应用创新提出的理论创新要求和实践论证科学发现结果，那么最上层的科学发现则只能是无源之水、无本之木。创新创业并不是高不可攀的，它就在我们身边，像现在的共享单车、共享 3D 打印、共享电动车、共享睡眠舱等，没有太多的技术壁垒，更多的是应用场景的创新创业。同理，大学生的创新创业需要有不同的层次，不同类型学校、不同特色学校创业教育是要有所侧重的，不能千篇一律。大学生的创业更多应是"机会型"创业，较少的"生存型"创业，这关乎创新型国家的进程。

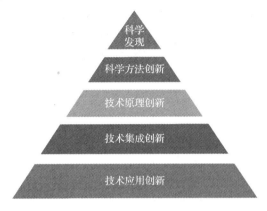

图 4-2　创新创业的层次空间

（四）公益空间

公益空间强调个体的发展需要与承担的社会责任联系起来，社会责任要求以社会需求为导向，解决人类业已存在的各种问题，特别是解决弱势群体在面对灾害、病变所遭受的苦难时，亟待创新创业肩负起重大的社会责任。盖茨（2007）在哈佛大学毕业典礼演讲中提到："我希望，30 年后你们还会再回到哈佛，想起你们用自己的天赋和能力所做出的一切。我希望，在那个时候，你们用来评价自己的标准，不仅仅是你们的专业成就，而包括你们为改变这个世界深刻的不平等所做出的努力，以及你们如何善待那些远隔千山万水、与你们毫不涉及的人们，你们与他们唯一的共同点就是同为人类。"2003年他设立微软"创新杯"（Imagine Cup）全球学生大赛，是全球规模最大的学生科技竞赛，旨在帮助学生提升创业所需的技能，培养学生的创业精神和社会责任感，为不同背景的学生提供合作创新的机会，以及将创意转化为商业价值的平台。这个比赛强调大学生要关注人类社会的步伐，每年有一个主题，如 2007 年主题是"Imagine a world where technology enables a better education of all"，2008 年主题是"Imagine a world where technology enables a sustainable environment"。

科技创新活动是为了让所有人接受更好的教育，包括盲人、聋哑人、智力不健全人的教育问题，包括贫穷乡村问题的儿童教育问题都可以适用。用来帮助弱势群体的发明无疑会让人觉得温暖。来自温州肯恩大学的 WeeTAP 团队尝试结合语音识别技术以及重复记忆学习技术，建立一套可定制的训练机制，让患有痴呆和智力障碍的人群能够在不断的锻炼培训中得到治疗；而北京邮电大学的 Cambrain 团队，他们做了一套可穿戴设备，当视觉障碍者穿上之后，能够通过深度视觉传感器、动作捕捉以及语音交互等多种功能的共同利用，对周围的环境有所"感知"，可以说，既充满了大胆的想象力，也有相当的实用度。科技创新的主题直接嵌入人的生存主题。这是我们目前各类科技创新所达不到的层次。

小小的一个设计创新就有可能解决人类棘手的问题。来自哥伦比亚大学建筑设计专业的两位志愿者安娜·斯托克（Anna Stork）和安德烈亚·斯雷什塔（Andrea Sreshta）设计了灾难用灯 LuminAID，即带来希望的灯，用以解救那些在灾难如地震中受折磨的人们，满足他们对光的基本要求，从而能够提高灾难中他们对于生命的渴望和现实的生存能力。现在这款产品已经广泛应用于联合国 70 多个国家的公益项目和灾难救援，包括海地艾萨克飓风、菲律宾海燕台风、尼泊尔地震等。除此之外，她们还为那些无电力系统供应的地区提供大量的太阳能灯具，千万人因此而获益。LuminAID 为很多人带来了光明和希望。两位女性也因此获得了多项公益大奖。

（五）关联空间

关联主义理论认为，学习和知识是建立在各种节点上的，学习是将不同专业节点或信息源连接起来的过程。如何让学生把这些过程、节点等很好地联系起来，并能够把这些东西更好地串起来，互联网教育可以发挥重要作用……学习可能存在于非人的工具设备中。计算机和网络技术的发展使知识可以通过网络存储、传递和检索。知识存在于各种复杂的专业节点或信息源中，主体不必只习惯于记忆知识，可通过网络存储与寻找知识，建立专业节点或信息源的关联成为获取知识的主要途径。目前，"怎样学"与"学什么"正在被"从哪里学"，即了解从哪里可以轻松获得所需知识所代替。如今学习不只是内化的个人活动，而是更多体现出外在的关联。

我们要引导学生在关联学科内外寻找知识节点，引导学生善于在现实或虚拟的问题空间内去感知关联，敢于探索"风马牛不相及"的关联。现代科技的发展需要我们具有虚拟的空间感知观念，虚拟的空间就是现在的大数据空间。在这个空间，各种类型的数据看似垃圾，却又组成了色彩斑斓的世界。大数据中潜藏着根本意识不到的关联，这里有一个经典的例子：超市中啤酒和尿布有关联吗？沃尔玛公司的研究人员进行了历史数据的分析，他们发现一些年轻的爸爸需要经常到超市去购买婴儿尿布，30%～40%的新爸爸会顺便买点啤酒犒劳自己。随后，沃尔玛公司对啤酒和尿布进行了捆绑式的销售，两种商品的销售量双双增加。

现实与虚拟现实是相关联的。人类是依靠感官感知世界，但大脑信息获取量对比整个世界来说，是沧海一粟。人类是通过联想、猜测来补充、解决获取数据量不足的问题的，所以我们认识的客观世界并不一定是客观的，而是一种"反射模拟"的结果。电影《黑客帝国》有一句台词："如果你指的是你能感觉到的、你能闻到的、你能尝到的和看到的，那么'真实'只是你的大脑所编译的电子信号罢了。"所以，我们要做的只是模拟，让人的感官能够接收到信息方所希望达到的"真实的世界"电子信号而已。戴上全息眼镜，人类可以摆脱时间和空间的束缚，普通人就可以踏上火星的地表、感受火星地面布满尘土的砂岩，也可以与去世的亲友再次相聚。不久的将来，我们不用出家门，世界就已经摆在了我们面前。

二、创业教育时空思维的培养

自由空间、生态空间、层次空间、公益空间和关联空间等现实需求促进了创业教育思维方式的进化。我们希望创业教育对碎片知识开放、对非正式学习开放、对专业边界开放、对虚拟世界开放，甚至对考试方式开放。这是因为创新创业能力不完全是由传统意义上的那种考试分数所能衡量的。实现开放，需要我们颠覆传统创业教育思维方式，树立宏思维、批判性思维和去中心化思维。

（一）宏思维

1. 宏思维的理解

李培根（2016）首先提出了"宏思维"的概念。他认为，宏思维是对宏观问题、重大问题、整体联系上的训练和思考。宏思维体现宇宙观、方法观、公民意识、社会责任感、宏伟目标，甚至情商，其本质是适应目标需求。我们认为，宏思维体现的是人类的宇宙观、世界观，是对世界万物的认知及对社会发展普遍性规律的把握。

在创业教育融入专业教育过程，需要在宏观上、学科关联上、重大问题应对上设计专业教育课程。其一是为了着重提升学生的公民意识，树立更强的社会责任感；其二是为了增强教师和学生对学科交叉在解决人类重大问题上的影响与认识；其三是为了扩大师生"上天入地"的创新创业的视角；其四是为了培养具有行业全局观念、视野开阔、协同作战的领军人才。领军人物具有与众不同的崇高价值追求、出类拔萃素养、卓越领导才能，厚积薄发并享有较高行业美誉度。他可以是院士、长江学者，可以是企业、机关机构和社会团体的领导人，如企业董事长、总经理、生产营销和技术研发的高级人才，以及学校校长和其他事业单位负责人等。社会需要各种各样的领军人物，这充分体现出培养宏思维能力的必要。

2. 宏思维的培养

目前的高校通过"两课"中的马克思主义哲学、思想道德修养与法律基础等通识课程，已经考虑到宏思维培养的问题，但我们急需更多结合专业教育的课程。第一种做法是在专业教育中专门设置某些导论或导读类的特别课程，在大学学习的早期，就已对专业有了宏观的认识。这不仅可以提升专业兴趣、体会多学科交叉的感受、引导关注相关学科专业的知识，还可以提高他们学科专业方面的宏思维能力，这都有助于学生未来发展其创新创业能力。第二种做法是到社会进行学习实践。宏思维的培养需要更多的社会接触，需要了解社会现状和社会需求，以促进社会发展。我们可以借鉴"服务学习"的理念，让学生在服务社会过程中，与他人相伴相随、分享想法和成果，感受专业教育如何与社会服务相结合去解决诸如环境、人口、社会保障等问题。另外，可以与学生的专业教育结合起来，让学生感受到专业教育如何去解决社会问题。这样，专业教育既找到了学习的支点——社会需求，同时又可以增强学生学习的紧迫性和主动性，培养学生解决社会问题的宏思维能力。第三种做法是在学生社团活动中学习。社团成员基于个人兴趣组建、参加社团，社团活动包括科技创新活动、创业活动、体育活动、艺术活动、志愿活动等，是一种非正式的学习活动，也是一种更为积极主动的学习方式。在社团活动中，学生们学会独立自主处理学术问题和非学术问题，尝试前所未闻之事，形成分析和解决问题的创新能力，甚至创办新事业的能力，学会如何营造开源创新、和而不同的团队精神。

（二）批判性思维

1. 批判性思维的理解

批判性思维是建立在良好判断的基础上，使用恰当的评估对事物的真实价值进行判断和思考，包括思维过程中洞察、分析和评估的过程。批判性思维指出，不能从事物表面价值进行评定，而是要进行有深度、有广度和有逻辑性的分析和评价。培养批判性思维被认为是教育特别是高等教育的目标之一，其中培养理性批判精神和独立决策能力是关键。

在大学学习生活中，批判性思维能训练学生形成具有独特见解而又遵循客观规律的解决问题方案。当学生接触到了新的命题，批判性思维好比是潜意识和潜能力，它将有助于对命题进行分析、考量、判断、决策和行动，并形成"放之四海而皆准"的思维方式；它将有助于形成无限拓展的学习能力，适应知识经济时代对于学习使命、创新能力的要求；它将有助于提升判别真伪的能力，从层层迷雾中拨云见日，始终站在时代科技的前沿，通过创新创业去改变这个世界。

著名批判性思维领导者理查德·保罗（Richard Paul）曾这样表述，我们面临一个全新的世界，在这个新世界，大脑掌控自己并经常进行自我分析的能力将日益决定我们工作的质量、生活的质量乃至我们的生存本身。没有批判性思维，你就像是蒙着眼睛走路，你可能会到达某个地方，但那一定不是你最想去的地方，或者不是你想要的高度和深度。优秀的创业者不仅仅是希望通过大学考试或从事创业活动而已，而是希望成为终生学习者和思考者。

2. 批判性思维的培养

批判性思维对问题判断的过程是有目的和有规则的，这是一种对所思、所想、所为进行的合理的、反省的思维，主要从培养学生的理性批判精神品格和训练批判性思维技能入手。

创新创业是对问题的回应，是自主思考问题、逻辑论证紧密的过程，批判性思维是必不可少的思维方式。一方面，从问题的提出、认识问题的本质及深入探究、推导出合理的途径方法，再到提出解决问题的方案，直至方案的评估、验证、选择、评价、反馈与修正，这些过程反映的恰是批判性思维具体实施步骤。批判性思维能够培养大胆质疑、小心求证、理性开放、审慎反思的创新精神，激发业已存在的创新创业潜能，塑造理性批判的精神品格，打下知识创业的品格基础。另一方面，学生在创新创业过程需要运用已有的知识和经验，博采众长，具备发现新问题、分析新问题、提出新方案的创新能力。批判性思维技能则能够满足这种需求，包括阐释、分析、评价、推理、解释及自我调控六种能力，这些能力常常综合运用于证据、概念、方法、标准和语境的解释。技能的培养是一个递进的过程，按照思维的清晰度、准确度、精确度、相关度、深度、逻辑性、公正性进行训练。在批判性思维养成中，意识、品格和技能，是递进的批判性思维能力的3个方面，无论是日常生活、科学研究，还是创新创业的活动，批判性思维都是学生考虑问题和做出决策首要的选择。这既是一种思维习惯，也是创新创业的精神气质。批判性思维是探索世界的工具，也是解决教育束缚的批判性力量。

（三）去中心化思维

1. 去中心化思维的理解

去中心化是互联网发展过程中形成的社会化关系形态和内容产生形态，是相对于中心化而言的新型网络内容生产过程。在一个分布有众多节点的系统中，每个节点都具有高度自治的特征。节点之间彼此可以自由连接，形成新的连接单元。任何一个节点都可能成为阶段性的中心，但不具备强制性的中心控制功能。节点与节点之间的影响，会通过网络而形成非线性因果关系。我们称这种开放式、扁平化、平等性的系统现象或结构为去中心化。

去中心化有多种的表现形式。一是在表达方式上的个性化。在网络世界上，不再是意见领袖、门户网络的态度占统治地位，各式各样的特色网络各显己长，在世界的各个角落张扬着个性。二是人的中心化。例如，QQ、微信、推特（Twitter）、脸书等社交媒体的广泛应用，使生产和发布内容更为便利，降低了生产内容的门槛，全体网民均可成为小而全的信息提供商，互联网结构更加扁平、内容生产更加多元化，内容不再是网络的核心要素，人成为决定网站生命力的关键力量，在网络中受追捧的人因某些特质而在网络的作用下，有意或无意地受到了人们的追捧，使网络广泛地被网民关注。全体网民共同参与、共同创造，人人权重平等地发表个人意见，人人皆是意见"领袖"，即用户为王。三是对政府而言，政府除了在某些特定领域保留控制手段以外，去中心化思维体现在从"办大学"到"管大学"的转变。政府与高校逐渐形成市场主体交易关系，购买科技创新和高等教育机会，体现出市场细分和以用户需求为导向的教育体制改革思路。

2. 去中心化思维的培养

1）去中心化思维的培养要求实现由以教师为中心向以学生为中心的教育理念的转变。这是一种教育理念，是人们在理性思考和亲身体验基础之上形成的、关于教育事物本身及其价值和价值实现途径的根本性判断与看法。美国大学教育一直十分强调以学生为中心，实现了学校管理与教育为中心到以学校提供服务、引导学生成才为中心的转变；强调学校不仅是学生学习的地方，还是学生成长的地方。美国大学教育以学生为教育的中心，学校是学习的场所更是成长的园地，学校的管理、教育与服务都需要围绕这个中心展开。为此，他们集合学校的所有资源，提供一切服务，尽力促进大学生创新创业能力的培养。

2）去中心化思维的培养要实现以问题为中心的学习。这是围绕现实中的一些问题，通过观察或实验最终获得答案的一种学习方法。这种学习方法包括提出问题或假设、有针对性地观察与实验、研究分析接受或推翻假设，最终获得问题答案。在学习过程中，提出问题或假设是学生学习的最初动机和起点，可以激发学生的探索精神、创新思维；有针对性地观察与实验，成立合作小组有助于增强学生的团队合作意识，独立探究问题的解决方法、途径则有助于刺激思维的开放性，进而培养学生的创新精神和创业能力；研究分析接受或推翻假设，是一个论证的过程，是培养学生利用问卷调查法、统计法、文献分析法、实证研究法、比较研究法等研究方法的有效途径。

3）去中心化思维的培养要求运用信息技术等现代手段辅助学生实现自主学习。现代信息技术将语言、文字、声音、图像、视频、动画等多种媒体融合在一起，更符合年轻人的学习特点，激发学生主动参与的兴趣。现代信息技术能够提供无限的学习资源，输出图文音像并茂的、多姿多彩的交互式人机界面，提供符合人类思维联想特性和记忆特点的大规模知识宝库，提供为学习者实现探索式、发现式学习和比较式学习所需的网络基础性条件。现代信息技术为学生自主学习提供了平等交流协作的学习环境、丰富的交流工具、迅捷的反馈评价系统，学生可以克服面对面交流障碍，畅所欲言，多角度理解所学的知识并学会灵活运用，提高学习的质量和效率，通过反馈系统获得即时客观评价。这有助于博采众长，展示出学生的个性和创新精神，从而提高个体的创新精神和创造能力。

时空视阈中的创新创业教育改革，对于政府、大学而言，要致力于教育生态空间的构建，培养学术自由空间与师生的批判性思维；对于大学及其教师而言，需要对教材再设计、边界再设计，努力搭建问题空间、学科空间、社会空间，关联引导课堂、实践环节拓宽学生的时空视野，在技术与人文之间寻求新的平衡，做到人的发展、时空变化和技术发展的同步；作为学习者本人，需要拓宽学习空间，包括网络空间、交际范围或创新创业空间。创新或许就发生在你想象到的技术空间、问题空间中，或许就存在于所涉猎的学科空间中。人类要创造自身进一步发展的时间与空间，需要我们的教育形式特别是创业教育具有更大的时空视阈。

第五节　创新创业教育生态体系概述

2015 年 5 月，国务院办公厅颁布《关于深化高等学校创新创业教育改革的实施意见》，站在国家实施创新驱动发展战略，促进经济提质增效升级、推进高等教育综合改革、促进高校毕业生更高质量创业就业的高度，确立了到 2020 年建立健全高校创新创业教育体系，普及创新创业教育的总体目标，明确了"面向全体、分类施教、结合专业、强化实践"的基本原则。这既是当前中国高校开展创新创业教育的政府取向，也是创新创业教育理论研究和实践探索的主攻方向。

一、创新创业教育的价值使命

1. 历史使命延续

有学者认为，全面推进创新创业教育最后的结果，会导致人才培养的趋同性。他们提出遵照因材施教的原则开展创业教育，让受教育者具有差异性，反对"全面推进"；提出要保持高校与社会需求具备一定的张力，避免进入急功近利的旋涡。其实，全面推进创新创业教育是在专业教育基础上的创新创业教育，它不反对因材施教，而是为了更好地体现因材施教的效果，这是因为因材施教的专业基础是创新创业能力得以支撑的核心力量，它恰恰强调因人而异、因材施教。

教育或多或少是带有功利色彩的。从功利的角度来看，全力推进创新创业教育的考虑主要基于以下两个方面。其一，我们在考查就业质量时，需更多关注毕业生素质的全面提升与长远考量，而非简单的毕业时的数据。经受过创新创业教育的毕业生其创新创业精神和意识与众不同，他们中更多的人是在就业岗位上进行岗位创新创业。少部分人在工作若干年以后如果遇到合适的机会，创新创业的火种就会熊熊地燃烧起来，由就业走向创业。其二，创新创业教育不是一般的教育，它培养出来的人才不但要适应社会，更要改造社会。创新创业教育所要培养的人才更具有个性、创造性和想象力、创新精神和开拓能力，是社会政治生活的积极创业者和社会文化的积极创新者。

当前我国高校创新创业教育面临三大困境：一是就业压力日益严峻与创业意识薄弱的困境；二是创业机会大量涌现与创业能力低下的困境；三是创业支持政策频出与创业率、创业成功率偏低的困境。多数大学生并没有将创业作为自己职业生涯的首选，他们只停留在有创业冲动的阶段，较少有创业行动，加上创业能力的不足，导致创业率低下。如果换个角度来思考创业率低下的问题，这恰恰折射出巨大的创业发展空间与对创新创业教育的迫切需要。当前，创客空间的兴起和移动互联网的快速发展，使工业、技术与创新创业教育能够迅速交互碰撞，产生创新创业火花，培养未来更多的"马云""马化腾"式的创业翘楚和一大批创客，这成为高校创新创业教育肩负的历史使命。

2. 现实价值需求

目前在欧美发达国家，创业教育已经不再被视为只针对少数人开设的精英教育，也不是那种单为商学院学生准备的商业教育，而是面向所有在校学生的教育。美国考夫曼基金会主席施拉姆（2007）指出："假如 10 个美国人中仅仅有一个人准备创办自己的企业，那么我们难道不去帮助其他 9 个人为其未来的成功做好准备吗？"国家需要把创业教育纳入教育发展整体规划和国民教育体系当中，使创业教育为所有的受教育者共享。而高校需要把创业教育作为一种全新的教育理念和模式，全面革新传统人才培养模式，推动人才培养质量的全面提升。

全面推进创新创业教育，是推进广义层面的创业教育。它不仅要培养具有整合社会资源潜能、有组织管理潜能、有市场开拓和技术创新、观念创新潜能的创新创业型人才，而且，通过培养全体学生的创新创业意识、传递创新创业知识和提升创新创业能力，实现全体学生的岗位创业，推动社会经济的全面发展。

当前，全面推进创新创业教育有着深刻的现实价值。从国家角度来看，全面推进创新创业教育是国家建设创新驱动发展战略、促进经济提质增效的要求。这与经济发展新常态的基本内涵是深度吻合的，创新是实现中国经济增效升级"双引擎"的核心动力。通过创新创业教育培养创新型国家建设所需的创新创业型人才已经成为全社会的共识。从教育层面来看，作为新的教育理念与教育模式，它与教育理念中传承的自由、民主、公正相呼应。它又是新时期促进高等教育综合改革与实践的重要手段，它能够带来课程、师资、教学方式、人才培养、大学管理、社会评价和拨款机制等全新的改革。从政府、社会和高校"三螺旋"关系来看，创新创业教育业已成为三者联动的纽带与桥梁。三者的联动，要求大学培养更多的具有开创性的人才，这些人才是未来的企业家，但更多的是"开创基业""创办事业""创立家业"的人。

3. 精神追求规定

创新创业教育的目标是培养具有开创性的个人，即"创业型"人才。这里的"创业型"已经不只是一个简单的形容词，而是内化为一种精神和气质，成为对各类人才内在质的规定性。因循守旧、墨守成规的政治人物只不过是一个普通政客。而"创业型"政治家则完全不同，为了实现目标，他们机智灵活地创新方法，适时适地、因地制宜地采用相应的手段与策略；具有勤于思考、反驳权威、突破创新的精神；善于利用各种手法、各种时机，不惧常规旧俗，大胆地行使和巩固其领导权力；善于观察与分析社会形势，正确预测形势的变化，以便采取灵活的对策取得最好的成效。总而言之，"创业型"政治家时时刻刻都在变化，意志坚定、一往无前地选择采取新的方法来解决新的问题。社会确实需要多样化的职业和群体，不同的"创业型"群体的个人是否都有创业精神和气质，是决定事业成败的内在因素。这是全面推进创业教育精神层面的逻辑和依据。创业教育不只是培养企业家，还是传递代际的"创业遗传代码"。创新创业与以往的教育理念不同，它是一种生活方式和一项人生哲学，是内化成人的精神层面的自我需要，彻底超越了对创新创业传统的功利追求。

4. 素质教育发展

实施素质教育作为改革开放以来中国教育改革发展的总方向、总目标和总要求，全面推进创新创业教育必须围绕素质教育这一主旋律，创新创业教育是这一主旋律在"大众创业、万众创新"时代素质教育的新发展。

1）从本质上比较，二者都是培育全体受教育者素质的教育形式，但各有侧重。素质教育重在培养综合素质，创新创业教育重在培养创新创业素质。蔡克勇（2002）认为，实施素质教育，就是全面贯彻党的教育方针，以提高国民素质为根本宗旨，以培养学生的创新精神和实践能力为重点。培养学生的创新精神和实践能力，成为实施素质教育的重点。从这个角度出发，丁立群和吴金秋（2004）明确指出，创新创业教育是对素质教育的具体化、新指认，是一种高层次的素质教育。创新创业教育是当下的素质教育。有学者认为，创业教育与素质教育有诸多相通之处，作为一种教育理念和模式，创业教育系属素质教育的范畴，二者的共同本质是恢复教育的本来意义和价值，即使学生养成健康人格，促进学生全面发展。

2）从特征来比较，它们都是在教育高速增长到高质量发展大背景下提出的教育理念和模式。素质教育具有主体性、全体性、全面性和长效性4个鲜明的时代特征。与此对应，全面推进创新创业教育突出强调"面向全体、结合专业、强化实践、融入过程"的核心指导理念，重在实现"全覆盖、分层次、差异化"的基本目标。这与素质教育的主体性、全体性、全面性和长效性特征深度契合。两者互为联动，共同使受教育者能够更好地适应复杂多变的社会环境和应付未来世界的挑战。

3）从目标来比较，关注学生发展是二者共同的灵魂、核心和目标。素质教育将促进学生全面发展，培养德智体全面发展的合格公民作为最高目标，创新创业教育的目标是培养具有开创性的人，对于变化持积极的、灵活的和适应的态度，视变化为正常、为机会，而不视其为问题。从德智体美全面发展的合格公民到具有开创性的优秀个人，正是由于创新创业教育适应时代要求，突出强调开创性的培养目标，充分彰显开创性的时代价值。创新创业教育围绕如何培养开创性这一核心素质，对素质教育起到了促进的作用，使受教育者的生理素质、心理素质、文化素质的构成要素得到提升和延展。

二、创新创业教育的理论溯源

（一）创新创业教育哲学

教育哲学，最为根本的问题就是本质论、目的论和价值论，作为从属的创新创业教育，基本的教育哲学问题也是如此。将"培养人"这一教育的本质作为创新创业教育的本质，将"培养社会主义合格建设者和接班人"这一教育的目的作为创新创业教育的目的，将"人的自由而全面的发展"这一教育的价值作为创新创业教育的价值，在根本方向上是正确的，但反映不出创新创业教育的特质。

我们提出创新创业教育具有自觉性本质、超越性目的和转化性价值。创新创业教育的自觉性本质，其中自觉性就是通过创新与创业教育，使个人把创新创业作为一种生活方式和人生态度，而不是功利性的谋生手段，它实际融入个人的生涯中，在求学、求职和求偶中，自觉自愿地发挥人的创造性的潜力和本能。创新创业教育的超越性目的，其中超越性包括对传统的超越和对自我的超越两个方面，超越性的创新创业教育就是要培养具有开创性的个人，推动社会与历史的进步和对现有个人价值的超越。创新创业教育的价值在于价值的增长，从接受知识到形成创业智慧，从新发明、新发现新创造的初始到知识资本化终了，从具有创业意向到采取创业行动，都需要付出艰辛的努力。这包括转识成智（把知识转化为智慧）、转知成资（把知识转化为资本）和转意成行（把创业意向转化为创业行为）3个方面。无论最后创新创业活动结果如何，它给个人及社会都带来无限的遐想、无限的可能。

创新创业教育哲学从微观上而言，是确保高校创新创业教育科学设计、顺利实施的根基。只有在对本质论、目的论和价值论方面实现高度认同，进而才有可能在这"三论"的统合下，消除各学科之间壁垒，实现整体和谐发展。从宏观上，只有确立教育哲学，才能把创新创业教育置于国家发展战略、现代化建设发展体系中，才能提升到促进高等教育办学理念和教育体制改革的高度，才能立足于学生能力素质的培养和提高，开展探讨研究与创新创业教育密切相关基本规律，形成系统的创新创业教育学科体系。

（二）创新创业教育目标

教育是传承文化、创造知识、培养人才的活动，是人类得以繁衍、发展的基础。人类要生存，就要向自然界索取物质资料，满足衣食住行的需要；人类要延续，就要生儿育女；人类要发展，就要传播先辈的生存经验、社会经验，帮助新的一代的发展，这就是教育。《国家中长期教育改革和发展规划纲要（2010—2020 年）》（以下简称《教育规划纲要》）对素质教育的本质和内涵做了以下解释："坚持以人为本、全面实施素质教育是教育改革发展的战略主题，是贯彻党的教育方针的时代要求，其核心是解决好培养什么人、怎样培养人的重大问题，重点是面向全体学生、促进学生全面发展，着力提高学生服务国家服务人民的社会责任感、勇于探索的创新精神和善于解决问题的实践能力。"[①]对于素质教育的内涵，《教育规划纲要》提出 3 个要点：一是坚持德育为先，把立德树人作为教育的根本任务；二是坚持能力为重，着力提高学生的学习能力、实践能力和创新能力；三是坚持全面发展，坚持文化知识学习与思想品德修养的统一、理论学习与社会实践的统一、全面发展与个性发展的统一。

对于创新创业教育而言，从素质教育这一起点出发，我国的创新创业教育要努力做到素质型与职业型的创新创业教育的有机融合。从我国教育国情来看，由于受"学而优则仕"的思想影响，小中大学缺乏一体化创新创业教育体系，使学生在进入大学后缺少这方面的启蒙教育与教育准备，促使大学需要先补上原本应该在中小学完成的启蒙课程。创新创业教育是以培养具有开创性个人为主要目标：一方面，培养学生在现在或将来的工作岗位上创造性地工作或服务，创造性地思考与解决问题的素质与能力；另一方面，深入开展职业教育，培养学生创办企业实体与提供新的就业岗位的能力，包括形成新产品、新工艺、新服务、新市场的素质与能力。这两个方面的目标，既有素质型创业教育的广度，也体现出职业型创业教育的深度。两者在不同类型高校创新创业教育中有机融合，使创新创业教育成为融入高校四项基本功能的当代教育形式。

创新创业教育的对象国家认定为全体学生。从理论角度来看，这是广泛意义上的创新创业对象。相对于少数适合创业及未来从事创业的学生，大部分学生只是去就业，从而试图谋求一个适合自己的岗位而已，对于这大部分人而言是否也有必要进行创新创业教育？分析提出这一问题的思维方法，反映的是学术界对创新创业教育的理解存在非此即彼的两极思想。创新创业教育包括对教育对象的创新创业意识、知识和能力的培养。

---

① 国家中长期教育改革和发展规划工作小组办公室，2015. 国家中长期教育改革和发展规划纲要（2010—2020 年）[EB/OL].（2015-07-29）[2015-10-17]. http://www.gov.cn/jrzg/2010-07/29/content_1667143.htm.

面向全体学生开展的创新创业教育，把创新创业素养看成每个学生所应具有的日常生活与工作的普遍性素质，是取得职业生涯成功的基础性教育。立足全体学生的职业生涯发展，通过创业教育使其在各自的岗位上保持活力，继续发展，完成大部分人所面临的岗位创业任务。这种创新创业教育更多时候是以通识教育的方式来实现的，主要是营造一种积极的创业氛围，使全体学生接受创新创业教育的熏陶。对于有创业意向和创业能力的学生进一步因材施教，在不同时段有针对性地开展分层分类的创新创业教育。

（三）创新创业教育的定位

现在，高等教育的基本使命是在国家创新驱动发展战略背景下，回应这种国家和社会的需要。作为高等教育的组成部分，高校创新创业教育也面临同样的挑战。杨晓慧（2015）提出，应对挑战首先要明确高校创业教育应回归到高等教育的基本使命，定位于创新型人才培养。当前高校创新创业教育的新特征是创业教育与创新教育相结合，与实业教育相结合，与生涯教育相结合。高校创业教育要着重建立创新型人才素质结构国家框架、构建中国特色"原理、方法、史论和比较"四位一体的创新创业教育理论体系、构建高校创新创业教育运行体系。吴志功（2015）提出，创新创业要成为大学的文化和自觉。王占仁（2015）提出"广谱式"创新创业教育模式，其核心理念是"面向全体学生""结合专业教育""融入人才培养全过程"，基本目标是"全覆盖""分层次""差异化"，努力实现面向全体与分层施教紧密结合、在校教育与继续教育密切衔接、素质教育与职业教育统筹兼顾，整体包括通识型、嵌入型、专业型和职业型4个层面的体系架构。李远煦（2015）认为，社会创业应该成为大学生创业教育的新范式。要教育学生关注并立足于社会民生、识别有效的创业机会；引导学生增强创新意识和能力，获得丰富的创业资源。创客与教育的发展结合，成为创新创业教育研究的一个重要取向。陈小筑（2015）提出，"众创时代"的大学生创业教育必须立足学生的全面发展、必须融入人才培养全过程、大学必须成为"众创时代"的中间力量。在创新创业教育教学方法方面，梅伟惠（2015）提出创业体验学习的开展应注重构建创业型情境和实践共同体，强调学生自主学习应与学生的学习风格相吻合。

三、创新创业教育的生态体系内容

"众创时代"需要培育各类青年创新人才和创新团队，激发创造活力带动扩大就业，迫切需要高校教育进行改革，深化高校创业教育的转型发展。其主要内容包括创业的主体需实现从"小众"到"大众"，从精英到普遍的转变；创业教育课程体系需要实现职业教育、专业教育、文化素质教育的融合；创业教育机制需要实现从独立运行到开发协同。其转型目标包括由提高就业率向提升就业层次和就业质量转型；由创业教育与专业教育"两张皮"向有机融合转型；由以培养自主创业者为主向以培养岗位创业者为主转型。高校深化创新创业教育改革，需要探索适合我国国情的教育模式。高校创业教育的战略选择为发展高校"众创空间"，构建递进、立体式结构创业教育新体系；培育高校"创业文化"，形成地域与校园文化互融互动的创业教育特色提供了条件。

　　高校创新创业教育不是高校内部封闭的孤立活动，而应着力构建符合学校自身办学特色、内外联动的创新创业生态体系。朱健（2015）提出构建创业生态体系需从3个视角出发，文化的视角即培育独具特色的创业文化，系统的视角即以平台战略实现创业教育的综合集成，评估的视角即构建分类分层的成效评价体系。高校的创业教育置身于社会创业教育体系中，社会创业教育体系又嵌套于社会创业生态系统中，受到社会生态系统的制约。严毛新（2015）提出，高校在社会创业生态系统中的生态位"弱势"，亟待生态位回归，即在教育内容上，将"自由拓展"与"嵌入集群"有机对接；在教育形式上，将"重点依托"与"多元建构"并行发展；在教育环境上，"校内小生境"与"校外大系统"互动互联。徐小洲等（2015）深入研究大学生创业困境与制度创新，提出应进一步引入市场机制，拓展大学生融资渠道，完善校企创业合作机制，改善大学生创业生态。

　　创新创业教育需要实现职业教育与素质教育的有效融合，形成创新创业教育生态体系。它不认为创新创业教育就是教学生创业，或直接认定为创办企业，否认将创新创业教育"狭化"为职业教育。它同样也不认为创新创业教育就只是培养学生创业意识，而把创新创业教育"泛化"为素质教育。在新时代，它充分利用素质教育的理念和专业教育的方法，为学生提供知识与技能、过程和方法、情感与价值观3个度的教育。创新创业教育表面上是指导大学生设计、创办、经营和管理商业企业或公司，解决大学生就业问题的权宜之计。实际上，它是促进高等教育内涵发展、深化教育教学改革、不断提高人才培养质量的重要途径；它是大学生个人充分实现人生价值、提升人生境界的重要途径；它是当前服务创新驱动战略，服务职业更新、产业升级，服务整个经济增长方式转变的重要方式；它是关系民族创新能力提升和创新型国家建设的重大战略问题，甚至关系中华民族的伟大复兴。创新创业教育需要进行顶层设计系统考虑，形成生态体系以达到最佳效果。

（一）创新创业意识教育体系

　　面向全体学生开展创新创业教育，其主要目标是培养创新创业精神、植入创新创业意识，培养学生自主学习和持久发展的能力。因为在人们缺乏创业精神准备，还不想自己创办企业的情况下，着重向他们讲解如何创办企业是没有意义的。通过教育，在学生的头脑之中植入强烈的创新创业意愿，播下创新创业的种子，以期适时发芽、开花、结果。

　　创新创业意识教育主要通过课堂教学和体验实践来实现。课堂教学内容要突出强调现实生活需求，尽量贴近创新创业真实世界的学习环境，教学内容既要有对人类创新创业的历史回顾，又要高度关注现实，将解决实际问题作为教学的中心内容。在教学方法上，突出强调问题导向的教学方式，采取案例式教学方法，突出学生的主体地位，通过"翻转式"角色变换，教师引导学生自行思考，运用创造性实验来解决实际问题。学生可以参加"挑战杯"中国大学生创业计划竞赛，可以通过孵化器和科技园进行创新创业实训，可以通过参加学生社团或创业俱乐部进行朋辈互助，可以参加创业工作室、创业教育试验班、创业论坛、企业创业实习等多种活动，以起到此类效果。

（二）创新创业专业教育体系

面向各学科专业学生开展，主要定位为融入专业的创新创业教育，根据不同学科专业特点，引导学生根据专业特点进行创新创业。相较于普通人员的"生存型"创新创业，这是较高层次的"机会型"创新创业，两者有很大的不同。

1. 基于专业教育

专业教育是创新创业教育的基础，离开专业教育的创新创业教育只能是无源之水、无本之木。《中华人民共和国高等教育法》第十六条规定："高等学历教育分为专科教育、本科教育和研究生教育。高等学历教育应当符合下列学业标准：①专科教育应当使学生掌握本专业必备的基础理论、专门知识，具有从事本专业实际工作的基本技能和初步能力；②本科教育应当使学生比较系统地掌握本学科、专业必需的基础理论、基本知识，掌握本专业必要的基本技能、方法和相关知识，具有从事本专业实际工作和研究工作的初步能力；③硕士研究生教育应当使学生掌握本学科坚实的基础理论、系统的专业知识，掌握相应的技能、方法和相关知识，具有从事本专业实际工作和科学研究工作的能力。博士研究生教育应当使学生掌握本学科坚实宽广的基础理论、系统深入的专业知识、相应的技能和方法，具有独立从事本学科创造性科学研究工作和实际工作的能力。"由此，专业教育是高等教育承担的基本职责。

在实际运行中，高校创新创业教育课程与各学科的专业教育的脱节，使创新创业教育缺乏可持续发展的动力。大学生创新创业不仅需要运用知识、技术，还需要有扎实的专业基础以实现机会型创业，只有这样才能成功创业、服务社会。例如，第九届"中国大学生年度人物"江利斌就是在刻苦学习了蘑菇种植技术和核桃嫁接技术的基础上，才实现了"核桃＋食用菌"的创业致富。又如，"全国就业创业优秀个人"、第七届"全国农村青年致富带头人"杨珍利用在浙江农林大学所学的专业知识走甲鱼生态养殖道路，并建起了农产品专业合作社，带领群众发家致富。事实证明，只有接受了扎实的专业教育，才能为未来成功创新创业奠定坚实的基础。没有科学严谨的专业训练，没有专业知识的积淀，以专业知识学习半途而废为代价的创业，是走不远登不高的。所以，高校要牢固树立以专业教育为基础的创新创业教育理念，解决"两张皮"的问题，将创新创业教育有机融入专业教育过程中。

2. 改革专业教育

高等教育的主要任务是培养具有创新精神和实践能力的高级专业人才。作为高级专业人才的大学生不仅是毕业时的求职者，还应在创新精神的引领下成为未来工作岗位的创造者。实施创新创业教育，必然要求将创新精神与创业能力置于高校教育教学的中心地位，第一、二、三课堂始终围绕培养学生创新精神、创业能力而展开，把学生培养成视野开阔、学习主动、反应敏锐、勇于创业的高级专业人才。

当前，专业教育的教育思想、培养模式、课程体系、教学内容、教学方法、考核形式等滞后于时代的发展,滞后于创新创业的需要。因此,高校开展创新创业教育,应该秉承培养高级专业人才的教育理念,积极探索创新创业教育的模式、途径、方法,并实现专业教育与创新创业教育两者的有机融合。大学生创业应该是有创新的创业,应该是站在所学专业领域的高端、前沿,走学术创业或专业创业的创新创业道路,以区别于社会上一般的创业模式,彰显出大学生创业的特色与活力。

3. 协同育人机制

(1)培养新机制

以教育需求为导向积极调整学科专业结构,促进人才培养由学科专业单一型向多学科融合型转变;以创新创业为导向建立跨院系、跨学科、跨专业交叉培养创新创业人才新机制,实现人才培养与经济社会发展、创新创业需求紧密对接;以创新精神、创业意识和创新创业能力作为评价人才培养质量的重要指标,修订专业人才培养方案、评价标准,细化创新创业素质指标体系;以各类系列"卓越计划"、科教结合协同育人行动计划等为契机,探索建立校校、校地、校企、校所及国际合作的协同育人新机制。

(2)课程新体系

一是挖掘各类专业课程的创新创业教育资源,实现专业课程与创新创业教育的交叉、渗透、融合,在传授专业知识过程中加强创新创业教育;二是系统设计开设提高学生创业意识、精神、能力等创新创业的必修课和选修课,并纳入学分认证和管理;三是开设学科前沿、需求强烈的创新创业专题讲座、报告等,调动专业创新创业热情;四是吸纳资源共享的有关创新创业教育的慕课、视频公开课等在线开放课程,丰富创新创业教育的课程资源。

(3)实践新平台

为了让大学生在专业创新创业中更好地树立创业意识、历练创业能力、积累创业经验,高校应积极搭建有利于专业教育与创新创业教育有机融合的创新创业实践新平台,形成学校有创业园、学院有创业工作室、学生组织有创业社团3级机构体系,并积极联系政府创业孵化基地、小微企业创业基地等,以创新创业项目引领学生进行实战训练,最终将专业教育与创新创业教育的有机融合落在实践中。

(4)运行新机制

探索专业型创新创业教育运行机制,支撑具有明确创新创业愿望的学生。通过专业性的创新创业教育,使学生能够在大学期间系统地接受创办和管理中小企业的知识和技能,提高驾驭能力和风险规避能力,提升创业成功率。在这一方面,国内诸多高校已有成功的探索和实践,如浙江农林大学集贤学院开办的"创新创业教育试验班"已成为该校落实创业教育的主要载体。"创新创业教育试验班"在选拔学员方面措施更为具体和周详,选拔的维度是创新和创业的意愿、协调性、意志品格,主要考查学生的思辨力、反应力(如进攻性、坚韧性、决断性)、团队合作精神(如独立性、控制欲、责任心)等。"创新创业教育试验班"开设的必修课程,主要为创业演习和课程讲授相结合、围绕创办新企业或新事业的过程展开的课程体系。教学方式上,课程内容采用模块化结构,主要由基本理论、案例分析和模拟练习等模块组成；课程教学中设置互动和实际操作环节；创业教育与地区经济发展相联系，通过鲜活的案例，提高学生对市场的敏感度，力戒眼高手低的通病；改变考核方式，剔除死记硬背的考试，侧重平时参与的表现，奖励有创意的言行，以创新创业实践代替理论考试；搭建创业实践平台，实行"小班教育＋双导师制"，争取学校各方力量协助，进行校园创业，使学生近距离接触创业。创新创业学院是平台也是纽带，是学院也是职能部门，可以提高组织化程度，成为教育教学改革示范区。

（5）创业援助

面向初创企业者开展创业援助，它的主要目的是提供专业化的教育、咨询、培训、服务和创新创业援助，帮助创业者渡过艰辛的企业初创期。创新创业教育与实践，一般是面向在校大学生群体开展，但对毕业生进行创新创业援助同样能够提高创新创业的成功率。毕业即创业的学生群体，他们会面临人生中最艰难的一段时期，政府与高校需要更关注这一群体，在他们最需要帮助的时候，提供适当的帮助和一定的政策倾斜。在这个阶段，学校通过对毕业生的跟踪和反馈，提供校内资源帮助其走上创业轨道。政府各级部门为创业初期的毕业生提供教育咨询服务，提供税务、法律、资金等方面的政策扶持，提供成果转化、对接创新创业配套的服务体系。

（三）创新创业教育的继续教育体系

在经济新常态下，创新创业的继续教育是我国实施创新驱动型战略所需创新创业型人才培养的有力保障，是高校创新创业教育的拓展和延伸，是广大毕业生创业发展的客观需要，是大学生享受终身教育的一生需求。

从实施创新创业继续教育的主体来看，创新创业的继续教育体系主要由普通高校和社会其他继续教育机构共同构成。

1. 普通高校

（1）建立高校毕业生创新创业数据库

高校毕业生创新创业数据库主要包含创业者的基本信息、创业地点、所属行业、投资额、盈利状况等基本数据，以及创业企业年报信息等新型动态数据库。该数据库不同于以往的高校就业信息库，在数据统计时侧重毕业后选择创业的特定毕业生群体，通过对创业信息的持续跟踪录入，为创业者提供纵向和横向校内毕业生创业状况的比较数据。充分利用大数据思维和技术分析数据库，分析学校多年来各专业毕业生创新创业企业及岗位创业的行业、规模、管理机制、投融资模式、盈利点等相关数据，既为其他创业者在创业项目设计、创业资金筹措、经营模式、管理服务等决策上构建数据生态，也为岗位创业提供真实案例，为创业者的创业决策提供帮助。

（2）实施创新创业继续教育的顾问制度

2015年国务院办公厅发布的《关于深化高等学校创新创业教育改革的实施意见》要求："各地区、各高校要建立健全学生创业指导服务专门机构，做到'机构、人员、场地、经费'四到位,对自主创业学生实行持续帮扶、全程指导、一站式服务。"① 因此,大部分高校建立了创新创业导师制度。大学生创新创业导师制度在帮助大学生树立创业理念、提供创业服务、指导创业实践等方面起到积极作用。毕业生离校后,学校可从加强校友联络和提高人才适应度等角度来调整这一制度,将创新创业教育导师制度改为创新创业教育顾问制度。创新创业教育所聘的顾问,在指导内容上,更侧重解决创业实践过程中的关键问题,如创业规划编制、企业管理指导、销售能力训练、财税政策宣讲等,其主要目标是提供职业化的教育、咨询、培训和服务等创业援助来帮助创业者。当前,信息化的快速发展为双方交流合作提供了多种可选择的方式,可以说,顾问的形式"看得见、听得到、靠得住",有的放矢,更接近社会的创业实际。

（3）组建创新创业俱乐部

俱乐部就是人们基于某种相同的兴趣,聚集在一起进行娱乐活动的组织团体或者场所。一般来说,俱乐部具有以下 4 个功能:一是社交功能。俱乐部成员通过经验交流、联谊娱乐、学习研讨等活动,满足自身情感交流与交往的需求;二是沟通功能。俱乐部通过网站、电话、微信、微博等沟通工具及充足的沟通场所,使成员获得事业发展和生活便利的外来支持;三是心理功能。满足成员安全、社交、尊重、自我实现等多重心理需求;四是凝聚功能。俱乐部通过有形或无形的社交平台,共享资源、凝聚人心以吸引更多的成员加入,形成核心凝聚力。因此,高校可以建设毕业生创新创业俱乐部,为毕业生创新创业提供良好的平台和载体。创新创业俱乐部定期开展主题活动,针对创新创业过程中的共同话题进行探讨和交流,碰撞思想和寻求资源。相同的校园文化的熏陶,使创新创业俱乐部成员具有无障碍的沟通优势,所有创新创业者均能在平等、开放、自由的氛围下,交流并共享信息资源、人脉资源、智力资源等,实现创新创业的自我教育和自发教育。

2. 社会其他继续教育机构

继续教育作为学校教育之后面向所有社会成员的教育活动,是终身教育体系的重要组成部分,是经济新常态下继续提高国民素质、提升创新创业实践能力、提升文化品位的重要途径之一。在"双创"背景下,继续教育机构应该参照《关于深化高等学校创新创业教育改革的实施意见》中提出的高校创新创业教育改革的 9 项任务措施,结合继续教育本身的特点,从以下 3 个方面开展创新创业继续教育。

（1）开设创新创业继续教育专题培训

围绕创新驱动战略对创新创业人才的能力素质要求,发挥继续教育的优势和特色,增设创新创业教育专题培训。这可使高校毕业生在创业的同时,仍然有机会接受系统的专业技术知识更新和创新创业教育,解决创新创业困扰,为后续的创新创业活动提供不竭的动力。此类专题培训可参照一般专业的人才培养方案,制订创新创业教育专题培训计划,形成有主题、有目标、有内容、有互动、有效果的"五有"教育专题,为高校毕

---

① 国务院办公厅, 2015. 关于深化高等学校创新创业教育改革的实施意见[EB/OL]. (2015-05-04)[2015-11-17]. http://www. gov.cn/ zhengce/content/2015-05/13/content-9740.htm.

业生继续学习创新创业知识创造渠道和平台。

（2）开展创新创业继续教育教学改革

目前，在创新驱动战略背景下，继续教育机构要解决观念落后、模式僵化、内容陈旧等痼疾，必然要以创新为发展动力，在办学理念、培养模式、课程设置、教学形式、教学手段等方面进行创新，以期提高继续教育效果和对学员的吸引力。特别是在创新创业教育教学方法上，鼓励教师开展启发式、讨论式、探究式教学改革，鼓励教师把国际前沿学术发展、最新研究成果和实践经验融入课堂教学，注重培养受教育者的批判性和创造性思维，激发创新创业灵感；积极运用相关行业报告等大数据，熟悉不同受教育者的学习需求和规律，为受教育者自主学习提供更加丰富多样的在线教育资源；改革考试考核内容和方式，注重考查受教育者综合运用专业技术知识分析、解决问题的能力；创设丰富的线上创新创业教学资源，实现线上线下的混合式学习。

（3）开办创新创业教育论坛

论坛一般分实体论坛和网络论坛，此处专指实体论坛。它是指一种较高规格、有长期主办单位、多次（届）召开的研讨会议。论坛一般具有明确的主题、内容、时间、地点及参与人员的要求，在信息传播方面具有传播内容集中、观点新颖、时效性强、受众喜闻乐见等特点。常见的论坛有大型峰会论坛、热点问题论坛、专业学术论坛等。近年来，关于创新创业的实体论坛比较多，既有共青团中央举办的全国性"创青春、创未来"中国青年创新创业论坛，也有地方政府、行业协会组织的省（市）级创新创业论坛，还有各高校组织的校级创新创业论坛。

创新创业论坛对于在创业者中传播创新创业知识，营造创新创业氛围，激发创新创业热情，解决创新创业困扰，均有良好的创新创业教育效果。因此，继续教育机构可借鉴论坛的模式，在一定范围内定期举办主题鲜明、针对性强的创新创业论坛。利用创业者大多是职业人士的特点，充分挖掘在创新创业活动中或有独到见解或有实战经验或精通政策的专家资源，邀请其为论坛嘉宾发表主题演讲，分享创新创业最新观点，以及行业前景分析、创业经验体会，助力创新创业人员继续创新创业。

第五章　创客空间与创客教育生态化

在"互联网＋"时代数字化技术与制造技术有机融合的现实背景下，第三次工业革命所带来的创客运动风靡世界。创客运动以"创意、共享、实践"为核心理念走进教育领域，既给教育领域带来了新技术支持，也为教育变革带来了时代的新契机，为教育功能的发挥注入了新的动力。分析创客、创客运动、创客空间、创客文化的生态性，有助于实现从创客教育到创业教育的有效衔接，助力培养高素质的创新创业人才。

第一节　创客运动的发展变迁

一、"创客"一词的由来

创客（maker），最早出现在 1998 年麻省理工学院比特与原子研究中心（Center for Bits and Atoms，CAB）发起的以创新为理念、个人制造为内容的实验室（fabrication laboratory，Fab Lab）。现在，创客是出于自身爱好与特长，利用新兴数字设备及开源硬件，将各种创意转化为实际物体的人，更加针对性地指向在机械、机器人、3D 创作等工程化方面有浓厚兴趣的创作者。创客所做的工作长期存在，但一直处于边缘不为人们所认知。随着 3D 打印技术和以 Arduino[①]为代表的开源硬件平台的普及，制件成本的不断下降，以及人们对美好生活需求的增加，创客逐渐从边缘走向主流，作为新的一种角色走进大众视野，成为新一轮工业革命或信息化革命的"领头雁"。

创客成为从事传统手工业人群尝试现代科技发展的排头兵，具有黑客那种热衷于解决问题、克服限制的决心，具有极客那种不满现状、崇尚平等、自信创新、追求卓越的精神，又具有工匠一丝不苟、精心打磨的匠心。创客虽单处陋室，但不再远离社会，他们集合于开放空间进行共同研究、协作。他们经常进行灵感火花的碰撞，利用世界上一切存在的工具资源进行发明创造。创客是一个人或一群人，代表着一种现代生活方式，其驱动力来自于内在目标、兴趣和爱好，而非外在强加的利益驱使，可以说更像是信息化时代的"理想经济人"，而非传统经济社会中的"理性经济人"。

二、创客的基本理念

在"双创"的时代潮流中，创客理念是创客运动的核心，提供了创客运动的目标与

---

① Arduino 是一款便捷灵活、方便上手的开源电子原型平台。

方向。创客理念主要为"草根"创新、开源共享、实践接入与工匠精神四大核心理念。

（一）"草根"创新

创客运动具有低门槛的"草根"性特征。只要有可以解决"痛点"的创新点，人人均可创新创造。此时，创客的创造不再是依靠设施设备的大投入产生的大产出，而是运用开源平台所拥有的微控制、微电脑、微程序和微工具就能实现。创客站在科技发明和运用的前沿，更多地与互联网技术相结合，完成前所未有的创造。创客运动是"草根"创客运动，"草根"就是大众、万众，千万"草根"开源创新迸发出始料未及的创造力。

（二）开源共享

在浩瀚的信息化时代，人类的个体能力显得十分渺小，要完成海量信息的处理运用，就必须与他人进行协作分享。在开源创新平台，创客随意组合，分享自己的成果，分工协作，继而实现创意想法的落地并取得实际效益。创客既可以将自己的创作设计发给商业服务商进行加工制作，也可以在家利用 3D 打印技术进行单体设计加工。在全社会的开源创新平台上，创新创造是随心所欲的，这是兴趣驱使而非生存所迫，是"情之所至，一往而深"，而非"迫于生计，实属无奈"之举。

（三）实践接入

创客运动为我国成为创新型国家，实现弯道超车提供了全新的契机。创客运动既是虚拟世界的运动，也是实体经济的运动，有效地实现了这两者的有机融合。它打破规模效应，运用大数据的互联网技术实现在社会管理方式、消费方式和生活方式等方面的创新。人人是消费者也是供应商，它推动了像蚂蚁金服"小伙伴式"新兴产业合作模式的产生。"没有做不到，只有想不到"，它推动了我国创新型国家的建设，进而推动了人类创业历史的不断前行。

（四）工匠精神

工匠是求真、敬业的象征，意蕴着对自己作品精益求精、精耕细作、精雕细琢的精神。数字工匠是对传统工匠的继承与演进，是互联网思维与工匠精神的结合体，既有传统工匠精益求精的特点，又有着与现代数字化科技"广、准、快"的特性。它提供的是自身兴趣使然，满足了我国当代经济的供给侧改革目标。数字工匠是数字化时代的工匠，必然具有数字化时代的共享意识、创新创造、细致极致、荣辱与共，是"双创"时代创新创业的主力军。

高校依托社会政策支持，把创客空间搬进了大学校园，创客空间理念已悄然改变了校园内部生态系统，激发了校园创新创业活力。高校为创客空间提供了人才储备、创意作品和市场空间。创客空间为高校人才培养实践与理论层面结合提供了资源平台，提升了人才培养的质量。政府、高校和企业三方的协作使国家"双创"政策有效落地，拓宽了毕业生的就业渠道。2017 年，福州大学阳光众创空间获批国家众创空间，并纳入国家级科技企业孵化管理服务体系。这一众创空间依托国家大学科技园，以助力创新创业，培育时代先锋为发展理念，致力于培养能够引领产业发展的创新创业型人才，以科技创新为动力，依托福州大学学科优势，孵化出了一批"顶天立地"（科技含量高、市场前景好）的科技型企业。该空间是集创新苗圃、创新孵化、创业苗圃、创业孵化、创业加速等为一体的新型创业生态系统。

三、创客文化

文化是生产力发展的产物，既是为了满足人的需要而产生的，也是为了调解人与自然的关系、人与社会的关系、人与他人的关系及人与自身心灵的关系而产生的。文化是社会变革的内燃机，是社会常态的调控器，是凝聚社会的黏合剂，是经济发展的助推器。创客文化虽滞后于创客运动，但是一旦形成却能引领创客运动纵深发展，同时是文化发展的必然产物。

互联网改变了人类信息传递的方式，使整个地球成为村落，获取信息不再是有诸多障碍的行为。安德森（2012）提出："第三次工业革命就是创客运动的工业化，即产品的自制造和个人自生产。"它以数字制造、个人制造、信息技术、绿色能源交互融合为基础，给人类带来新的机遇和挑战。以 Arduino 为代表的开源硬件运动，面向世界范围开放其软硬件设计资料，使用群体已然从行业专业人才扩展到大学生和社会群众。开源硬件平台的出现，降低了人们运用科技创新硬件的门槛，信息世界的资源得以共建共享，加快了信息的更新速度。

在中国，创客运动如火如荼地开展，其源头可以追溯到 20 世纪 80 年代的自己动手制作（do it yourself，DIY）文化，其特点是兴趣使然、团队合作、个性化定制。深圳作为一座有活力的城市，创客人群大量涌现。2015 年，国家创新战略的出台，使创客运动与国家战略结合在一起，成为创客运动短期内在全国爆发的助推器。创客运动不是个体事件，而是社会运动，它与人类生活、经济、文化息息相关。它俨然是一种新型的制造文化，刷新了人类社会创业活动的价值存在感。

第二节　创客空间的教育价值

我国的创客空间建设始于 2009 年，目前已经形成以北京、上海、深圳为三大聚集地的创客空间生态圈格局。受此影响，创客运动正逐步向高校渗透和发展，并已成燎原之势，形成了一批各具特色的高校创客空间形态。随着高校创客运动的深入推进，创客运动和高校教育教学的碰撞与融合已成为必然，而两者碰撞之下所生成的创客教育为高等教育的创新发展揭开新的篇章。教育界逐渐形成共识，认为这是推动教育教学改革、培养科技创新创业人才的重要平台。

一、对创客空间的基本认识

创客运动源于美国硅谷的车库文化，在时代创新潮流下，美国的创客将车库和地下室改造为发明创造的集散地，缔造了一个又一个传奇。1981年，德国柏林诞生了第一家真正意义上的创客空间——混沌电脑俱乐部，"创客空间"这一概念逐渐在全球普及。在创客空间，实验室、工作坊、社区等功能应有尽有，互联网技术、开源平台和高科技的运用，使创客的成果能够在全球进行传播、共享和改进。数以百计的创客空间，使创客运动已然成为一个完整的结构，在其内部就可以进行有效的循环运行。

创客空间是当今理论界研究的热点问题，然而对于创客空间的概念目前还没有形成统一的共识。国内外研究机构对于创客空间定义的认知，由于观察视角及立场的不同，存在不同的理解。代表性的观点主要有以下几种：一是美国著名杂志 *Make* 从创客空间的功能角度出发，将其定义为"一个真实存在的物理场所，一个具有加工车间、工作室功能的开放交流的实验室、工作室、机械加工室。它不以营利为目标、在个人兴趣和爱好的驱动下把创意转变为现实的物理空间"。二是美国内华达大学科学与工程图书馆馆长 Colegrove（2013）从活动视角，将其描述为"一个为实现创意想法而开展共同工作、原型设计、加工制作等多种活动的连续统一"。三是学者 Abram（2013）根据维基百科的描述，将其定义为"将相同兴趣爱好的成员集中起来，分享资源和知识、建立职业人脉、创造新工具的开放社区实验室"。四是 Kera（2012）认为"创客空间并非某种正式的组织结构，而是一系列与开源软件、硬件与数据等要素相关的共享技术、治理过程和价值观"。五是2015年我国有关部门从众创的角度出发，将其注释为"顺应网络时代创新创业特点和需求，通过市场化机制、专业化服务和资本化途径构建的低成本、便利化、全要素、开放式的新型创业服务平台的统称"。六是徐思彦和李正风（2014）提出，"创客空间是创客运动的载体，是人们能够聚集在一起通过分享知识、共同工作来创造新事物的社会化、平民化的实践空间"。

虽然创客空间各种定义由于观察视角和立场不同，但还是具有以下4点共性：一是创客空间必须依托于相应的物理空间，这个空间可以嵌入其他机构，也可以独立存在；二是有丰富且先进的工具和技术支持，如3D打印机、开源硬软件等；三是空间的运行需要相应的课题、项目维系，以各种形式的活动展开；四是空间能够有效促进知识和资源的互动，推进创造力的表达与分享。

创客空间面向应用市场，它以学习者、实践者为中心，包括从创意的提出融合、设计制造的用户体验、学习环境的优化整合、项目的协作推进、知识和资源的系统内外流动，以及创造力的表达与分享等环节。它不直接提供基础知识，但学习者有机会接触到数学、物理、化学甚至艺术等多学科的知识。因此，创客空间能够有效提升学习者的多学科素养，并为促进其深层次融合提供硬件及软件的支持。

作为一种学习环境而言，创客空间若是单从学习环境来分析，其具有以下典型特征：一是开放性和挑战性。创客空间向其成员提供自由开放环境和先进设备。其活动内容往往具备一定的技术和知识的挑战性，被视为一种新的知识传递方式。二是实践性和创造性。创客空间基于以培养学习者的实践能力为出发点，以培养创造性思维为目标，允许学习者通过空间提供的各种服务，培养实践中创造性解决问题的态度和能力，进而提升自身的创造能力。三是共享性和跨素养性。学习者在创客空间所构成的社区环境中分享设计成果、协同制作、开源创新，有效地推动学习者各方面素养深层次的融合，使其逐步形成协作、分享、创造的人生学习态度。学习者只有具备跨越多学科的跨素养性，才能进行原创性的活动。

二、创客空间的形态

1. Community 形态

Community 是一个配备工具装备的社区中心，以自治合作的理念来进行管理、研究和创造。该空间一般不收取任何费用，其资金主要来源于政府或者高校的投资；在内部创设相应社区组织及良好的基础制度，来协调相关事务及工具使用，维持空间的正常运转；面向的用户可以是个人、兴趣团体、商业公司或者非营利公司，也可以是学校或图书馆的附属机构，对象是广泛的；内部的软件、电路原理图、材料清单及设计图纸等使用的都是开源许可协议，可以免费自由使用。设计者甚至可以在前人产品的基础上进行二次创意。这种以社区形式运行的创客空间很大程度上降低了创造发明的门槛，并在开源创新精神的指引下，吸引了各种类型人员，包括一批艺术家、设计师、管理者和业余爱好者，这种形态成为创客空间的典型表现形态。

2. Fab Lab 形态

Fab Lab 即微观装配实验室，是一个几乎可以制造任何工具和产品的小型工厂，旨在融合从设计、制造、调试、分析及文档管理各个环节，构建以用户为中心，面向应用的低成本制造实验所需的环境。

这种形态强调运用所提供的制作环境，学习者自行开发、创新扩展 Fab Lab 的软硬件设备，并能通过网络手段进行共享。巴赫蒂亚尔·米哈克（Bakhtiar Mikhak）等（2002）认为，Fab Lab 不仅能够帮助用户设计并最终实现所需的对象和工具，更能为普通民众科技创新发展贡献力量，使社会在其文化背景下以自身速率发展成为可能。Fab Lab 不仅为学习者创新的实施提供了现实的支撑环境，也为我们从微观视野构建创新体系提供了重要的借鉴。

3. TechShop 形态

以 TechShop 为代表的开放式硬件厂（machine shop），实行严格的会员制管理，与其他类型相比：它的空间比较封闭，受众更为专业，但提供的软硬件更为丰富、更为规范。正是由于规范化管理和专业化运行的特性，它诞生了不少充满创意的成品，其中有5 项产品被认为是具有革命性的意义，分别为：Square（是美国的一家移动支付公司）信用卡读卡器、氮元素侦测仪器、新型灌溉系统、服务器冷却系统和新生婴儿保暖器。TechShop 虽然因为没有找到合适的商业模式而破产，但不论是各类创新项目还是各种创客空间或者是众创空间，都是创客运动中的形式。创客运动的实质是激发创新的想法，动手实践，改善社会和生活，改变世界。

三、创客空间的教育价值

1. 提供优质的创造教育环境

郑燕林和李卢一（2014）认为，人类的学习方式虽然多种多样，但基于创造的学习是人类自身最需要、最偏好的，也是最人性化的学习方式。美国学者 Brown（1989）指出，创造力的培养至少应包括以下 4 种成分：创造性的过程、创造性的产品、创造性的个人和创造性的环境。基于此，我们认为，创造教育不是一个单纯的智慧教育，除了要有创造性产品生成以外，还要塑造学习者优秀的创业心理和积极的创业态度，普及创新创业精神、探索意识和合作意念，创造一定的教育环境。目前，创客空间提供的恰恰就是这样的一个教育环境。

创客空间提供了适宜创造的物理环境、资源与机会，它提供了主动思考、主动设计和主动制作的创造性学习氛围。在这样的环境下，学习者能够加速知识的积累、提高实践中的创新创业能力，学习者的自我认知能力、沟通协调能力、协作责任感都有了明显的变化。教师可以结合空间软硬件有意识地培养学习者的创造心理、激活创造潜能、认识其自身的创造特质。

2. 知行合一的学习过程

知行相分离是目前世界各国教育的现状，这在工程教育中表现得尤其明显。这是由于学习者综合运用科学理论和技术手段分析解决工程的能力较弱，导致学科融合、产学研合作与教育的"知行不一"。

创客空间的出现为改变"知行不一"的情况提供了解决的契机与平台。它将现实中流行的新设备如 3D 打印、机器人拼装、Scratch 编程融入教育教学过程。学习者在教师的指导下，制作具有创意的产品，运用开源创新的思想，"做中学，学中做"，将工程制作能力与其他学科的能力有机结合，促进了创新能力、综合设计能力和动手实践能力的发展，实现了"知行合一"。

3. 素质教育本源的回归

人的基本素养包括人文素养、科学素养和技术素养。美国技术素养委员会在 *Technically Speaking：Why All Americans Need to Know More About Technology* 报告中，将技术素养分为 3 个维度：技术知识、技术能力、技术思考与行为的方式。这 3 个维度相互联系、相互影响，形成一个综合性、整体性的素养结构。然而，当前的教育侧重于学习者对基本知识和基本技能的掌握，缺少理性运用技术解决问题的能力，更加缺乏对技术情感、态度和社会责任的理解。我们认为，赫巴特（Herbart）的教学教育性原则指出的"教学过程本身就是一个培养学生良好技术素养的平台"，这是我们改变这种状况的出发点。

创客空间不仅能提供课程实验、课程设计、专业实训、毕业实习等常规的实践教学环境，还能够结合场景提供专业性的创新创业讲座、研讨会、项目推介、风险投资、各类竞赛等活动。这是一种带有明显感情色彩与共鸣互动的教育行为，这是一种开源创新、协同推进、分享合作的学习过程。学习者不仅需要提升自身的思考、设计、创新、创造的基于问题的解决能力，还能加深对技术的人文认识、科学思考，回归到素质提升出发点。

四、创客空间的组建

（一）联合运用多种技术

创客空间运用现代技术，特别是互联技术，降低教育成本，使进步主义学派多年来提倡的"基于创造的学习"这一奢侈的教育方式成为现实。

1. 信息技术

信息技术是主要用于管理和处理信息所采用的各种技术的总称。一切与信息的获取、加工、表达、交流、管理和评价等有关的技术都可以称为信息技术。信息技术已成为支撑当今经济活动和社会生活的基石，信息技术已引起传统教育方式发生深刻变化。计算机仿真技术、多媒体技术、虚拟现实技术和远程教育技术及信息载体的多样性，使学习者可以克服时空障碍，更加主动地安排自己的学习时间和速度。网络改变了人与人之间的交往方式，改变了人们的工作方式和生活方式，也就必然会对文化的发展产生深远的影响，一种新的适应网络时代和信息经济的先进文化将逐渐形成。

信息技术在创客空间中起到了使能作用。使能作用，是指能够通过调动自身的能力和资源，充分发挥服务对象的潜在能力，从而促使其发生有效改变的一种能力。信息技术在搭建便捷的创造环境的同时，实现了创客空间的即时互联互动，为创客空间的多样活动提供了便利的条件。例如，微信、微博等交流平台，在线教育、远程协作系统和专家在线咨询，确保了学习者全时的创新创业活动。

2. 快速原型技术

快速原型技术是一种涉及多学科的新型综合制造技术。20 世纪 80 年代后，随着计算机辅助设计（computer aided design，CAD）的应用，产品造型和设计能力得到极大提高，然而在产品设计完成后批量生产前，必须制出样品以表达设计构想，快速获取产品设计的反馈信息，并对产品设计的可行性做出评估、论证。在市场竞争日趋激烈的今天，时间就是效益。为了提高产品的市场竞争力，从产品开发到批量投产的整个过程都迫切需要降低成本和提高速度。快速原型技术的出现，为这一问题的解决提供了有效途径，备受国内外创客重视。

快速原型技术是用离散分层的原理制作产品原型的总称，其原理：产品三维 CAD 模型→分层离散→按离散后的平面几何信息逐层加工堆积原材料→生成实体模型。该技术集计算机技术、激光加工技术、新型材料技术于一体，依靠 CAD 软件，在计算机中建立三维实体模型，并将其切分成一系列平面几何信息，以此控制激光束的扫描方向和速度，采用粘结、熔结、聚合或化学反应等手段逐层有选择地加工原材料，从而快速堆积制作出产品实体模型。

运用快速原型技术可虚拟地呈现创造产品,对其外形进行适当调整,让学习者在设计阶段完成对产品的功能试验和综合评价,消除缺陷和优化设计方案,极大地提高了创新设计的相应能力和开发成功率。

（二）形成师生学习共同体

创客空间的教与学是一种"共生同进"关系。在师生关系上,创客空间松散自由的学习氛围,使教师与学生翻转课堂,中心由教师转变为了学生,甚至在某一领域学生成了教师的"老师"。教师的角色不是传统的知识的传授者、行为的引导者,而是成为课程的设计方和组织方,或更是和学生一样成为共同的学习者。在教学内容上,从以往的知识经验的传承,更多地变成了以解决现实世界问题为目标的教学内容。在师生互动上,不是简单的师生双向直线传递的过程,而是变成了共享思想、想法、经验、情感、体验,双向多元的互动发展过程。

在师生学习共同体中,教师的作用至关重要,起到"传道、授业、解惑"的作用。他们牵头组织创客空间的各类创客交流活动,介绍各类新技术工具,各种创新产品的创作过程,激发学生成为创客的热情,接受创客空间的创新创业理念。他们教会学习者如何正确使用先进技术,在教会学习者专业知识的同时教会其他的科学素质与人文素养,解答学习者的学习疑惑。另外,教师还要充当助学者的角色,不仅要调查学习者的兴趣与需求,邀请相关的专家学者举办讲座培训活动,还需要培养学习者开放、接纳、反思、关注、倾听等技巧,以保证课程项目的顺利完成。

第三节　创客教育生态系统

一、创客教育的内涵

在"互联网＋教育"的时代背景下,"互联网＋创客教育"应运而生。创客教育广义上是指培育以大众创客精神为导向的教育形态,狭义上指一种以培养学习者创客素养的教育模式。创客素质是指创造性地运用各种技术和非技术手段,通过团队协作发现问题、解构问题、寻找解决方案,并通过不断实验形成创造性制品的能力。从构成要素上看,创造是创客教育的核心要素之一。创造是以设计和制作为导向的一组学习活动。从内涵上来看,创客教育的精髓是通过开展创客活动,将科学研究、技术制作和艺术创作融入教育教学过程,通过提出问题、分析问题、解决问题、动手制作等学习环节,以培养学生的批判性思维能力、主动探索能力、自主创新能力、合作研究能力和艺术创作能力的培养。从目标上来看,创客教育指向以创造力发展为核心的育人教育。育人教育的内容包括 6 个基本要素,分别是学科知识、创新与创造、自我认知、合作、有效沟通、责任感。育人教育不但体现为知识的积累和创新能力的形成,而且内含对学生自我认知能力、协作能力、沟通表达能力和社会责任感的培养等方面的内容。从操作上看,与传统学科教育教学不同的是,创客教育同时包含在校的正式学习（formal learning）和伴随学习者一生的非正式学习（informal learning）。总之，创客学习活动贯穿个体发展始终，往往由学习者自我发起、自我调控和自我完成，是一种无处不在的学习活动，是终身的学习活动。

二、创客教育的繁荣

在"互联网＋教育"的时代大背景下，业已形成"人人、开源、共创"的创客教育场景，创客教育应运而生。创客教育的主要特点体现在以下两个方面：一是互联网的快速普及和新技术的快速应用，为创客创新思维和创新能力培养提供了技术环境；二是互联网新思维带来创客空间的创客设计，为制造新作品提供了便利条件，这将有利于高校形成创新创业教育新生态体系。

（一）信息技术为创客教育提供了创新创业资源

信息技术的发展现状为创客教育的创新与实践提供了无限的可能。首先，信息技术为创客教育提供了丰富的学习资源。互联网使学生可以无拘无束地获取各种资源，开源社区向学习者提供必要的、简易的设计、制造和创新环境，免费共享相应的开源软件、源代码、设计图纸和测试数据等，方便创客学习者进行在线创意与创作体验。其次，信息技术为学习者提供了便利的互动交流平台。学习交流不受时间和空间的限制、国籍身份和文化背景的限制，借助微信、微博、论坛等交流工具开展交流讨论，共享资源并开展协作。最后，信息技术还可以为创客教育成果提供社会化评价平台。在信息技术空间中，学习者的创意方案、设计文稿及产品原型可进行虚拟或现实的展示，根据广泛网络用户的反馈意见，实现设计改进、技术实现和体验完善。

（二）形成线上与线下融合的众创教育空间

在"互联网＋"背景下，创客空间向众创空间转变。众创空间作为中国创造，是网络化、平台化的创客空间，是由相对孤立的技术创客转化为无限交融的"众"创客形成的虚拟现实空间。众创空间为创客提供了公共化的网络服务平台和更适宜生存和发展的生态环境。它强调创客学习者之间的分享、团结和协作，而不是独自行动，"互联网＋"条件下的创客空间实际上是一种众创空间。

众创空间一般分为线上虚拟空间和线下实体空间两个部分：学习者使用线上虚拟空间接收教师布置的创客课题或自己创建任务，组成团队并分解任务，实时发布任务进展状况，团队成员之间瞬时进行交流、讨论，在此过程中发现问题、分析问题并提出初步的解决方案。除此之外，线上虚拟空间可以为学习者提供丰富的学习资源，如课题背景知识、技术资料、先期项目成功案例及特定专业领域专家的联系方式与其他支持信息等。线下实体空间则主要用于开展后期的开发、研制、市场实践，包括学习者之间和学习者与教师之间的面对面交流和讨论等，以解决线上虚拟空间无法完全解决的问题。经过线上与线下学习空间的交流与实践，实现线上虚拟空间与线下实体空间深度融合的交互式创客学习环境，实现专业学习与创客教育相结合、线上交流与线下实践相结合，为创客学习者提供良好的学习空间、实践空间、社交空间和资源共享空间。

（三）创客教育实现了创业教育与市场需求的快速融合

互联网时代创业机会并不一定是"大众需求"，而是成亿的"小众需求"。"小众需求"是以小批量和多品种为特征的市场需求，它们虽然体量较小但有鲜明的个性特征，所以有更高的商业价值与利润空间。创客运动顺应了这一趋势。创客项目或课题研究虽没有开天辟地的能力，但其满足个性需求的小众产品的能力，使其具有巨大的市场需求，激励创客把创意蜕变为创业机会。具有明显时代特征的线上与线下融合的创客空间，使创客教育学习者数量剧增，促进了线下实体空间与线上虚拟空间的频繁互动，进而与创业教育网络产生无缝连接。以创意为特征的创客学习者，不断地在互联网的驱使下向创业教育网络进行迁移，由此扩展了创业教育的网络节点及网络规模。创客学习者还通过创业教育网络提供的创业孵化机制，不断地蜕变，实现创客到创业者的华丽转身，从而大大推动了创业教育的发展。

从创客教育到创业教育的对接角度来分析，依托创业教育网络主体间新的组织和连接方式，创客团队可以通过开源硬件网上销售平台获取开源模块和零件，在作品设计与开发完成后，联系专业的小批量生产制造商如预编译头文件（pre-compile header，PCH）、深圳矽递科技有限公司等进行产品的快速制造，依托国内外诸多电子商务平台进行产品预售和批量销售，从而形成分布式制造＋小批量产品"快消"的创业体验模式。同时，创客可以借助众筹等在线互动平台进行创意作品的市场调研，以了解客户的需求和反馈；采用网络用户内测等方式了解用户对原型作品的使用体验，并根据体验反馈不断对产品进行优化；在产品进入销售阶段后，还可以利用各类网络平台获取消费者体验与建议，通过不断地创新迭代以提高产品的用户满意度。这种将创客教育与创业教育融合的模式将消费者纳入学习者的学习过程，使创客创意实施与创业过程更贴近市场实际，更有利于达到创业教育的最终目标。

三、创客教育与创新创业教育

在对创新创业教育内涵的理解上，既可以将其看作在"创新"后面加上了"创业"二字，规定了创新的应用属性，即指向创业和应用的创新；反过来也可将其看作在"创业"前面加上了"创新"二字，统领了创业的方向性，强调创新型创业。这样看来，创新创业教育在统领创新教育和创业教育科学内涵的同时，又不简单地等同于二者之和，其具有综合性、系统性和特殊性的特点，是一个新的领域。创新创业教育的内容可分为3个层面，分别是创新思维和创业意识的培养、创新创业精神和文化的培育、创新创业实践能力的提升。因此，在分清创客教育与创新创业教育关系之前，有必要先行厘清创客教育与创新教育、创客教育与创业教育之间的联系与区别。

1. 创客教育与创新教育

创新教育理念于 1998 年在我国正式提出，引起了较大的反响，随后对我国的教育改革与发展起到了极大的推动作用。创新教育是根据创新原理，以培养学生具有一定的创新意识、创新思维、创新能力及创新个性为主要目标的教育理论和方法。追求创新是所有创客的内在素质，用户创新、开放创新、大众创新和协同创新是创客创新的集中体现。创新是创客教育的逻辑起点，也是终极目标。创客教育的核心理念是基于兴趣的学习、创新和创造，创客教育的基础是基于创造的学习。基于创造的学习看似松散和非正式，但实际上是能产生化学反应的、可以创造奇迹的学习方式。在基于创造的学习过程中，学生的角色由被动的信息接受者和知识消费者转变为主动的知识应用者与创生者，他们在理解和消化所学知识的同时，自主或协作地对问题进行深度剖析，利用学习工具与学习资源解决问题，进而创造性地生成相应的产品。在创客教育情境下，学生对个人学习任务、学习路径与学习工具拥有高度自主权，以问题为锚点进行探索式和发现式学习，在学习中不断生成新思路和新创意。

创客教育过程中，问题或项目驱动使学习者始终保持对学习的信心和在学习中不断创新的激情，并在潜移默化中提升了发现问题、研究问题与解决问题的能力；在基于创造的学习过程中，作为创客的学生历经"做中学""探中学""玩中学"的过程，亲身参与设计、开发、制造与产品测试，虽屡经失败，但终究日久弥坚直至完成创造过程，体现出独特的创新品质与个性。这里有创新教育的基本特质：基于兴趣、重视思维、面向实践的设计开发和鼓励创新文化，同时直接指向对学生创新意识、创新思维和创新能力的培养，对创新教育具有直接的推动作用。

2. 创客教育与创业教育

创客并不简单等同于创业者。纯粹的创客不需要考虑市场需求，只凭个人喜好。而创业者需要考虑市场、用户体验、销售对象等因素；创客可以是天马行空的"单身贵族"，但创业者往往是"拖家带口的集体户"，既要带着集体打拼，也要思考产品及组织未来发展的可持续性。虽然创客的创意和创造行为距离真实创业情景还很远，但创业孵化机制能促进二者之间的转化，从而实现从创客到创业者的华丽转型。从这个意义上说，我们不妨把创业教育看作更高版本的创客教育。创业教育从广义上讲是培养学生具有开创性和探索性精神的教育，从狭义上讲是培养学生的创业意识、创业思维、创业技能等各种创业综合素质，并最终使学生具有一定创业能力的教育。清华大学副校长杨斌（2015）认为，创业教育的目标是着力于培养具有创新精神的人，培养学生的首创精神、冒险精神、独立意识、创业能力及挑战现状并创造性地解决问题、满足需求的本领。

从内涵上看，创客教育与创业教育既有区别又密不可分，二者在促进学生探索精神和创造性能力培养方面是一致的，而在目标定位和内容体系上又有所交叉。创客教育侧重创意与思维方面的创造，强调天马行空、开源创新不故步自封；而创业教育则更侧重在实践中创造，"学中做，做中学"，是一种意在培养学生具备开创新事业、创办新企业、创造新岗位等综合素质的创新性实践活动。创客给我国的创新创业发展带来3种东西：潜力无穷的产品、致力创新的精神、开放共享的态度。这3点正好是我国高校创业教育发展最迫切需要的灵魂和支点。

总而言之，创客教育对高校创新创业教育具有直接的推动作用，它是信息化时代创新创业教育的重要实现手段，或优化创新创业人才培养的重要途径、方法。在当前创新创业教育的实施过程中，存在将创新创业教育内涵狭隘化的精英教育论、创办企业论、培养老板论等论调，认为创新创业教育是面向少数大学生精英的教育，创新创业教育的终极目标是成功创业。这些论调在某种程度上阻碍了创新创业教育的有序发展，而创客教育从产生以来的这种创新纯粹性和非功利性，则是有利于激活所有学习者身上的创新创业基因，有利于对创新创业教育实践中的错误观念进行价值归整，从而形成创新创业教育发展的和谐生态系统。

四、创客教育生态化

创客教育具有系统性和复杂性等特点，主要内容包括创客教育环境、创客教育课程、创客教育师资、创客学习方式等要素。建设主体除了高校之外，包括各种社会力量如企业、协会、公益组织、研究机构等协同推进。另外，包括创客文化、创客精神、创客空间和创客运动等文化活动方面的精神要素。

1. 虚实结合的创客教育空间

虚实结合的创客教育空间除了有形的物理空间外，还包括无形的基于网络的学习社交空间。在这个虚实结合的空间里，创客能够共享资源、交流研讨、协作互助地创造作品。这个空间可以是个体创客教育空间也可以是群体创客教育空间，可以是专属创客教育空间也可以是公益创客教育空间。这个空间既包括硬件环境也包括软件环境，是线上与线下一体化的教育空间。该空间必须具备以下四大功能：培育有共同兴趣爱好的学习者社群、吸纳具有专业背景的跨界导师参与、组织具有创新创业导向的创客学习活动如竞赛和沙龙等、提供创客学习工具和各类创客学习资源。

线下空间与线上空间分工配合。线下空间提供硬件设备和制作材料，满足同步面对面教师和专家指导、同步学习者之间讨论、学习者作品展示汇报、现场倾听用户意见等需求；线上空间提供课题发布、任务分工、资源展示、进展汇报、交流讨论和专家评议等功能。线下空间可以利用高校、社会组织现有的创新创业教育实训基地、孵化基地、大学生创业科技园等专属资源场地进行升级改造，也可以有效利用实验中心、图书馆等教学科研场地开展创客教育空间建设；既可以专门开辟服务创客学习小组协同工作的交流空间，也可以建设一个以工作坊为中心的技术性空间，为创客学习活动配备学习资料和学习工具，配备相关指导教师。线上空间建设主要是构建网络平台，让校内外创客学习者（提供方）与校外的企业、协会、公益组织、研究机构（需求方）通过平台开展交流和互动，还可以全球进行同伴协作，分享创意和经验。天津大学的"搭伙创客空间"位于本校的大学生活动中心二楼，还包括线上的"92home"创业云平台。在这个云平台上，学生可以发布自己的想法或创业项目乃至求助；"云"的一端是与天津大学合作的超过 15 个创业扶持机构及校内外创业导师，他们可以及时对接学生项目，解决学生问题。当然，投资人和企业家也可以发布自己青睐的创新创业项目，"云"的另一端有创业梦想的学生也可以申请加入团队。

2. 开放多元的创客教育课程体系

学生创客之间是有层次差异的。低年级层次的创客培养主要进行入门级教育，使之具有应用工具的识别与使用、基本材料的简单造型、简单的观察与记录方式的能力，以鼓励动手、动脑为出发点，这个阶段，培养的方向分化程度并不明显；中年级的学生创客应该具有初步创意与构建能力、细致的观察能力、团队合作能力、自主探究能力，能在教师的指导与引领之下，完成简单作品从创意到现实的转变；高阶段的创客培养需要专业化，是基于项目课题的研究，能够进行跨学科创新创业，有着特定的研究领域与方向，作品设计与社会接轨，具有一定的商业价值，存在纵深发展的可能。这些不同层次的创客培养主要是通过课程体系来实现的。

课程体系设计应遵循趣味化、立体化、模块化和项目化的原则，课程目标上应归入创新创业能力培养的范畴，课程内容要与互联网时代要求相贴近，课程实施上应强化线上与线下的混合形式，课程评价上要以成果为导向。根据课程创新程度、由浅入深的难度，可以将创客教育课程分为 3 类：第一类为基础课程，意为培养奠定技术基础和思维方式，主要以趣味化的方式提升学生的逻辑思维能力和创新思维能力，同时让学生了解和掌握创客必备的 3D 建立模型和打印技术、电路设计技术、焊接技术等；第二类为拓展课程，主要让学生了解和熟悉新一代信息网络技术，如人工智能、虚拟现实、物联网技术等，并尝试使用这些新技术来开展创新性学习活动；第三类为创新课程，主要让真正有意成为创客高手的学生通过自己的设计和实践，尝试研发真实的机器原型。

创客教育与创业教育一样，必须基于专业教育，挖掘专业课程的创客教育资源，在专业教育教学中渗透创客教育的内容，在传授专业知识的过程中增强对学生创新创业能力的培养。创客教育课程体系建设主要方式有 3 种：一是将创客教育课程整合于专业教育课程方案中，主要把技术基础类课程整合在现有的专业课程中，作为专业课程改革的一部分。例如，创客的必备技术基础之一的 3D 打印技术，将该技术融入 CAD 或计算机动画等专业课程中，既提升专业课程教学质量，又达到创客教育的培养目标。二是以设置公共基础课、选修课或提供创新学分的方式开设系列化的创客教育课程，纳入高校创新创业系列选修课程管理，可以开发地域特色、行业特色、专业特色的特定的创客教育课程供学生选择。三是顺应"互联网＋"的发展潮流，重点建设面向创客教育的开放在线课程。例如，开放共享的慕课，实现各高校创客教育的差异化互补。学生可以在慕课平台上观看教师录制的微课，与同伴在线研讨学习主题，自主分享学习过程中搜集到的相关材料，并将学习成果发布到学习社区中进行展示。课程主讲教师或助教作为创客教育的引导者，根据学生不同的学习进度进行在线辅导或进行集中面授辅导。

3. 创客教育专业化师资团队

创客教育专业化师资团队是推进创客活动的关键。其应具备以下核心素质：其一，本身就是创客，具备创新意识、创新精神及良好的信息技术应用能力，熟练掌握设计、操作和制作；其二，熟悉教育规律，具备开展线上与线下相结合的创客教学活动的能力和相应的教学设计能力；其三，具备培养学习者的创造力、想象力、艺术品位的意识和能力，能够正确定位启发和指点学生创造活动，引导学习者理解创客活动需实现技术创造与人类生态共处精神。

创客教育师资团队可以分为专职型教师和兼职型教师两类：专职型教师能够独立开设创客课程并指导学生开展创客活动；兼职型教师主要是指校外创客导师，可以由创客校友、当地知名创客或创业导师兼任。专业的创客教育师资队伍建设，须坚持"走出去＋请进来"的原则。一是要为专职教师提供相应的培训，实行订单式按需培训，实施"企业行动"计划，安排教师定期到企业或科研机构进行实践，了解最新的生产设备、生产技术和生产工艺，参与科技研发活动和企业经营活动。校外优秀创客进驻高校创客空间，优秀创客和专职创客教师合作研发创客课程，两者取长补短，实现双赢。二是以高校创新创业教育中心或创新创业学院为依托，组建跨学科、跨院系、跨学校的创客教育教学团队，明确分工、取长补短、优势互补，共同研究创客教育，提高创客教育质量。三是依托校友资源和社会组织，组建创客教师网络联盟，统筹建立一个涵盖各学科、各专业领域的创客专家资源平台，广泛吸纳校外知名创客和行业专家加入该平台担任创客导师，精准满足创客需求。

4. 基于创造的学习模式

创客教育与一般的大学教育侧重点不同。它是一种体验式学习方式，学习者可以通过真实或模拟环境中的学习过程获得亲身体验和感受，并通过与团队成员之间的交流实现认知，以反思和总结的方式凝练巩固学习成果并将其应用到实践中。它是一种情境学习方式，学习是一个社会性、实践性、以差异资源为中介的参与过程。知识的意义是在学习者与学习情境的互动及学习者相互之间的互动过程中生成的。它是一种联通主义学习方式，在万物互连的世界中，每个人都可以对散布在各个角落的知识片段进行创造、完善、更新和批判，建立人与外部关系和知识网络。

创客教育的基础是培养学生的创造性品质，探索基于创造的创客教育学习模式。首先，要推行体验式学习方式。要尊重学生的个性差异和个体发展，以真实或模拟的创客教育情境为依托，给学生亲身体验的机会，让学生"学中做，做中学"，真正体验知识的创造过程和应用价值，获得知识经验及技能方法的真实提升。其次，要提倡连接式学习。个人兴趣，通过一些现实中的平台、资源得以延续和发展，并获得职业及学术上的成就和机会。这种学习方式使学生在作为创客与作为创业者之间建立连接，借助现有平台与资源不断改进创意，在实践创作中不断积累学习经验和创业技能，而后才能内化为自身的创业技能体系，实现创客教育与创业教育的顺利过渡和衔接。再次，要增强信息技术的工具作用，信息技术在创客学习中，可以同时扮演认知工具、交流工具、信息检索工具、信息加工工具、协作工具和研发工具的角色，从而实现信息技术与创客学习过程的深度融合。最后，要创造基于协作和分享理念的文化氛围，开展以创客工作坊、挑战赛和体验营为代表的特色创客学习活动。创客文化是平等、开放、协作、分享的文化，创客所具有的知识和技术、作品和创意等要素，不会因为分享而减少，不会产生技术壁垒，只会迭加递进产生累进效用。要让学习者在自由的时空中相互学习、相互碰撞、协作共进，只有这样才能培养出真正的创客群体。创客工作坊主要是邀请知名创客和行业专家举办交流讨论会；挑战赛通过给定的竞赛主题，让创客学习者在竞争氛围中获得成长；体验营是创客学习者与社区、企业、协会、研究机构进行互动的良好途径。

5. 三方合作的教育平台

政府、企业和学校在创客教育平台的组建上发挥着不同的作用，扮演着不同的角色。政府需要对学校创客教育给予更好的政策扶持，加大资金投入力度，设定专项基金，赋予企业、高校更多的话语权，拓宽创客人才使用渠道，构建不同类型的创客空间，满足创客不同阶段的需求，激活不同主体的内部动力，助推高校创客教育实质进展。

学校主要是致力于校内多功能创客空间的建设，结合科研、教学，开放实验室、研发中心、科技园等场地；制订适应基于项目的人才培养计划；制订合理的项目运营计划，派驻工作团队助力校内创客空间的顺利运行；通过创客交流平台，组建创客教育联盟，举办创客论坛、创客比赛和创客项目展示等一系列的校园文化活动，吸引更多的利益相关人员加入。

企业在与高校合作过程中能够实现互赢。企业为高校创客教育提供设备、经费、专家和未来职场的通道。国内创客类的上海智位机器人股份有限公司（DFRobot），为温州中学的创客教育提供一系列的资源工具，如 3D 打印机、激光切割机、学习套件等，建设创客教育实践场地。同时，举办大型活动、邀请专家现场演示、提供创客活动经费，为创客学习者提供了多样的学习途径。

6. 评价与激励机制

创客教育与创业教育一样存在诸多的不确定性，有些素质和能力不能用简单的数据指标来衡量。若这样，就会割裂学习者自身发展潜能与社会生活的关系。创客教育的评价指标应增设新内容，包括对学习者的创造能力、协作能力、发散性思维能力、意志力和解决力评价，也包括对学习者的成果进行综合评定的指标。一套完整的评价指标应该为创客教育的规范化开展提供工具支持和方法指导。在评价方法上，可以采用多样化、实用性的量化评价手段，如档案评估法、研讨评定法、观察法、纪实表现法，可以与学分相结合，形成全方面、客观的整体评价。

优秀的评价体系能够有效激励学习者、教育者全身心投入和保持创新创业的热情。将创客教育内容纳入业已认定的人才培养方式，即创新创业教育范畴管理，在学分计算、学位认定、科研、教学工作量认定、职称评审与岗位聘任上优先考虑。在教学资源重组上，优先考虑基于专业的创客活动场所。

第六章 创业型大学与创业教育生态化

　　创业型大学是高等教育机构自身组织转型的一种实践，也是社会需求与高等教育变革共生的产物。全球范围内高等教育现行发展表明，大学的组织发展将进入一个新的历史阶段，即向创业型大学发展阶段转变。创业型大学已经不再是新鲜的学术概念，而是一种具有坚实实践基础、内涵越来越丰富的新兴大学形态。创业教育是适应社会经济发展和高等教育自身发展需要而产生的教育理念，其所具有的战略意义和教育价值，已被高校广泛关注和逐步认同。高等学校的本质职能是培养高层次专门人才，创业型大学也必然要遵循教育的本质要求，承担人才培养的重担。同时，由于它是大学发展的一种新范式，独特的创新、创业特性决定其作为创业型人才的培养、储备重要基地。尤其是在当前建设创新型国家，强调高校全面实施创业教育的大背景下，创业型大学在创业型人才培养方面需要体现我国高等教育发展的客观要求。

第一节 创业型大学概述

　　20 世纪末以来，关于创业型大学的实践和研究，逐步成为世界高等教育领域的一个热点问题。

一、创业型大学的崛起

　　创业型大学的崛起离不开知识经济的时代背景。在知识经济社会，一个国家的强盛取决于它在政治、经济、科技、教育、文化等诸多方面的创新，包括概念层面的"慧件"创新（社会理念）、制度层面的"软件"创新（管理模式）和技术层面的"硬件"创新（科学研究）。而创新的主体——大学、企业与政府（university, industry, government, UIG，日本称之为"官产学"）以经济发展的需求为纽带而连接起来，形成 3 种力量交叉影响、抱成一团又螺旋上升的"三螺旋"（triple helix, TH）的新关系。也就是说，知识经济时代的大学将在国家和区域经济发展中发挥更加强大的创新辐射作用，大学在社会发展中所扮演的角色已不再限于提供人力资源和知识储备，也不只是提供一般意义上的社会服务。一些具有理、工、管学科实力和崇尚解决现实问题的研究型大学，率先突破教学、研究、服务的三功能定位，更多地与国家和地区经济发展相结合，以确保大学的人才培养和研究成果能够有效地提高生产力、提升国家的创新能力和国际竞争力。

外界对创业型大学的崛起也有反对的意见，这首先来自研究型大学本身。一些人文学者和教育学家认为，大学的创业型行为是不务正业，是对大学独立完整性的破坏，他们担心大学过分关注金钱利益而丧失传统职能和独立性。另外，一些公司担心大学创办的新公司会成为它们潜在的竞争对手，于是采取反对态度，主张大学将其限制在传统的产学合作上，如合作教育、技术咨询等形式上。

创业型大学的出现有其基本原因和直接原因。基本原因是知识（科学技术）对经济发展的作用越来越强、融合越来越紧密，知识生产（包括知识创造和知识传递）将在更大程度上依赖于经济的发展。"象牙塔"显然已经不适合知识经济时代对大学的描述，大学不再是一个封闭的、内循环的学术系统，而成为完全开放、扁平化世界中的一个组成部分。与大学出现以来一直拥有的"光彩荣耀"的知识中心地位相比，信息化时代互联网技术变革和大数据的运用所带来的剧烈冲击，大学具有的知识资源垄断地位正在迅速消失。数字化学习、远程教育的兴起……这些趋势都迫使大学不断增强与外部世界的沟通交流和互联互通，大学的本质和功能得到重新界定。与此同时，扁平化的世界使传统的知识学习的金字塔结构被完全颠覆，一个去中心化、共同参与的大学治理结构成为必然。

直接原因各国国情不同，要从不同国家的经济和学术系统中去寻找。以美国为例，它在 1980 年出台的拜依-多尔（*Bayh-Dole*）法案对其创业型大学的成长起了关键性的作用。该法案改变了政府资助的研究成果的归属权问题，是美国专利法的一次根本性变革。法案规定，政府在小型商社、大学和其他非营利实体中资助的发明，发明权归这些实体所有，而不归政府所有。先前，私人公司不愿意对受政府资助的研究成果的转化进行投资，因为专利法不保护他们的投资。新法案调动了多方积极性，也使美国政府认识到将研究成果的管理工作从发明者手中转到大学和小型商社手中是符合公众利益的。

二、创业型大学的研究路径

目前，在国内外学者的研究和讨论中，对创业型大学的研究大致可以归纳为两条不同的研究路径。

第一条研究路径是沿着克拉克的开创性研究继续前行，研究的主题是大学作为组织的转型问题，即在新的历史时期，大学如何实施变革以适应外部环境的变化，研究的对象是那些具有变革精神并着手进行改革实践的高等教育机构。在克拉克的关于创业型大学研究的第一批五所大学中，有如创办于 1965 年的英国沃里克大学（华威大学）这样年轻的但发展迅速的新型大学；也有如苏格兰的斯特拉斯克莱德大学那种获得大学地位仅有 15 年时间但有着 200 年办学历史、前身为技工讲习所的大学。总体而言，在克拉克的研究语境中，创业型大学指的是那些为了应对环境变化而采取大胆革新行为并最终取得明显成效的大学。

在这一研究路径中，研究者对大学进行研究的考查维度有大学所处的外部环境；大学在运行过程中面临产业界、政府、社会提出的越来越多的新需求，如何在资源约束下解决这些需求的困难；大学在组织结构上的变化情况；大学获取资源途径的变化情况；大学的办学理念或组织文化的变化情况等。通过这种研究路径，克拉克归纳出创业型大学 5 个方面的特征：强有力的驾驭核心、拓宽的发展外围、多元化的资助基地、激活的学术心脏地带和整合的创业文化。其中，强有力的驾驭核心、拓宽的发展外围、激活的学术心脏地带 3 个特征，涉及大学组织结构上的变化维度；多元化的资助基地，涉及的是大学获取资源途径的变化维度；而整合的创业文化涉及的是大学的组织文化变化维度。克拉克的研究路径，是将大学作为一个能动的组织主体，关注的是大学这一组织如何像企业那样进行创业革新，以应对外界环境的变化。

第二条研究路径是以埃茨科维兹为代表，在三螺旋结构的分析框架中提出的创业型大学的研究路径。在这一研究路径中，研究的主题是大学如何发挥自身在知识创造和人才聚集方面的优势，直接服务于经济和社会的发展问题；而研究对象则是麻省理工学院、斯坦福大学、剑桥大学等世界一流的研究型大学。探讨这些大学是如何在知识经济的时代背景下，将大学的科研成果转化为现实的生产力，利用大学在知识创造和人才聚集方面的优势，进行知识转移、学术创业等。在这一研究语境中，创业型大学以提高国家的竞争力、生产率及国家和民族的创业创新精神为己任，以提高国家和地区的经济实力和水平为目标。创业型大学在为国家利益服务、具体承担经济发展任务的同时，给大学的传统职能赋予新的内容和形式，在社会经济活动中更大地发挥大学参与和大学引导的先锋作用。

在这一研究思路中，研究者对大学进行研究的考查维度包括大学与政府的关系，大学与产业界的关系，大学的科研成果及其应用情况，大学的专利制度及知识转移的相关管理规定，风险投资及其他有利于促进创业行为的支持性制度安排，创业教育课程、创业论坛、校友网络、企业家网络等要素组成的创业网络等。在这一研究路径中，有研究者总结了创业型大学的某些特征，如开展高水平的研究，能对国家利益和国家目标做出最敏锐的反应，在大学、企业和政府的三螺旋结构中发挥独特的作用；参与创业活动，以创办高新技术企业为典型，直接推动区域经济发展；将创新创业文化融入人才培养过程中，致力于培养有创造性的学术英才和技术创新高手。

综合所述，在同样的创业型大学这一语汇中，事实上指称两种不同的大学形态，第一种类型为克拉克关注的旨在应对环境变化而实施变革的革新式大学，以英国的沃里克大学（华威大学）为典型；第二种类型为埃茨科维兹关注的以知识转移和学术创业为特征的引领式大学，以美国的麻省理工学院为典型。这两种类型的创业型大学，虽然存在着很多的共同特征，如都强调学术科研成果的转化、寻求办学经费和资源来源的多元化等，但是二者在组织目标、组织结构、运行机制、组织文化等方面还是存在明显的差异。

三、创业型大学的内涵

大学作为一种独特的社会组织，在数百年的漫长历史中一直保持着相对稳定的组织形态，而自柏林洪堡大学创办以来的 200 年时间里，大学却在办学职能上经历了两次重大变迁：先是把科学研究作为一个核心职能引入大学，而后在 19 世纪中叶以后的美国大学，开创了大学为社会服务的先河。20世纪80年代以来，大学又经历了一次新的办学职能上的变化，即大学除了教学和研究外，还承担了经济发展的任务。有学者将此与第二次学术革命联系起来进行分析，总结两次学术革命，可以看出自中世纪以来大学发生了两次质的飞跃，先后将"研究和创业"作为新的学术任务引入，研究型大学和创业型大学渐次崛起。现在大学正在进行第二次转变，即把创业作为大学的一项新任务，并据此重新定义和扩展原有的大学职能，创业型大学也因此形成。

（一）创业型大学的目标：知识应用与服务经济发展

组织目标是一类社会组织与其他社会组织区别开来的关键指标。创业型大学作为一种新的大学组织形态，其核心目标在于知识的实际运用。埃茨科维兹指出，从历史角度看，创业型大学是大学延续中世纪保存和传播知识的机构，进而发展成为创造新知识并将其转化到实际应用中去的多功能机构。埃茨科维兹在对麻省理工学院的研究中，描述了麻省理工学院是如何担当起创业的角色，并系统地梳理了这一沿革过程的内在逻辑。福州大学是国内首家明确提出创建创业型大学的高校，认为创业型大学的基本特征是学术的创业化和知识的资本化，创业型大学强调大学在社会经济发展中的作用。大学不仅要传授知识，还要培养学生的创业能力；不仅要创造知识、转让技术，还要直接参与、服务创业活动。

从知识发生学的角度进行分析，如果说发源于中世纪的早期大学的组织目标是知识传播，此后的研究型大学则把知识创造的目标融入大学之中，而新兴的创业型大学则将知识的应用发展为大学的组织目标。正因为如此，目前关于创业型大学的讨论中，基本无法绕开知识转移、学术创业、知识资本化、建立以知识为基础的企业等相关概念和范畴。在创业型大学中，进行知识应用的最终目的，就是促进经济和社会的发展。

（二）创业型大学的构成元素：多元组织与模糊边界

在传统的教学型和研究型大学中，大学的内部组织是比较清晰可辨的。一般的大学，都是由学术单位和行政后勤服务单位两大类组成的，其中学术单位往往建立在知识分类的基础之上，划分为不同的学科、专业和院系。而在创业型大学中，则出现了大量不同于传统学术单位的组织单元，这些组织单元形态各异、功能多样、边界模糊，处在大学与外界联络的中间地带，对创业型大学的目标实现起到重要作用。这些组织单元往往依托大学的教师、研究人员或研究生，与外界建立千丝万缕的联系，如各种项目中心、专项计划办公室、联合实验室、合作平台、资源网络等，我们很难简单地界定这些组织单元是否隶属于大学自身，同样也很难将这些组织排除在大学组织之外。这些组织机构的经费来源、人员身份、工作方式及行动结果是多元化的，呈现出极大的差异性。但是这些组织机构也具有一些共同的特征，如它们都采取以不同的方式联结大学和相关社会机构；有利于促进大学与外部人员、信息和资源等方面的交换；促进大学内部的师生进行创业活动；促进大学科研成果的转化为以知识为基础的高新技术企业等。

在这类组织中，具有典型代表的有麻省理工学院的企业论坛、创业中心、技术创业中心、产品开发和创业中心；新加坡南洋理工大学的创业技术转化处、南洋技术创业家中心、下属学院成立的产业联络处；斯坦福大学的斯坦福创业网络、斯坦福商学院高科技俱乐部、创业思想领导者研讨会、斯坦福大学企业联系办公室等。它们往往整合了大学内外的各种资源，以创业教育、技术开发、技术转化、联络合作为基本目标，共同促进学术和知识的现实应用。

（三）创业型大学的运作方式：创业活动与商务运营

与传统大学相比，创业型大学除了拥有传统大学所具有的课程建设、科学研究等核心的运作方式外，还拥有独特的动作方式，即直接参与创业活动和商务运营。当研究型大学将自己的科研成果进行转化或创办衍生企业时，研究型大学已经向创业型大学转变。在创业型大学中，创业作为组织的核心目标之一，已经成为"大学人"的共识。这些"大学人"在大学制度和组织文化的鼓励下，对一切可能的商业机会进行识别，将创意发明、研究成果进行实践应用，从而为社会提供新的服务并创造新的价值。

麻省理工学院是大学进行创业活动与商务运营的典型代表。麻省理工学院的师生和校友创办的企业，其创造的价值可谓是富可敌国。美国波士顿银行于 1997 年发表了题为《MIT：冲击创新》（*MIT: The Impact of Innovation*）的报告，该报告称如果把麻省理工学院校友和教师创建的公司组成一个独立的国家，那么这个国家的经济实力将排在世界第 24 位。麻省理工学院的毕业生和在校教师在全球创建 4000 多家企业，就业人数达 110 万，年销售额高达 2320 亿美元，比南非稍低，但比泰国要高。而在 2009 年考夫曼基金会发表的后续研究报告《创业冲击：MIT 的角色》（*Entrepreneurial Impact: The Role of MIT*）中，这些数据得到了大幅度的提升：麻省理工学院的毕业生和在校教师已在全球创建了 25 800 多家企业，就业人数 330 万人，销量额高达 2 万亿美元，保守估计至少可以排在世界第 17 位，而按国内生产总值产出计算则排在世界第 11 位。

（四）创业型大学的文化：实效与创业的文化

在传统大学中，大学组织文化的基本特征是学科忠诚和学术发展。而在创业型大学，组织文化得到了显著的拓展，即注重实效和倡导创业的文化心态已经融入大学成员的日常行为之中。创业型大学中的科研人员开始分化为至少 3 种类型：第一类是传统的从事基础研究的科研人员；第二类研究人员则将研究的主题转向或聚焦于实践领域，围绕解决工程领域和社会生活中的实际问题展开；第三类研究人员则专门从事技术开发和技术运用的工作。在创业型大学中，他们将更多的精力投入科研成果的实践运用，并通过创业行为直接服务于地方经济。

在创业型大学中，创业文化并非孤立的文化形态，而是与很多其他相关的规章制度一起的，共同起到推进创新创业行为的作用。这些制度包括知识产权制度、教师和研究人员的薪酬制度、大学评价体系和奖惩制度等。早在 19 世纪 20 年代，麻省理工学院就成立了一个专门的委员会，对教师能否从事咨询服务工作这一问题进行讨论，并于 20 世纪 30 年代最终确定了著名的"五分之一原则"，即"教授一周内有一天的时间可以用于咨询或者通过参与企业挣钱"。事实证明，类似的制度文化能够有力地促进创业型大学的组织目标的实现。

第二节　创业型大学的创业教育生态化

当前，我国大学的创业教育与创业型大学的建设依旧各自为战，既没有明确创业型大学创业教育目标，又没有全面把握创业教育在创业型大学的特性。创业教育与创业型大学形似神不似，创业教育发展过程中的诸多亟待解决的问题依然存在，严重地阻碍了创业教育的生态发展。创业型大学的创建，为高校创业教育摆脱困境提供了新的视角。高校的创业教育应植根于创业型大学的发展过程，从创业教育系统建设中得到提升。在创业教育系统中，创业中心、合作平台、跨学科组织、教育平台、实践平台和学生社团等要素相互链接，形成了一个不断推进的创业循环系统，保证了创业教育和大学创业行为的可持续发展。

近年来，随着大学毕业生就业压力的不断增加及全球化和信息技术对个人职业生涯规划的影响，越来越多的大学生开始把自主创业作为一种职业选择。再者，当今的商业环境使用人单位提高了员工的进入门槛，要求受雇者除了在本岗位上有良好的表现外，还必须具备一定的企业家特质。因此，具备首创、冒险精神、创业技能和独立工作能力的创业型人才越来越受到用人机构的青睐。我国大学的未来走向，正是通过创业教育培养创业型人才，这既是高等教育对市场经济的适应，也是创业型经济对人才素质的驱动必然。

一、大学创业教育面临的主要困境

我国高校的创业教育历经了 10 多年的探索，但在实际的运行过程中，困境仍然存在，并没有得到有效的解决，主要突出表现在以下几个方面。一是各自为战。当前我国高校的大学生创业教育与高校发展存在各自为战的状态，既没有形成完整的创业教育理念也没有渗透到学校人才培养的目标当中，既没有系统的创业学课程也没有融入学校的专业教育。创业教育还基本处于第二、第三课堂的境地，与高校第一课堂存在着"两张皮"现象。二是效果欠缺。一些高校开展的创业教育虽形式多样、内容丰富，但学生创业热情和信念随着学习年限的增加逐年下降，毕业后真正从事创业的人数不到毕业生总数的 1%，创业成功的更是少之又少。三是指导缺乏。创业教育理论研究不够系统，颇有创意、有深度的对创业教育实践进行总结的高水平理论成果不是很多，创业教育理论很难发挥对高校创业教育的指导作用。高校创业教育既缺乏本土化的成果，又缺乏权威性的教材，往往直接使用国外的教材，导致水土不服，难以适应我国的创业实践和创业环境。四是课程基础薄弱。创业教育课程是创业教育的核心，建立一整套合理可行的创业教育课程体系是开展创业教育的前提和基础。与欧美发达国家相比，我国大学的创业教育课程体系建设尚处于初始阶段，基础比较薄弱，不能满足学生的创业需求。五是师资匮乏。高校目前的创业教育师资大多不具备创业或投资经历，不熟悉企业的运营管理，加上学生的创业信念不坚定，可以说是"一批不懂得创业的教师在教一批不想创业的学生"，其效果可想而知。创业教育需要理论与实践并举的"双师型"师资，但是，目前既有一定理论高度又具有丰富创业实践经验的"学者型企业家"或"企业家型学者"十分缺乏,其对学生创业指导作用十分有限。

二、创业型大学与创业教育的逻辑关系

随着知识在社会中地位的提升,大学、产业、政府以一种更为直接的方式相联系,三方除保持自身的独特作用和特殊身份外,彼此间协调合作,产生一系列的混合型组织,从而为一个目标的实现形成合力,更好地推动了国家和地区的发展。当前,我国大学正成为知识的传播、生产和应用中心,它以促进经济发展与社会进步为目的,确定自己战略方向的自主性,主动寻求组织创新以适应内外部的变革,日益同产业界、政府等其他机构密切地发生相互作用。教学和研究更注重实际问题,不断拓宽资金来源渠道,形成创业文化与学术文化一体化的新型大学。

一所创业型大学必须承担两个使命:第一,它必须训练未来的企业家,而后者可以建立自己的事业并具有创业的精神;第二,它必须以企业化的方式操作,建立孵化器、技术园并使学生参与其中,通过这些机构帮助学生成就事业。埃茨科维兹在研究创业型大学的进化过程时提出,创业型大学的构建使创业教育成为一般教育的一部分,而不仅仅局限于工科和商科的学生。目前美国大学的创业教育的组织模式已经从传统的、单一的商学院中心的"管理聚焦"模式,向"管理聚焦"与非商学院的"光芒四散"共存的模式转变,形成全大学范围的创业教育体系。

从创业教育与创业型大学的发展历程来看,两者从萌芽阶段到蓬勃发展都存在着千丝万缕的联系。人们最初的求新、求变的想法形成了创新理论,一方面催生了创业行为,另一方面为两者寻找到了最适合生存发展且有充分创业资源的场所——大学。事实上,创业教育正在与大学的创业行为相互融合,而作为创业型大学也需要有高质量的、深入各学院的创业教育作为基础,并结合学校的其他研究、学生组织、资金等资源,构建一个创业教育系统,促进其创业活动可持续地发展下去。

创建创业型大学是适应我国高等教育发展趋势的战略选择。拥有知识和技能的大学毕业生理应成为创业的主力军。创业型大学的创建,为解决高校创业教育困境提供了新的视角和现实的可能。总之,高校的创业教育应植根于创业型大学的发展过程,从创业教育系统建设中得到提升。

三、创业型大学的创业教育目标和特征

(一)创业型大学的创业教育目标

1. 创业教育是一种素质教育与创新教育的延伸和实用化

20 世纪以来,我国教育界相继提出了"素质教育""创新教育"等具有革命性的教育概念,有效地促进了人才培养观念的变革。但在实际运行过程中,被认为是内涵丰富的素质教育、创新教育却是"风声大雨点小",带来的只是概念上的抽象、理解上的混

乱和行动上的无所适从。创业教育把人才培养这一神圣的话题拉回到个人生活与社会生产的实际，与个人现实生活需要及其未来价值实现、社会发展及其形势变化联系起来，使衡量人才标准的"人才培养质量"变得更加具体而实在。2010 年教育部《关于大力推进高等学校创新创业教育和大学生自主创业工作的意见》提出："创新创业教育是适应经济社会和国家发展战略需要而产生的一种教学理念与模式，在高等学校中大力推进创新创业教育对于促进高等教育科学发展，深化教育教学改革，提高人才培养质量具有重大的现实意义和长远的战略意义。创新创业教育要面向全体学生，融入人才培养全过程。要在专业教育基础上，以转变教育思想、更新教育观念为先导，以提升学生的社会责任感、创新精神、创业意识和创业能力为核心，以改革人才培养模式和课程体系为重点，大力推进高等学校创新创业教育工作，不断提高人才培养质量。"①

2. 创业教育在于培养具有开拓性素质的人才

创业作为一种开拓事业的行为，开拓性素质是创业活动所需的核心素质，也是创业教育追求的培养目标。开拓性素质是人的知识、能力和优良品质等素养的总和，是人的综合素养的全面提升，是人的智慧和性格的全面发展，是人的才能和个性的自由发挥。创业是具备开拓性素养的人的艰辛创造性劳动。创业教育与单纯的知识教育、能力教育和思想教育有所区别，是一种在综合素质培养基础上的开拓性素质的发掘与提升。

全球化背景下，由于未来社会将面临越来越多的不确定性，大学人才培养的目标不再是定位于能拥有一份稳定工作的专业人士或普通白领，而是拥有创业能力、能够自我雇用，甚至创造就业机会的创业者。创业型大学的创业教育不仅成就大学生一份事业或谋求一份稳定的工作，更重要的是，通过多种校内外机构联合着重激发创业潜能、培养创业意识、塑造创业精神、提升创业能力和素质，以获得持续的发展能力。

（二）创业型大学创业教育的特征

创业教育起源于 20 世纪 60 年代的美国大学，如麻省理工学院、斯坦福大学、哈佛大学等创业型大学，从创业教育和创业型大学的发展历程来看，两者从萌芽阶段到蓬勃发展始终存在着不可分割的联系。创新创业教育正在与大学创业行为相互融合，而作为创业型大学也需要有高质量的、深入学科专业的创新创业教育作为基础，并结合学校的科研机构、学生组织、孵化器等资源，构建了创业网络并促进其创业活动可持续地发展下去。创业型大学的基本特征是学术的创业化和知识的资本化，创业型大学不仅要传授知识，培养学生的创业能力，而且要创造知识、转让技术，直接参与、服务创业活动。创业教育作为创业型大学生态系统中的一部分，具有以下显著的特征。

1. 教育对象的全体性

当今发达国家在创业教育对象上存在两类不同的观点：一是以美国为代表的狭义的

---

① 教育部，2010．关于大力推进高等学校创新创业教育和大学生自主创业工作的意见[EB/OL]．（2010-05-13）[2015-10-23]．http://www.moe.gov.cn/srcsite/A08/s5672/201005/t20100513_120174.html.

创业教育对象，面向个别学生培育将创业作为自己的职业生涯，掌握创业与专业知识与技能的创业企业家；二是以欧盟及一些国际组织为代表的广义的创业教育对象，面向全体学生培养创业态度、行为和技能，以及将专业知识与技术商业化的能力。在我国，创业型经济以创业活动为内生经济增长为主要动力，创业型经济模式的纵深发展，急需大批具有创新精神和创业能力的复合型人才。同时，大学毕业生就业压力的增大，自主创业逐渐成为大学毕业生的一种职业选择。再者，创业型经济的蓬勃发展，用人单位提高了员工招聘的标准，除了具备良好的专业素养以外，还要求员工具有一定的企业家特质。具有冒险精神、首创精神和创业能力的创业型人才逐渐成为用人单位的首选。我国创业型大学的创业教育通过全体学生的创业教育，使未来几代人设定明显的"创业遗传代码"，造就革命性的创业一代作为基本的价值取向。

2. 组织形态的多元化

在英国和美国等创业教育比较成熟的国家，创业教育已从独立的研究领域发展成为管理领域之外的非商业研究学科领域。在创业型大学内部，产生了不同于传统学术单位的组织单元，这种组织单元形态各异，功能多样，边界模糊，处于大学与外界联络的中间地带，这对创业型大学目标的实现起到了不可替代的重要作用。这种组织在一般意义上很难界定，但它们通过大学教师、研究人员及学生的创业行为与外界保持紧密的联系。例如，麻省理工学院的企业论坛、创业中心、技术创业中心、产品开发和创业中心，斯坦福大学的创业网络、学生创业组织、创业学科和其他技术类的高水平研究及相关的学术交流活动。这些组织都为创业型大学的创业教育和学术创业活动提供了良好的平台支撑，形成了大学创业与创业教育相结合的"全大学范式"。

3. 创业资源的开放性

创业教育资源是学生进行创业训练和实施创业的重要保障。创业型大学与外界保持着十分密切的科研、生产和应用联系，使大学从社会的边缘不断走向经济社会的中心，从社会发展的旁观者演变为社会发展的参与者。创业教育也从校园中走出，扎根于社会生态系统。创业教育一方面培养大学生把握创业资讯，从社会多渠道争取社会资源的能力；另一方面则是为校内外的创业活动提供所有的资源。其主要表现在以下几个方面：一是根据产业界的发展变化，不断调整教学方案、教学方法，以适应产业界的需求。二是创业教育教师广泛参与产业界的科研合作和创业实践，并运用到创业教育课堂教学和实践教学。产业界具有丰富创业经历的成功人士被聘为客座教授，承担创业教学任务或负责指导学生的创业活动。三是通过校企合作，企业的需求能够作为创业项目来源，学生创业项目能在共建的创业孵化园进行孵化，解决了大学生创业实践经验不足和创业资金短缺的问题。四是创业型大学创业教育各类机构，如创业中心、技术转移办公室、社会合作处、校友会、研究中心、重点实验室、创业指导中心与各类孵化器和科技园、风险投资机构、创业培训机构、创业者协会保持密切的联系，形成了大学、企业、政府"三位一体"的良性互动的创业教育资源体系。

4. 运作模式的多样化

创业型大学的创业教育融入专业教育，其运作模式通常有以下几种：一是专业结合模式。表现为在容易结合专业知识进行创业的专业中增设创业能力培养计划。常春藤盟校设立了两类创业能力培养计划：一类是非学位培养计划，包括课程计划与辅修计划，不授予学位；另一类是学位培养计划，符合毕业条件者会获得相应学位，包括学士、硕士、博士 3 个层次。二是课程改造模式。在现有的专业人才培养方案的基础上，增设专业创业类课程，以专业选修或专业必修的形式纳入专业教育教学计划。增设的专业创业类课程多冠以"课程名称＋创业"或"课程名称＋创业管理"，由专业教师与商学院或管理学院教师合作教授。三是课堂渗透模式。在专业的课程教学中，注意结合专业特点增加专业创业知识的讲授，并灵活运用专业创业案例，挖掘本专业的创业点，使课堂教学具有创业导向。四是实践教学模式。创业型大学注重吸收学生参与教师的科研工作，在科研成果转化的同时，培养学生创新创业精神；成立了校、院、学科及专业校内各级学生创新创业实践基地，为学生在校期间的创业实践提供场地和技术支撑。创办实体性质的实验室、创业企业、设计室，通过"做中学"的实践教学形式培养学生的创业能力。

5. 教育方法的灵活性

创业教育方法有别于传统的专业教育方法，创业教育方法应使学生积极主动地参与教学过程而非被动接受，基于创业体验的教学，跨学科的教学合作，小组或团队的创意设计、案例教学、创业工作坊、创业模拟、创业实践等灵活的教育方法更能培养学生的创业精神、创业意识和创业能力。创业型大学的创业教育方法主要有以下几个：一是创业小组。通过创业小组，学生根据产业界的需求，在教师的指导下，撰写完整的商业计划书，学生的团队意识、领导能力及沟通能力等得到了充分训练。二是创业计划竞赛。学生的创新产品或创意方案通过竞赛能够获得创业人士专业化的检验，这为学生获得资助实现创业梦想提供了可能。与此同时，学生的技术水平和管理能力得到了锻炼。三是创业模拟。学生按照实际公司的组织结构和商业操作程序，通过组建公司、确定公司架构、分析经营环境、尝试经营业务和完成各项岗位工作任务，体验真实的商业环境和商业行为，从而增强其参与市场竞争和驾驭市场的应变能力，降低创业风险，提高开业成功率和经营稳定率。四是创业实践。学生的创业项目在各类投资者和金融机构的帮助下，组建自己的创业网络，获得创业各种资源，在大学科技园、创业园开始实际的创业实践活动，同时获得专业体验和创业经验。

6. 创业教育的学术资本化

学术价值是创业型大学核心价值所在，学术资源也是创业型大学的核心资源。和一般的知识、能力及其获得方式相比，学术资本是以学术性知识为基础，以学术能力为表征，以综合的学术素养为依托的一种文化资本。对于大学生个人而言，培养他们的创新创业能力，除由专业知识、能力培养综合的学术素养以外，更重要的是他们利用资本、运作资本和由此显示出来的学术资源优势和学术资本效用。这不是传统意义区分的生存型创业或机会型创业，而是学术型创业。创业教育学术资本化就是培养学生从学者到创业者的转变，把优势的学术资本转化为创新创业资本，提升创业能力，实现自主创业立业。

7. 创业文化的一体化

创业文化是开创事业的思想意识及相应的价值观念和鼓励创业的社会心理总和。创业型大学的创业文化是"涵盖变革的文化""全大学的文化""系统解决的文化""思行合一的文化""整合协同的文化"，归根到底，已经内化为全体成员的共识和全部行为的品格。创业文化推动了创业教育的开展，解决了学生培养导向问题。这使培养的学生面对生存环境的挑战，具有自主发展、自我发展、自立发展的精神和应对挫折、抗风险的能力，也使学生创业意识的确立、创业精神的塑造、创业知识的获取、创业能力的培养成为潜意识和自觉的行为方式。

四、创业型大学创业教育的生态发展路径

当前，中国高校创业教育呈现出以下明显的发展趋势：一是在价值取向上，从少数企业家速成的功利性价值取向向培养全体受教育者创业精神和创业能力的素质教育本源回归；二是在组织取向上，从单一机构推进向创业联盟或团体组织共同推进转变；三是在运作机制上，从校内联动到社会整体配合转变；四是在实施环节上，从粗放式的创业教育向培养"专业＋创业"复合型人才转变。创业型大学创业教育目标及特征，以及未来中国高校创业教育发展趋势的分析，为我们实践创业型大学创业教育提供了理论依据。

（一）在制度设计上，逐步完善创业教育的顶层设计

创业型大学的创业教育顶层设计就是对其未来发展进行谋划，是对其"整体理念"的具体化。它是把创业教育当成一项工程，运用"理念一致、功能协调、结构统一、资源共享"等系统论的方法，从全局视角出发，对创业教育各个层次、要素进行统筹考虑；并结合教学科研，利用知识、技术、创意、技能等开展创业活动，以创业促教学，以创业促科研，以创业提高社会服务能力。树立创业教育培养服务经济和社会发展的开拓性创业人才的创业教育理念，完善各级各类的创业组织和创业网络，建立健全创业教育规章制度，打造富有生机的创业文化。国内高校如浙江农林大学，根据《浙江农林大学中长期发展规划纲要（2011—2020年）》制定了《浙江农林大学"十二五"本科教育发展规划》《浙江农林大学关于鼓励和扶持创业的若干意见》等制度文件，对生态性创业型大学的创业教育进行了总体规划，提出："通过大力营造有利的创业环境，增强创新创业意识，激发创新创业热情。通过搭建创业平台，培养企业家素质和品质，提高创新创业能力。通过鼓励引导开展各层次各类型的创业活动，促进科技成果转化与产业化，扩大社会影响力。通过规范校办企业的运行与管理，促进校办产业发展，为全校的创业活动提供持续稳定的支持……学校各类创业活动须与创新创业人才培养、学生创业实践等教育教学改革有机结合，学生参与创业活动比率、创业能力提升等作为创业业绩的主要

评价内容。"

（二）在教育理念上，逐步树立创业教育的全新理念

创业型大学的创业教育是使全体教育对象通过特定的教育方式，形成具有个性特质的创业意识、创业精神和创业能力，成为推动社会变革的具有开拓性素质的创业性人才。这一理念成为学校教育教学改革的重要内容，体现在人才培养方案的修订、课程体系的设置、教学内容的选择、教学方式安排及教学制度的设计上，融入学校科技创新、学术活动、思想教育、创业活动、社会实践、校园文化建设过程中。同时，也体现在创业教育的制度安排上，激励和保障创业教育正常开展。

（三）在组织机构上，逐步完善各级各类创业组织和创业网络

创业型大学的创业教育组织机构应由校级创业教育领导小组、常设的创业教育管理机构、创业教育活动组织及各教学单位教育组织构成多层次的创业组织，共同推进创业教育的开展。校级创业教育领导小组负责学校整体创业教育政策措施的制定，统筹协调学校创业教育资源。常设的创业教育管理机构，如发展战略规划处、创业中心、大学生创业指导中心和教学质量监控中心等。发展战略规划处制定创业教育内容及评价指标，开展创业教育理论研究。创业中心整合各种创业资源，如学科专业实验室、创业工作室、学生创业社团、技术转移办公室、跨学科组织、重点实验室、科技园区和企业孵化器等。筹措创业教育资金，包括政府投入资金和市场投入资金，建立多元的创业教育资金体系。搭建创业平台，为师生创业提供服务等。大学生创业指导中心通过大学生创业信息服务平台，为学生提供创业项目、创业资金、创业导师和创业政策的咨询服务。教学质量监控中心建立创业教育质量社会评价机制，提供衡量高校创业教育实施效率的反馈信息，为培养合格的创业人才提供依据；创业教育活动组织通过举办创业论坛、创业计划大赛、模拟实训以开展不同专题的创业活动，营造良好的校园创业文化氛围。各教学单位通过教学计划、师资培养、教学实施、实习实训等途径具体负责本单位的创业教育工作。

（四）在运行机制上，逐步实现创业教育纳入大学的日常运行

创业型大学的创业教育要落到实处，成为大学的自觉行为，关键在于其运行机制。运行机制在很大程度上决定着组织成员的行为方式，因此，构建有利于推进创业教育的各项制度是着力点和保障。在创业型大学创办初期，急需解决的问题有以下几个：一是明晰产权和收益分配，促进师生科研成果转化的产权制度。二是改变单一的以科研成果为评价依据的评价体系，建立灵活多样的评价制度。三是整合校内资源和理顺校外各种创业相关组织机构的关系，形成良性互动的管理和服务制度，如创业平台与服务制度、创业教育课程建设制度、创业师资培养制度、创业资金扶持制度和创业教育评价制度等。通过制度运行，创业型大学将创业教育、知识转移、产品开发、学术创业等活动纳入大学的常规工作中，创业教育培养创业型大学所需的各种人才，包括创业师资和创业学生，有效地将学术成果转化为现实的生产力，促进创业型社会的进步。

（五）在教育模式上，逐步形成各具特色的创业教育模式

美国创业型大学的创业教育主要模式可分为聚焦模式、磁石模式、辐射模式等，不同模式也有很多变式。中国创业型大学的创业教育必须根据自身的特点，选择合适的发展路径。依托区域特色进行创业教育，使创业人才培养主动适应区域经济发展与产业提升的需求，这不失为明智之举。在培养方式上，以课程计划、辅修计划乃至学位计划的形式，将创业教育纳入制度化和程序化的轨道。温州大学、浙江农林大学在提供课程计划和辅修计划上进行了有益的尝试，形成了各具特色的课程体系。在国内学位计划形式受到学位授予制度的限制的情况下，它们尝试第二学位计划，为学生提供全面系统的创业教育。上述几种计划，可以由专业学院开设，由专业学院单独完成或联合管理学院、商学院来共同完成。在教育方式上，不同的创业型大学可获得的创业教育资源不同，采取的教育方式也不尽相同。创业资源有限的大学，可以采取课程小组、案例教学、模拟创业等在以校内为主开展的方式。创业资金充足、师资富裕、产业界联系丰富的大学，可增加创业园、科技园创业实践孵化创业项目，组织各类创业计划大赛，吸纳风险投资资金充实创业资金，聘请创业导师指导学生创业，使学生的创业项目更贴近产业界的实际和企业运行。

（六）在组织文化上，逐步形成一体化的创业文化

创业文化通过创业行动逐步形成并通过创业行动来体现，又对创业行动产生影响而获得提升。创业文化围绕大学的教学、科研和社会服务，在推动创业教育不断前行过程中，其表现形式主要是以下 3 种：一是质量文化。大学的创业行为整合了校内外的资源，质量文化是促进大学创业教育不断前进的动力。二是制度文化。大学制度体现创业文化，创业文化则需要制度来保障。它通过固化理念、扩展信念和规范行为，使创业教育成为和谐共进的有机整体。三是校园文化。校园文化是创业文化的"催化剂"。创业教育提供的不仅是能力培养，而且是一种尊重知识、尊重人才、开拓进取、追求卓越的校园文化氛围。

创业型大学通过营造协同创业的环境、公平竞争的环境和宽容失败的环境，使创业成为普遍的行为方式。正如大学的文化一样，文化使组织成员对组织有一种认同感，会激发成员对超越于他们自身的信念和价值观的承诺意识，这种文化一旦形成并稳定下来，就会产生有助于实现组织目标的功能性行为，会对组织的设计和运转、组织成员的态度和行为产生重大的影响。在创业文化的熏陶下，学生在自然真实的环境下接受创业教育，激发创业意识和创业潜能，自觉成为适应创业型经济需求的创业型复合型人才。

五、创业型大学的创业教育系统生态构建

运用系统化的基本方法，把创业教育作为一个系统，分析系统的结构与功能，研究各亚系统、合作教育各要素与周边环境之间的相互关系和变动的规律性。根据系统化的

整体关联、动态平衡的原理研究创业教育各要素的有序化、功能统一化，创业教育各亚系统协同进化。我们认为创业教育系统应包括创业中心、合作平台、跨学科组织、教育平台、实践平台和学生社团各个亚系统。

（一）创业中心

创业中心是创业教育系统的核心，扮演着创业系统搭建的关键角色。创业中心通过制度建设，制定鼓励教师从事创业的各项政策，出台激励学生创业的各项办法，提供创业融资渠道和创业启动资金，为创业教育保驾护航；负责创业教育理论与实践研究、课程建设、教材建设、师资培训；建立创业活动与创业教育的互动机制，建立多种多样的创业型社团，开展多彩的创业竞赛活动，形成良好的创业环境。创业中心能将有潜力的创业者与有经验的创业成功人士进行匹配，进行免费的贴身辅导，提高创业大学生的创业成功率。

（二）合作平台

合作平台如社会服务处、校友会等，在创业活动流程中提供专业服务或活动的融合，很多时候扮演着大学—产业中介的角色。合作组织的职能：其一，通过定期走访企业了解企业需求，在产业界与学科组织之间搭建良好的桥梁，为产业界联系校内机构提供一站式的服务；其二，致力于发明成果的专利化、商品化和商业化等技术转移。它将产业界的资助以小额资助的形式用于成果的早期研究，并设计出一套流程将创新创业过程进行整合管理，建立起研究与企业界需求之间的桥梁。通过与产业界的合作，一方面，使学校获得大量的第三方资金，促进创新创业的良性循环，使本校的技术创新有效地进入产业界；另一方面，通过校企合作进行创新创业型人才培养，使学生在学习期间就可以获得实践经验，并与他们未来的职业建立连接，为学生的职业规划创造条件。

（三）跨学科组织

跨学科组织如研究中心、重点实验室等，通过协调知识和行政管理界限内部或跨越界线的研究者来培育交叉学科。它们允许知识背景各不相同的个人分布于不同的系，并在一个共同的框架内集合起来。研究中心的兴起使大学变得更加复杂，教职员工在院系、中心和其他组织扮演着多重角色。负责人越来越像公司的首席执行官（CEO），管理研究中心，联络学术界、产业界、政府和公众。跨学科的专业组织都非常关注特定领域的产业与学科联系，致力于根据产业需求来研究与开发。跨学科的科学研究和人才培养现正成为研究型大学发展的新趋向，并逐渐成为创业型大学进行创新创业人才培养、产生重要的科技成果和有效推进产学研合作的重要途径。

（四）教育平台

教育平台侧重创业教育与辅导，主要从以下两个方面构筑这一平台。

1）课程体系。课程体系设置，既要考虑到面向全体学生的广识性的创业课程，又要考虑到潜在的企业家的培养。借鉴国外的经验，创业中心提供的创业课程应有以下5种类型：一是以商业计划书为中心的一般性创业课程，如商业计划书的撰写；二是创业活动专业性课程，如创业法律、创业营销、创业财务、创意与策划和创业案例研究等；三是专业技术领域的创业课程，如农业创业、能源创业、软件创业、医药创业和数字创业等；四是体验性的创业课程，如国际劳工组织的"创办并改善你的企业"（Start&Improve Your Business，SIYB）和"知晓创业"（Know About Business，KAB）、欧盟开发的"微型公司"等，让学生通过组建团队模拟创业，获得创业经验，懂得如何开启和创办一个新企业；五是特殊创业课程，如公司创业和社会创业。授课方面，应采取多样的教学方法，着重于能力与经验的传承。

2）师资培养。创业师资是创业课程和实践得以顺利开展的关键。理想的创业师资队伍包括创业理论教师、创业实践指导教师、创业导师、创业咨询师、创业成功者、创业者等多种类型。高校从创业教育长远发展考虑，内部建设一支专业化的创业教育师资队伍。对于专业技术人员，从科研业绩考核、津贴待遇、职称评定等各个方面为教师参与创业教育解除后顾之忧。创业教育的特殊性决定了外聘创业教师是其重要组成部分。例如，高校利用外部资源，邀请企业成功人士、校友代表来校为学生演讲或作为学生的创业导师等。为了使外部师资更加适合学校创业教育的需要，学校应做好创业课程与外部相关师资的融合工作，从而提高学校的创业教育质量。

（五）实践平台

创业活动是一项连锁的、互动的合作化事业行动，创业能力是一种综合的、融合的能力，创业成功的要诀在于有效整合创业所需的经营资源（人、财、物、时间、信息）。对于高校的创业教育而言，这种合作化的行动与资源整合集中体现在实践平台建设上。

实践平台包括几个方面：一是各种创业计划大赛，这是一项传统且有效的创业学习模式。为增强我国高校创业教育的有效性，有必要将现行的创业大赛一分为二，分为创业能力竞赛和创业实战大赛。前者为各类创业计划和能力的竞赛，后者为实际的创业大赛。二是校内各类实验室、中心和校内企业孵化器。通过各类实验室、中心，努力实现知识和技术商业化。通过校内企业孵化器，在有创业经历的"创业导师"和"种子资金"或"风险投资"的扶持下，进行创业准备。三是校外大学科技园、社会创业支持机构、开发区和产业园区等机构，在校内做好创业准备的"准创业者"在上述机构中进行创业预孵化。

（六）学生社团

与创业中心一样，学生社团在创业教育系统中扮演着举足轻重的角色，在社团中学生得到的是成功商人需要的而在教室中无法得到的机会和技能。与创业中心等"官方组织"相比，这种的学生社团角色比较单一，主要是网络组织者。

创业类的学生社团是由有创业意愿的学生自发组建的学生组织。通过开展各种各样的活动，将对创业感兴趣的、来自不同学科的学生、校友和相关人士聚集在一起，在产生创新和创业的火花的同时，也形成了良好的创业网络。在社团活动中，学生得到了成功创业至关重要的资源，其中有创业者、投资者和潜在伙伴组成的网络，创业成功人士的有效辅导，特定的商业计划技能和知识，内容丰富的创业资讯，潜在的创业团队和广泛的媒体曝光率等。

（七）创业教育系统的运行

创业教育系统是以创业中心为核心，合作平台、跨学科组织、教育平台、实践平台和学生社团等不同功能的组织紧密结合且能相互促进的网络。其运行方式如图 6-1 所示。这 6 种组织相互连接，促进各组织间的交流与合作，在大学内外促进了跨学科的创业教育和研究，整合了大学的创业相关资源，形成了创业教育与大学创业的全大学范式。整个创业教育系统使研究者、教师、学生、校友和社会、技术和企业紧密而有机地联合起来。使技术研发、创业人才培养、技术转移等形成一体、相互促进，使创业型大学不再是依靠技术的创业行为，而且将创新创业教育也纳入创业型大学的整个创业网络之下。因此，创新创业精神促进新技术的产生和研究者的创业愿望，教育平台培养创业活动所需要的人才，跨学科组织、合作平台、实践平台、学生社团等对创业进行辅助、孵化，创业中心再以自己的研究为指导，完善整个创业流程，这样就形成了一个不断推进的创业循环系统，保证了创业教育和大学创业行为的可持续发展。

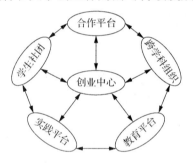

图 6-1　创业教育系统运行图

与其他国家相比，我国大学的创业教育涉及面更为广泛，通过社会各种专业性学会、协会、创业中心、学术研究组织、培训组织、推广组织、企业、基金会等组织，形成相互协调的创业教育推进机制。大学须从构建创业型大学的长远考虑，重点完善科技成果转化中介机构的职能，充分发挥技术转移办公室、研究中心、重点实验室、科技园区、企业孵化器等机构在推动大学生科技创业活动开展中的作用。

第七章 "双创"生态化

当前我国正处在创新创业最好的时期，政府力推"双创"（大众创业、万众创新），对于创业创新的扶持力度，已走在世界前列。2017年7月12日的国务院常务会议再次聚焦"双创"，讨论通过了《关于强化实施创新驱动发展战略进一步推进大众创业万众创新深入发展的意见》。李克强首次提到要创造生机勃勃的双创"生态环境"，他提出，"为深入实施创新驱动发展战略，把'双创'推向更大范围、更高层次、更深程度，光靠众创空间、双创基地还不够，更重要的是环境，要统筹各种支持政策进一步营造融合、协同、共享的'双创'生态环境。"① 双创"生态环境"的内涵就是要超越一处处单独的空间、基地，或者一项项单独的文件、措施，从而在全社会养成一种激发创新创业活力、呵护创新创业热情的群体氛围。此次李克强把推进"双创"上升到"生态环境"的层次，这是认识的深化，也预示着中国"双创"的蓬勃发展，有利于促进中国经济在全球新一轮科技革命和产业变革中抢占先机。

"双创"已然是时代的主旋律，取得了令世人瞩目的效应，得到了广泛的认同。2017年4月，联合国大会将"双创"理念写入相关决议，呼吁世界各国大力支持创业创新。与此同时，一份来自欧洲机构的报告指出，中国在"互联网＋"等新技术领域的转型快于世界其他国家。这样的发展格局，正与"双创"直接相关。

美国硅谷一向被视为基于自由市场创新的一个"标杆"，它拥有世界上最具有标志性的创新生态系统，它的成功不仅仅是将优秀的人才、前端的创意和优质的资本堆砌在一起，或线性地关联在一起，更是形成了全球最顶级的创新创业生态系统——雨林模式。遐想雨林，眼前浮现的是茂密的森林植被、充足的阳光雨露、清新的空气和宽松自由的生长环境，还有意想不到的旺盛的生命力和令人叹服的多样性的物种。雨林中，一棵像野草的植株极有可能是整个生态环境中的"基石"，或可能成长为最有价值的新的植物。

在美国，硅谷从一片片果园演变成为高科技丛林，实现了"史上最大一次合法的财富积累"过程，成为全球各地被模仿的偶像。美国纽约有硅巷（Silicon Alley），英国伦敦有硅环岛（Silicon Roundabout），德国柏林有硅街（Silicon Avenue），爱尔兰有硅坞（Silicon Dock），日本有硅岛（Silicon Island），印度有班加罗尔（Bangalore），中国有北京中关村、上海浦东硅谷、广东深圳硅谷、浙江杭州的"天堂硅谷"。硅谷雨林生态系统自身也在不断进化，就像《硅谷生态圈——创新的雨林法则》作者美国人维克多·黄和霍洛维茨（2017）所说的一样，"开始的时候我们并不认为政府是创新中必不可少的因素，但是我们的亲身经历告诉我们，公共机构承担了远比一般思维中所认为的更为重要的角色……政府可以在其中承担一个必需且重要的角色。公共机构可以帮助培育创新

---

① 陈翰咏，2017-07-15. 首提双创"生态环境"总理深意何在[N]. 第一财经日报（1）.

系统，各种原材料都可以在这个创新系统中以正确的方式组合在一起。这样做公共机构将播下雨林的种子，而雨林就是创新的生态系统，创业公司茁壮成长，经济发展繁荣昌盛。"除了政府的作用再认识以外，从生态学角度，什么是创新创业的本质？创新创业生态环境是如何构成的？什么是创新创业生态系统的影响因素？如何让更多的想法、天赋和资本这些养分滋润创新创业项目遍地开花？如何让创新创业造福于人类？这些问题我们回答过，但从生态学角度来说，国内研究还很少。我们可以通过对比硅谷高科技生态圈的形成、发展、繁荣，试图为国内创新创业生态系统提供可借鉴的经验。

第一节　硅谷高科技生态圈

　　硅谷是世界信息产业的"麦加"，大致指从圣弗朗西斯科以南到圣荷西以北这段夹在 101 和 280 两条高速公路之间的狭长地带。硅谷从第二次世界大战后开始腾飞，早期由以车库创业的鼻祖惠普公司和 Inter 公司为代表的半导体和设备公司，一举推翻了美国东部波士顿周边 Route128 产业链长期在这个行业的垄断，陆续涌现出 Sun Microsytems、甲骨文股份有限公司（Oracle）、3COM（美国设备提供商）、思科公司等大量领导计算机界的跨国企业。20 世纪 90 年代中期又率先掀起全球互联网风暴，造就了像脸书、网景通信公司（Netscape）、Uber（优步）、推特等称雄于 21 世纪的第二代互联网企业。不仅如此，众多大大小小的公司相伴这些"航空母舰"，还有数不清的成功和尚未成功的创业者，以及聚焦在著名的沙山路——西海岸的华尔街（Sand Hill Road）两旁的大多数美国风险投资公司。

　　已有的数以百计的书籍、数以千计的文章和数以百万的推文，记录下硅谷每一次的创新思想和行动，但很少涉及如何系统地激发创新。硅谷是全球范围中有限的几个地区，它形成了持续的创新生态系统，不断地通过人的网络来形成可持续的非凡的创造力和生产力。创新是人类区别于其他生物的特别符号。人类拥有的合作能力造就了基于互助生产和互利交易的现代社会，而这种合作能力能够把不同的天才、思想、资源整合为一个巨大的整体。

一、创新的奥秘

　　1980 年，美国天文学家卡尔·萨根（Carl Sagan）在其主持的公众电视节目《宇宙》的一段名为"红色星球布鲁斯"情节中，他以一种十分惊人的方式来检测地球生命的化学过程。他准备了一个非常大的装有很多水的桶，往桶中加进去一些不同寻常的物质：四大桶木炭（碳元素）、一桶粉笔（钙元素）、一小桶钉子（铁元素）、一瓶液氮，以及其他看上去非常随意的元素。然后，萨根拿起一根木棍开始搅拌。他告诉大家，大木桶中所放物质的元素种类和比例与人体是一样的，但是就是造不出人类。最终，萨根说："生命的本质远远不是由原子和小分子以一种简单方式拼凑在一起。"换言之，当你把各种原材料拼凑在一起时，你需要一种独特的秘方来把这些元素变成特别的东西，要准备去创造比拼凑材料更伟大的东西。创新也遵循同样的道理，即使像芝加哥那样拥有硅谷全部同样的元素，也不一定能够得到成功的创新。对于此问题的研究，能够更好地推动全世界的经济发展，提高亿万人群的福祉。相反地，对于系统创新缺乏长期的理解，意味着各国政府将浪费用于刺激经济与社会发展的巨额财富。

当我们回味创新系统时，最大的生产力不是来自于机械化的农场，而是类似雨林的环境。在这个环境中，表面上是在于原始的碳、氮、氢、氧原子的组合，实际上它能够繁荣兴旺主要在于把这些元素进行有机地整合，并能创造出出人意料的具有旺盛进化能力的动植物群落。也就是把无生命特征的无机物创造成为欣欣向荣的有机物系统。它不是推动单一创新的存在，而是通过设计与构造适当的环境来激发群组创新的产生与繁荣。

这个创新系统如同产生生命的系统一样。1953 年，生物研究学家史丹利·米勒（Stanley Miller）在国际一流期刊《科学》上发表了一篇论文，彻底改变了我们对创造生命的想法。米勒对甲烷、氨、水与氢的混合物实施了电击，那个时候这 4 种元素被认为是早期地球中空气合成物。令人惊奇的是，电击的生成物并不是有机分子的随机混合物，反而是相对少数几种重要的生化混合物，如氨基酸、羟基酸与尿酸。伴随着这些激动人心的研究成果的发表，研究生命起源的时代开始了。从这一段描述中得知，我们并不能控制生命本身特定的创造过程，但是我们可以确保基本构造模块出现在合适的环境中，我们需要做的只是等待，等待"意外闪电"的出现。类比创新的出现方式，我们准备创新所需的具有思想的个体、充裕的资本和各类资源，并创造出它们相互联结的种种可能性，接下来我们所做的就是等待。我们等待形成人类创新创业的生态系统，人的创造力、商业智慧、科学发现、投资资金及其他元素以某种特别的方式结合一起，培养萌发出新想法、新创意、新技术、新产品、新市场，并能够茁壮成长为可持续发展的企业。

新古典经济学理论假设人们会用理性的行动去实现个人利益的最大化。这种理论被称为"理性选择理论"或者"理性行为理论"，这一理论是现代经济思想中的核心优先信条。"理性选择理论"所基于的假设在于：人们的行动总是能够反映出成本与收益之间的平衡思考，力求增加个人利益。这种"自私自利"是人的本性与需要，但是创新成功要求巨大的自我牺牲与自我约束，如果可以，我想把它称为"理想选择理论"，是受非理性经济行为支配的。

创新创业需要一种独特的生存环境，仅靠自由市场是不能够完全提供的。成功的创新创业要求多学科的聚合，以及个体之间特别交互的方式。创新创业是一种团队运动，要想成功必须通过持续的沟通、迭代和改进。创新创业的漏斗（图 7-1）展示的就是这个复杂的过程。

图 7-1 中，不同的想法创意、创业者、创业型组织、各种基础设施，沿着发现、发明、技术转移、技术开发这一技术路线进行技术商业化征途；研究者、发明者、赞助者、拥护者、天使构成了主体商业化的群落，出现了风险投资人、股票持有人和并购人；风险研究资金、保险资金、专利许可费、种子资金构成了资本商业化的来源，出现了风险投资资金和退出补偿资金；商业机会识别、商业机会评估及发展形成了规范的发布、成长、成熟、衰退和退出机制。以上这些因素发挥作用都需要全社会形成信息共享与成熟的教育网络，通过全社会公开的分析评估，参与到市场的公开选择过程。这是一平躺的

"漏斗"，而不是竖立的"漏斗"，说明创新各要素真正的转化并不是一蹴而就的，而是需要有市场条件才能实现的。

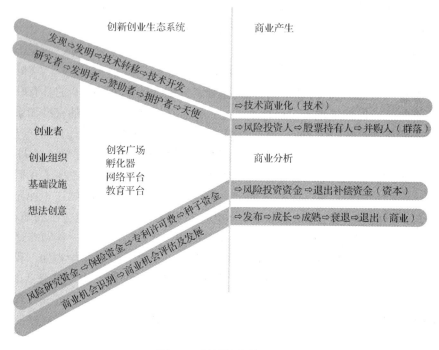

图 7-1　创新创业的漏斗

二、市场的条件

传统市场经济理论强调当社会比较放任时创新创业就会发生，遵照这种模型，任何形式的干预都会妨碍创新创业所需资源的自由配置，这是一种被动的自由市场模型，说明政府的不作为反而能够驱动经济产出。但是人们之间的社会壁垒带来了交易成本，削弱了经济生产力，即使我们把施加在创新创业上的一切生产力限制去除，市场也还是低效的。主动自由市场模型要求我们打破传统的经济思维。新古典经济学家把传统的土地、劳动力、资金和技术作为系统的输入，产生经济发展的输出。他们忽视了人的能动性，人不是无名的因素，而是人类控制着生产过程的各种要素。真实的人类被各种各样的社会壁垒，包括地理、文化、风俗、社交网络等划分开。这些社会壁垒有可能会非常严重，将把人们分隔开，导致相互之间的交易无法完成。

一般认为，高效的市场或完全自由的市场要求消除人为的各种障碍，因为这种障碍会限制经济行为，阻碍创业的繁荣。事实上，就算我们消除了自由市场的这些障碍，后面的创新创业过程也未必畅通无阻。这是因为我们在寻求合伙伙伴、消除政府壁垒上仍存在着大量的非故意成分的障碍，这使技术达不到市场的要求。

在一个完全高效的市场中，市场交易只需一堆个人协议即可，而不用把我们绑定在正规的公司中。毕竟公司的运作是会带来成本与负担的，这里存在一个交易成本的问题。

如果公司雇员做生意的时候都需要另起炉灶来谈判并签署新合同，那么他的交易成本比在一家单一公司工作而失去自由的代价要高；反之，把人们集中在一家公司一起工作所带来的利益要高于成本。他们无须对交易条款进行再次谈判，彼此的信任充当了一种非正式的合约。在创新创业的生态圈中，物理上的临近、技术上的进步极大地减少了地理壁垒和语言壁垒，共同的价值观、相近的文化增强了彼此间的信任，大量的小微企业有能力把创新产品带给世界市场，而且比以往更快、更灵活。

三、创新的壁垒

创新壁垒有很多，它们提高了建立彼此关系的成本，妨碍了市场的有效运转，使市场不再自由，抑制了创新的价值。第一种壁垒是地理因素，如高山、大海、沙漠、距离等；第二种壁垒是社交壁垒，这是人们分属不同社交圈子而形成的相互之间的隔阂；第三种壁垒是文化、语言和风俗上的差异，由于东西方文化背景不同，人们会有理解上的差异；第四种壁垒是信任缺失，即人们虽近在咫尺，但形同路人。

第一种壁垒是物理因素上的壁垒，后三种壁垒是人际关系上的障碍。随着交通和通信越来越便利，第一种壁垒越发地无足轻重，通信与网络技术的快速发展，我们可以瞬时、随地与世界任何角落建立联系，这为创新方式的产生带来了"地震式"的变动。阻止创新的主要障碍已从物理层面转移到了人际关系层面，但人似乎还没有完全适应由于社交、文化、语言、风俗和信任所产生的被放大许多的社会距离感。作为创新创业者，必须克服人际距离，建立信任，增强合作。

四、创新的连接

威尔逊（Wilson）提出了"生物多样性"的概念，即建立在一大片土地上的生物生态系统比建立在很多分散的小片土地上的系统更有活力。在创新创业的田野里，传统的集团模式只是一个小块土地，个人创新创业活动必须突破这个界限，实现更大的、更有活力的系统连接。人际网络越大，可能发现的市场空隙的数量就越多，"长尾理论"所提及的尾部曲线就能越发明晰，就有越大的潜力挖掘出多样性的有价值的结果。

创新的繁荣与成员、连接能力有关。社会壁垒所造成的交易成本，有可能毁掉有价值的商业机会，增加整个系统的机会成本。社会应该鼓励人们跨越社交距离进行连接、合作，构建商业企业，建立机构和制度帮助企业建立连接，降低交易成本，鼓励创新。

不同的圈子的连接难度是不同的，家庭和朋友之外的社交壁垒是很高的。当人们或者组织希望能够给不同群体带来社会信任并且创造出巨大的经济价值时，进行强连接并建立信任是很困难的。从人类本性上来说，生来就会对圈子以外的人群缺乏信任，个人必须努力工作才能够消除不信任，而这种不信任往往就存在于社会关系较远的人群当中。

五、"基石"物种

在生态系统中，"基石"物种一般起着中央支持枢纽的作用。它和生态系统中其他部分物种会产生非常有价值的互动，它们的存在对整个系统起着超过自身物种比例的作用。如果失去它们，这个生态系统的多样性就会开始崩溃，其他共存共生的物种就会消失。例如，海獭是生物生态系统研究中发现的基石物种之一，以及果实传播者中的灵长类动物、松鼠等。它不是顶端的物种，但是它们可以促进各地区的生态稳定，对于所属生态系统起着至关重要的作用。同时这种枢纽连接的范围越大，整个系统就越稳定，物种越多样。

在创新创业生态系统中，"基石"人物可以降低系统的运行成本，加速系统的运转，它能有效黏合有想法、有特殊才能的人和社会资本，产生出乎意料的结果。他们应该具备3种能力：一是黏合力，他们可以轻松地跨越别人认为不可逾越的各种障碍，如物理障碍、地区障碍、语言障碍等，消除他们之间人为的或天然的疑虑，鼓励他们黏合产生协同力。二是说服力，他们可以说服别人做自身想不到不会做的事情，这是说服不是强制，是通过长期的利益引导和非经济利益需求来吸引别人。他们通常知道如何唤起人的深层需求，往往能够以身作则，具备较强的人格魅力。他们能得到团队的普遍尊重，能够建立正向的团队文化。三是具有耐久力，他们不只是追求短期舆论效应，做一些只有短期效应的交易。他们能够心无旁骛、甘于寂寞、持之以恒、坚韧不拔，往往能够在别人不经意之间腾飞。这种腾飞是常人所不能触碰，不能想象的成功。"基石"人物的这3种能力，把分散的力量汇集起来，为共同的利益而奋斗，所创造的价值往往远远大于个体创造价值的总和。

"基石"人物可以是单独的个人，也可以是个"基石"组织，如各种创业平台、创业园。基石组织普遍具有一些共同特点，如通过传统的社交关系，超越固有的社交圈子，运用多种手段促进创意、技术、资金、平台之间建立紧密联系；促进相关个体之间的协作，特别是为新项目更有效地工作；维持住高质量的合作关系，成为高质量可信度关系网的枢纽；内强素质、外塑形象形成具有本创业圈子的亚文化，并不断地自我进化；普遍具有利他情节、冒险精神、挑战勇气、竞争意识、人脉资源、信任关系、学习进化和团队合作的能力。如果没有这些人，创新就很难产生。

六、生态的创业者

关于创业者问题，已有诸多的论述。这些论述仅从传统的视角，而我们更关注于在创业网络中的创业者所应具备的能力特征。一是风险承担的能力，创业者并不是天生的"机会风险"承担者，他们通过概率推算来确定所从事创业活动的风险，依据来自于外部环境的现状与未来的可能情况，由此来推算自身假设活动前景的成功概率。准确地来说，他们不是寻找风险，而是去规避风险、管理风险。他们是风险承担者，更是精于算计的风险计算师。二是信息更迭的能力。创业者必须不断进行信息的输入、运用和输出。

他们不仅强于线性的思考，更强于非线性的思考，运用大量的信息进行系统分析，模拟重组，假设重建，循环输出。三是学习进化的能力。创业者善于从书本中学习，善于向其他创新者、创业者学习，乐于接受他人的建议，实现自我的超越。创业者总是在寻找一切可能的机会从创业辅导机构中学习，向有实践经验的创业导师学习，学习前沿技术、管理经验，学习沉着乐观的创业品质，学习与客户、投资者、雇员和合作伙伴之间的团队意识。

七、创新的规则

创新创业活动是一种团队活动，人们要进行合作，其方法可以是合同约定，也可以是双方认同的不成文规则，不成文规则能够囊括一份合同所无法涵盖的诸多细节。成功的创新创业活动需要具有自我牺牲的精神，即牺牲部分眼前的利益来获取更大的长期效益。

创新创业活动是一种突破式的行动。它具有挑战性，是一种新奇的、冒险的，人们必须接受和相信打破旧规则和建立新规则的远大抱负。

创新创业活动是一种开放式的行动。它需要与他人进行更多的思想交流，学会倾听任何有潜在价值的想法，即便是意见相左者。

创新创业活动是信任与被信任的活动。不要担心自己的想法会被别人剽窃，首先冒险信任别人，信任所有合作伙伴，尽管你可能时不时地会有点小麻烦，但是到最后人们都会愿意和你做生意。信任与被信任是关键的第一步，如果人们愿意走出这一步，那么就会挖掘出更多的潜在的合作机会，交易会更多、创新也会加速。如果没有信任，在创新创业过程中，相关利益共同者之间就会有无数的机会扳倒别人，剽窃别人的创意，压底收购价格，卷款逃之夭夭等。失去了信任，创新创业活动就无法运行。

创新创业活动是学会与人和谐共处的活动。人们应该是平等、惬意、默契地进行交流，分享信息和想法，鼓励创新、宽容失败。

创新创业活动是人们共同尝试的活动。创新创业活动是团队活动，要求人们愿意共同试验。创新创业活动中人们不断试错、不断总结和不断改进。尽管取得最后成功结果的可能性与当初的设想大相径庭，但不妨碍展现出沉稳执着、不屈不挠的精神。

创新创业活动是各尽所能、最大限度地发挥个人特长的活动。这需要我们正确评价每个人的贡献。我们努力地进行公平的交易，而不是压榨对方。公平是信任的天平，如果不公平，合作伙伴间的关系就会破裂，公司就会瓦解，创业就会失败。每个创业者都在做应该做的事，并且公平地对待合作伙伴。一个能够被大多数人认同的体系是公平的体系，能够减少合作中的障碍，鼓舞团队一起去追寻理想。一个团队的质量在于成员之间信息交流的活跃程度，关键是连接而不是节点、卡点，成员之间的交流比团队内部个人的能力更为重要。

创新创业活动是成功概率较少的活动，人们会经常性地面对失败。失败不意味着事业的终结，其意义在于吸取经验提高下次成功的概率，以及获得的振奋精神、从头再来、敢于尝试、敢于纠错的坚强毅力。

创新创业活动是传递"正和能量"的活动。对于他人，创业者敞开心扉、乐于助人且不求回报。硅谷弥漫着合作精神，正如约翰·多尔（John Dole）所言："我从来没有遇到过哪个成功的企业家不花时间帮助其他有追求的人考虑生意问题。"当你帮助别人的时候，别期待他们直接报答你，但你可能在不经意间获得别的另类的帮助，这个生态体系最终会弥漫着"正和能量"，而不是"负和能量""零和能量"。硅谷的生态雨林规则为人们追求"正和博弈"创造了环境。

第二节　创新创业的"混沌关系"

一、网络交易模式

创新创业是政府越来越关心的问题，政府部门支持服务机构的活动从数学模型上看，其驱动方式激发创新不可能多于 $\frac{n-1}{2}$ 的经济交易数，n 为社会关系中的节点数量，我们可以称之为传统模式，具体如图 7-2 所示。

处于中间的服务机构对于这个系统来说是非常重要的，尤其对于传统的集权式的经济行为。这种线性模式是一种有效的起步方法，但是从纵深方向来看，这种模式很难持续地发展下去，其成本及效率会急剧下降。

通过现在的创新方式分析来看，多是混沌的、偶发的、不可人为控制的，那些线性的、可控的流程很难自我维持下来。通过对创新创业生态系统的观察，我们建立了图 7-3 的网络交易模式。

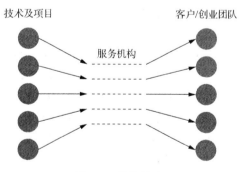

图 7-2　传统模式

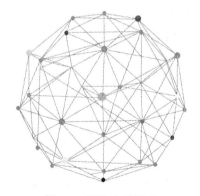

图 7-3　网络交易模式

网络中的每一个节点，就是每个参与者。他能够和另外的任何一个参与方建立联系，并存在潜在的交易可能。在这样的一个网络中，人们可以获得所需的专业知识、客户、伙伴、资金、人脉等一切的创新创业必需品，从获得的便利和成功率上都远远超过其他的结构。这不是单一的线性结构，而是一种网状结构，处于混沌状态。在这个模型中，服务机构的作用在削弱，更多的是代表官方的促进者和维护者。从数学角度分析，和传统模式相比，潜在的经济交易数量可剧增 n 倍，即 $n\frac{n-1}{2}$。这是因为每个节点都可能成为中心，促成的交易可能性就是平方数，节点越多也就是连接越多，所产生的影响则是天文数字。也就是说，去中心化越成功，其系统的创新创业能力就越强。

二、雨林管理理论

传统的企业管理系统性理论认为，个人是系统中不可或缺的组成部分，系统通过整合资源来使个人持续实现共同的工作目标，管理者应该勇于发现和纠正普遍存在可预计的错误和失败，通过减少公司内部的壁垒去争取增加公司的产出，树立榜样带动公司的发展。

雨林管理理论指出，承认个人在系统中的重要作用，但不设定具体的自上而下的目标，而是让个人充分利用想象力，自由地去设立发展目标。管理者要明晰创新创业的不连续性，要能够容忍大量意想不到的错误和失败，要减少社会壁垒（无论是环境、心理还是其他的一切壁垒）促进团队融合追求目标，应该使"基石"人物成为他人的榜样。

这是两种不同的管理理论，传统的企业管理系统性理论提倡"无所畏惧"地实现目标，希望减少对立关系，充分地去应对未来不可预知的重要事件，追求完美状态使成员具有工作自豪感；雨林管理理论提倡"兼容并包"，构建全社会的信任和公平环境，不必过分担忧未来将会发生什么，鼓励百花齐放，认为不可预知的未来比可以预计的耕耘更为重要，应努力激发大家更大的动力并去追求心中的梦想。

这两种模式适用企业管理生命周期的不同阶段。传统的企业管理系统性理论适用于已有企业试图扩大生产规模，雨林管理理论适用于产品未形成、企业或团队未组建前。这两种模式在企业管理生命周期内交互作用，随着企业的成长，人们通常会明智地把管理策略从雨林管理理论向传统的企业管理系统性理论转化。一个成熟的企业需要创新，初创企业亦要提高产品质量和运营效率。

三、创新创业的并行管理系统

全面质量管理模型是全世界受欢迎的企业管理手段之一，企业能够应用这个模型来评估自己企业并通过变革来提高产量。我们在雨林管理理论基础上提出并行管理系统。我们称它为第三衍生管理，因为它的目的是通过文化的改变来转变整个系统。第三衍生管理提供了一个工具来帮助分析、评估并改变人类网络以使它们变革为雨林。

1. 雨林结构图

我们可以把创新创业过程中的各种因素罗列起来，绘制出一张雨林结构图，具体如图 7-4 所示。

当我们绘制好雨林结构图后，为了更好地进行区分和设计解决雨林构成要素以形成生态系统，可以把这些要素分为两种类型：一是雨林"硬件"，这是雨林生态系统存在必备的基础条件，如人、技术、物质、政策等；二是雨林"软件"，这是雨林提高效益的催化剂，如价值观、信任感、社会规则、风俗习惯等。

领导者/基石人物：	股东/合伙人：	环境：
1. 他们拥有何种才能、资源去实现组织的创新创业计划？ 2. 他们是否与成员的普适价值观一致，并承诺为之奋斗？ 3. 他们是否具有谋划蓝图的能力？ 4. 他们在挫折面前是如何应对的？	1. 谁是创业者？ 2. 谁是股东？ 3. 谁是发明人、技术拥有人？ 4. 谁来提供资本？ 5. 谁来提供支持？ 6. 政府的角色是什么？ 7. 在创新系统中，还有哪些是关键的参与者？	1. 创新创业的政策环境如何？ 2. 创新创业的法律要求是什么？ 3. 创新创业的社会舆论如何？ 4. 创新创业的社会准则是什么？
资源：	活动：	典型/榜样：
1. 现有资源、未来资源有哪些？ 2. 市场上的资本来源如何？ 3. 资本的流通、资本与业务如何互动？ 4. 人力资源如何构成，如何获得？ 5. 创新创业的思想火花、技术、发明和发现来自何处？ 6. 官方和非官方的创新创业扶持机构有哪些？	1. 什么活动能够激发人们的创新创业热情？ 2. 人们是如何合作的？ 3. 什么活动能够调适人们的团队感？ 4. 什么活动能够激发人们的潜力？ 5. 什么活动适合于不同人群创新创业？ 6. 股东活动如何开展？ 7. 什么活动能够促使不同人群的交流与信任？ 8. 合作伙伴是如何交流沟通的？ 9. 社区成员是如何相互理解的？ 10. 团队是如何组建和更新的？ 11. 如何实现全球化？ 12. 创新创业论坛是如何举办的？	1. 可以获取的创新创业典型有哪些？ 2. 可以知晓的正在创新创业的创业者有哪些？ 3. 创新创业失败人员的经验有哪些？ 4. 哪些地区的创新创业生态更有利？ 5. 哪些创业组织具有相同的价值取向？
基础条件：	文化：	
1. 物质条件的基础和质量水平如何？ 2. 本地区的产业优势是什么？ 3. 区域经济的发展趋势怎样？ 4. 本地区的创新创业程度如何？ 5. 服务提供商的数量及分布如何？ 6. 哪些条件能支撑未来技术的发展？	1. 本地区的文化特点如何？ 2. 组织文化是如何形成的？ 3. 组织的核心价值观如何？ 4. 人们是如何用文化进行交流沟通？ 5. 本地区的文化创新是如何开展的？ 6. 创新创业者是如何运用文化来维系团队合作的？ 7. 团队应对成功、失败的文化倾向如何？ 8. 本地区的社交方式如何？	

图 7-4　雨林结构图

（1）雨林"硬件"

雨林由 4 个关键的支柱构成了创新创业者所需的基础条件，分别是教育培训、商业服务、基础设施、政策法规。

1）教育培训。现有的教育系统，包括小学、中学、职业教育、普通高等教育的质量如何？就业创业培训和技能培训如何？科学研究与技术开发应用进展如何？技术可获取的渠道有哪些？在团队中，创业者和管理者普遍的能力素质如何？何种素质的人员将会成为组织的"基石"？普通工人的能力素质如何？通过培训，员工能有多大的进步空间？

2）商业服务。围绕创新创业的商业服务的参与者，除银行、会计师事务所、律师事务所、房产商、各类咨询人员等以外还有哪些？创新创业过程中，除政府机构以外，还有哪些专业团体和民间组织可以利用？资金来源除自筹、政府资助以外，还有哪些天使投资、创业投资基金、企业战略投资基金，甚至慈善团队的资金可以借以利用？有哪些机构会投资或可能愿意通过有限合伙的形式，以基金的方式进行间接投资？什么样的商业服务，可以促使研究人员和创业者关联起来？如何形成创新创业的商业氛围？

3）基础设施。除了正常企业经营所需的基础设施以外，是否有先进的通信和信息网络可以支撑快速创新创业的需求？是否还有其他的基础设施网络，如快速交通、多类型的能源供给、便捷的物流来支撑人员和物资的加速流通？

4）政策法规。政策法规是如何有效地调整人员、物资和知识产权在不同主体之间的流动的？创新创业的基本法理依据是什么？如何保护创新创业不受非法的侵害？对创新创业的商业政策支持力度有多大？如何通过政策法规来降低知识产权、税收和地区保护等造成的损失？政策法规所约束的金融系统如何为商业信用、资本流通提供便捷服务？如何通过上市或其他方式进行大规模的再创新创业？

（2）雨林"软件"

1）多元文化。生态系统的繁荣需要生物的多样性，同样在雨林生态系统中，需要形形色色的各式人物。他们之间不是形同陌路，而是经常地"亲密接触"，其接触的程度将对繁荣程度产生影响。多元文化是指雨林的兼容并包，不同的性别、人种、民族和宗教的创业者，具有不同的专业技术知识、市场、财务、管理和其他技能的人员，都应该海纳百川，"有才乃大"，不带有世俗的偏见。

2）理想主义动机。培育人们超越"理性经济人"，成为"理想经济人"。从单纯地满足生理、安全、社交的追求，逐渐发展人们的尊重和自我价值实现的理想。这些人或许不以"理性经济人"方式出现，但竞争、挑战、冒险或利他主义理应成为生态系统中的主流。

3）社会信任。人们之间交往过程中的信任，特别是陌生人之间跨越社会障碍时所表现出来的信任，在雨林生态系统中表现得尤为重要。这时的社会障碍可能是性格、爱好、民族、宗教、地区差异所带来的，一个创新创业群体的信任程度是这个社会群体的显著缩影。我们还要考量世俗社会人与人之间相互怀疑、相互攻击对创新创业者的伤害程度。

4）运行规则。一个社区的运行规则是否清晰，改变社区的运行规则的代价有多大？一个社区是否形成不断跨越社会壁垒的习俗，是否有意愿去接受"异类"思想和行动的冲击？一个社区是否愿意采取积极行动去信任包容别人？社区活动是否活跃，实现整个迭代的速度有多快？在开展合作活动时，各方是否愿意牺牲个人利益来追求长远的利益？各方是否视公平、公开和公正作为合作的方法？社区是否能够容忍创新创业过程中的错误和失败，是否会一如既往地支持创新的想法和行动？人们是否愿意不求回报地帮助别人，主动地引荐他人拓展其社会网络？

2. 雨林建设

在雨林生态系统中，创新创业者的行为最为重要，行为能够改变人们的态度，并最终能使信念改变。认知行为对思考雨林是有所帮助的，建立如创业园、鼓励创新创业活动，让实践项目中参与者和小伙伴一起实践"操作创新"，在实践中体会创新创业过程。在这些项目当中，目标是建立相互信任的环境，让人们了解"基石"人物和同伴的行为举止，在社会反馈系统和社会规范的帮助下，认知、模仿、提升他们在相似项目中类似的行为实践。

1）提高成员的生态多样性。在实际的创新创业过程中，成员会接触到不同的人群，他们同样是这个系统的有机组成部分，那么如何使他们彼此能够和睦相处，减少摩擦，形成合力呢？

首先，必须有一个关键人物来充当促进多样化交流的角色。不论是纵向联系还是横向合作，不论是身处异国他乡还是近在咫尺，都能够使创业者与重要伙伴建立联系。关键人物必须有在系统中快速复制与传播的行为能力，必须有号召力和集合力，以整合其他成员实现社区目标。

其次，要鼓励偶发的社会交往。关键人物应该为人们之间偶发地接触交流创造条件。在雨林生态系统中，社会交往无所不在，人们也发现了偶发的交流和关系是很有价值的。生产者和用户之间、供应商和客户之间或发明人和分销商之间的一对一的、真实的交流是检验技术潜力的有效办法。有时，新技术、新产品和新创意会成为非常成功的创业企业的基础，但偶发的社会交往可以在不经意间提供可行性的依据。另外，偶发的社交项目，能将所有组织成员深藏于心的真实想法和能力都展示出来，其价值是无限的。

再次，成员要跨界流动。形成生态多样性的重要途径就是流动，在组织内部轮转，在组织间跨界流动。人们可以离开一个群体而加入另一个群体，一般而言，这些人具有较强的能力，可以作为组织关系中的榜样、文化使者和信任纽带。他们可以解读不同的组织文化、不同的社会规范，能够运用不同网络语言建立强联系；他们在一个群体中不是最稳定的对象，但他们往往可以成为自身社区、他人社区生态系统的创造者、维持者和领导者。

最后，创新创业者要进行国际交流。网络时代的国际交流与以往不同，我们可以突破地理界限来进行国际交流。现在的市场是全球化的市场，创业公司要熟识市场的格局，寻找新的技术、新的设备、新的市场份额和新的人才来源。

关键人物提供的偶发的社会交往所获取的灵感、创意，通过其所建立的内外桥梁，获取到适合的人才、坚定的市场信心、适合的合作伙伴、先进的技术装备，所有的这些都是创业公司所必需的。今天，创新创业者可以随时随地地获取世界各地的市场信息、商业智慧、战略伙伴和创业人才，这在以往都是不可想象的。

2）树立榜样加强交流。榜样是强有力的示范工具，榜样加速了雨林文化变革，激励他人效仿。社会学中有一个观点，社交网络中有一个节点，在这里稳固刻板的少数观点（10%左右）能够改变大多数的观点。

"榜样的力量是无穷的"，榜样能够树立一个样板，持续地激励他人。它可以是商业成功的样板，也可以是行为规范的样板。榜样总是非常乐观，激励他人去效仿他的行为、态度和理想信念。

榜样促使人们去梦想各种可能。美国以大学为基础的创业公司普遍认同保时捷原理的作用，榜样的产生可以是轰轰烈烈或悄无声息的；也可以是公开的或隐匿的；可以从大众传媒中获取，也可以由个人细细品味。远隔万里的朋友，往往是最有力的榜样，"随风潜入夜，润物细无声"，能在细微处改变人的期待和行为。

榜样的力量是无穷的，能用最小的成本来消除业已存在的雨林中的各种分歧和摩擦。榜样可以传授技能，可以提供精神支持，在创新创业过程中改变一个人最有效的方法就是和榜样朝夕共处一段时光，最欣赏创业者、最知晓创业的是其他的创业者，特别是榜样。

3）建立相互信任的新族群。信任来自于人们的日常相处，来自于实际的合作。人们仅是在信任的、孕育的环境中"从实践中学习"，不能停留在口头上，必须采取行动。

社会科学家业已证明信任能降低成本支出，从而使收益成倍增加，如社会科学家尼古拉斯·克里斯塔基斯（Nicholas Christakis）和詹姆斯·福勒（James Fowler）在测量合作行为在人类社交网络中展示的程度后认为，一个人在群体中积极的公众影响，会使来自整个群体的贡献增加 3 倍；社会资本在合适的环境和领导者的领导下能够成倍增加。

信任可以在类似拉塔学院、TechWadi 和 Endeavor 等机构所提供的导师与团队之间相处几个月的时间中产生，它们指导参与者建立成倍的信任关系，指导创业企业。

信任也可以通过情感转移来建立。拉塔学院利用光环效应，在每个项目年年初，项目工作人员都会发邮件给他们资助的公司，邀请他们参加拉塔项目。有时会有超过 100 家公司受邀参加，拉塔学院将合格的创业者和导师、顾问通过项目相互匹配。这种信任就从对拉塔学院转移到导师与创业者之间、导师与项目之间和创业者与项目之间。

人们在重新塑造后加入新的部族，全世界中越来越多的创业者和创新者加入全球创新部族。像是 TechWadi，它为埃及的创业者和硅谷的导师建立信任关系，形成跨越半个地球无国界的虚拟雨林。类似这样的各种各样的新型世界大家庭在相互信任的情感联系下，越来越成为常态，会引发全球的创新创业激情。

4）建立社会反馈机制。雨林可以通过社会反馈持续加强和颠覆性创新。领导者可以通过透明开放、奖罚分明的社会反馈机制来加强这个过程。在京东、淘宝上买家用于评价卖家商品的星级评定系统，以及目前论坛上买家的对交易过程的留言，都是反馈系统的典型代表，促进了诚实、优质、及时、公平和信任等积极的行为。

年轻一代比我们更适应依赖社会评价作为无形的星级评定系统。当有人背离了集体所认可的公平、效率时，系统代表所有人惩罚犯规者。遁世离群的情况现在不可能发生，个人的所有社会表现，都会被别人所熟知。科学家已经展示出一个群体的成员，是如何花费超乎寻常的资源去"无私地惩罚"社会规范的破坏者，哪怕是付出多大的代价。

在美国，一个风险投资公司的声誉直接影响其获得理想项目的能力。风险投资领域中的 3 个主要的简报——私募股权中心、风险投资电讯和财富金融，给予业界稳定可靠的社会反馈，还包括专门从事评价的网站，让创业者能够给投资人直率的、公开的评分和评价。

硅谷创业公司的股价、股份情况是另一个展现雨林活力的晴雨表。股价在公开市场的持续变化，不仅一个投资人购买的股票随行就市，而且创业公司员工、顾问、董事、创始人和其他关键人物的股份数量也会根据行情而发生变化。各种组织通过跟踪和发布这些数据，建立更合理的反馈流程。

可以说，不论是信息分享网络还是社会伙伴合作论坛，在无处不在的社会反馈机制面前，社会壁垒都不攻自破，提高透明度，促进了各个团体间的沟通。通过千百万次的交往，雨林系统中形成了一套相对公平的通用文件，包括投资意向书、可转换票据、种子投资、风险投资和知识产权许可。这是"样板项目文件"的标准版本，为法律事务所、协会、天使投资和风险投资公司所用，降低了交流与开办运行的成本，同时也为所有团体建立了一个公平的、快速的符合多方利益的低成本方案。

通过对硅谷高科技生态圈和创新创业的"混沌关系"的梳理，可以得出以下结论。

首先，创新不仅仅来自于经济产出的基本范畴，更来自于人们的互相交流和作用。

只有共享观点、智慧和资本，才能产生充满生机和活力的"热带雨林"生态系统，它的激励方式是不断螺旋式上升的，创造性地召集、分配和拆散。

其次，基石人物或组织对于雨林效用及创新创业成果具有明显的作用。他们使原本分散的个人和组织聚集起来，影响整个系统的开拓力量。

再次，人们的交流是有障碍的。地理环境、社交网络、语言文化、信任程度等社交障碍提升了人们交流与互动的成本。信任对于创新创业很重要，各种障碍引发的不信任将对创新创业造成破坏。需要创造一种规则，使人们之间的交流成本降低。

最后，创新创业需要形成类似于"雨林"式的生态系统。这一系统基于多样性、信任、积极和无规则性。多样性来自于不同国家、不同种族、不同群体的人们的融合。人们利用热带雨林工具学习和适应创新创业新的文化，从事真实社会实践、学习榜样、建模角色，对待互动、社会反馈和网络信任。这个系统强调思想、资本、人才的传播和交流速度，这是一个流动的系统，扫清社会障碍将大大加速社会流动的进程。

第三节　"双创"生态环境构建

创新创业生态系统由创新创业企业及其赖以生存和发展的生态环境构成，是相互依存、共同发展的动态平衡系统。企业时刻与外部环境进行信息、资金、人才与物质资源的交流，政策、经济、社会、法律、人才、国际和自然等创新生态环境的变化，必然影响企业的创新资源配置和创新投资激励。

一、政策生态环境

企业创新创业与常规投资不同，需要长期持续地投资，而且具有高风险和高不确定性，更易受到政策环境的影响。政出多门、朝令夕改，政策模糊等影响投资者的长期投资意愿，不利于形成稳定预期，政策预期的稳定性会对企业创新造成更大的影响。官僚腐败与寻租行为被认为是阻碍经济发展的不利因素。党的十八大以来，中央反腐倡廉、八项规定、六项禁令的政策大力进行反腐败斗争，取得了显著成绩。反对腐败，为创新创业企业建设了廉洁的政治环境。创新创业活动需要开办新设企业，采购新设备，进口新商品及注册企业等手续都需要与各级政府官员互动，因此企业更可能成为官员寻租的对象和官僚作风的受害者。缺乏政治关系的创新创业企业在与政府的谈判过程中处于弱势地位，投资的长期性也加大了寻租的风险。

二、经济生态环境

一国的经济发展引发金融市场发展，能够通过资金、人力、技术等因素影响企业创新活动，而企业创新水平的提高又反过来促进本国经济高速增长。人们把美国经济的崛起部分归因于华尔街和美国强大的金融系统，这是因为在华尔街和美国强大的金融系统的推动下,美国出现了一大批创新型的企业,这些创新型企业革命性地引领了行业发展、推动了社会变革与经济持久增长。32 个国家和地区的经济数据表明,资本市场和信贷市场的发展对于企业创新的影响是不同的,资本市场的发展对于高科技企业和依赖外部融资企业的创新水平有显著正向的影响,信贷市场的发展则对具有上述特点企业的创新有负向的影响。

目前,我国间接融资比重达到 80%以上,银行资产占全部金融资产的比重超过 90%。这种格局反映了银行体系配置资源和服务实体经济的强大功能,也反映了金融市场层次单一和体制机制缺陷。间接融资比例过高,影响企业特别是中小企业的融资成本。创新创业是一项长期性、回报不确定、风险高的投资活动,商业银行盈利和资产安全考核压力使急需资金的中小微型创新创业企业处于不利地位,因此,追求高净值客户群的传统银行体制难以满足创新创业融资需求。

国家加快银行对外开放速度,导致银行之间竞争日益加剧。已有研究发现,银行竞争对中小企业和大公司(上市公司)带来的影响不同。具体来说,银行竞争会促进中小私人企业的创新水平,然而会减弱上市公司的创新水平。中小企业和非上市公司依赖外部融资,对于信贷融资而言非常敏感。上市公司业绩稳定增长,更可能通过资本市场获得融资,其对信贷融资的敏感度较低。因此,银行竞争会给中小私人公司和上市公司会带来不同的影响,它会通过提供低利率贷款让更多中小企业得以存活,而存活下来的中小企业则有机会产生更多创新,然而对于上市公司而言,其相对于中小企业更加不依赖外部融资,从而会受到较小的影响。

三、文化生态环境

社会文化对于企业创新同样有着重要的影响。创新是高收益与高风险并存的项目,人们可能羡慕比尔·盖茨、乔布斯这样白手起家并获得成功的案例,然而大多数创业者会以失败告终,其创新创业成果可能也会销声匿迹。激励创新、鼓励尝试、宽容失败的社会文化,对于创新创业而言至关重要。

与一般性的绩效工作的激励机制不同,最优的激励创新的机制,是需要在早期给予创新创业者足够的宽容,而对于后期的成功要给予创新者足够的回报,因此对失败的宽容是激励创新创业行为的一个重要的基础。

宽容失败的社会文化对于创新创业行为有着深远的影响。硅谷文化是美国创新创业文化的一个重要体现。硅谷孕育了无数企业,其中包括惠普公司、英特尔公司、苹果公司、思科公司等,然而支撑这些企业处于金字塔底部的大多数创业公司以失败告终。但是硅谷的文化精髓是不断鼓励年轻人去创业,并且容忍他们的失败。

对于中国而言,"学而优则仕"的文化传统和社会制度等因素,对失败的宽容程度略显不足。从大学生毕业的调查中可以发现,公务员、事业编制、国有企业等稳定工作仍然是毕业生的首选,从就业角度可以反映出我国创新文化的不足。随着国家对创新创业支持力度的加大,创新创业作为就业的较高层次的认识使这种现象有所好转。但总体上，中国的社会文化重服从而轻挑战，对于失败的宽容程度不够。要进一步创造中国的创新创业氛围，形成鼓励创新、容忍失败的社会文化，这对于一个国家和社会的长期发展和繁荣有着至关重要的作用。

四、法律生态环境

2017 年的统计数据表明，中国中小企业平均寿命仅为 3.7 年，而欧洲、日本中小企业的平均寿命 12.5 年，美国中小企业的寿命为 8.2 年。高风险的创新创业行为在遭遇财务困境时，投资者法律保护制度对于保护投资者利益、促进资本市场公平具有重要的意义。《中华人民共和国公司法》针对保护股东和债权人权益做出了多项规定，对鼓励投资者积极投资创新创业企业、为创新活动提供金融支持提供了制度保障。然而，当企业面临破产时，对债权人过度保护的法律将促使企业提前清算，使正在进行的创新研发不得已被终止，这种由于法律约束导致的低失败容忍度，会对企业的创新行为带来很大的限制。

企业进行创新研发离不开法律的保障。除了知识产权保护法，对企业利益相关者的法律保护，在一定程度上也会对企业的创新行为造成影响。知识产权保护有利于企业研发和创新获得现有研究证据的支持，在知识产权保护较强的地区，民营企业创新产出高于国有企业更加明显，民营企业更需要知识产权保护。我国已建立了以《中华人民共和国专利法》《中华人民共和国商标法》《中华人民共和国著作权法》为主体的知识产权保护制度，新常态下，企业创新的形式及内容越来越多元化，知识产权保护制度也应更加细致、合理，以更大程度地促进企业创新。2015 年 3 月，中共中央、国务院印发的《关于深化体制机制改革加快实施创新驱动发展战略的若干意见》，明确指出"让知识产权制度成为激励创新的基本保障"[①]，知识产权作为一种无形资产，在创新驱动发展战略中的地位尤其重要。

人力资本是创新创业企业的核心资源，劳动者合法权益保护在《中华人民共和国劳动法》《中华人民共和国劳动合同法》《中华人民共和国劳动争议仲裁调解法》《中华人民共和国劳动合同法实施条例》中等均有明确规定，但在具体操作和实践过程中，劳动者合法权益仍得不到有效的保护。特别是在我国劳动力供给远远超过需求的大背景下，忽视劳动者权益、盲目追求利润最大化、社会责任缺失对创新创业型中小企业的持续发展非常不利。

劳动法对企业雇主任意解雇劳动者的制约，能够提高研发人员的投入积极性，进而提高研发成功率及创新产出的质量。员工在花费大量心血完成创新项目后，却面临被解雇的可能，因此，员工将不会为企业的创新研发全力以赴。加强法律对劳动者的保护，保证员工可以无后顾之忧地进行创新。

---

① 中共中央，国务院，2015. 关于深化体制机制改革加快实施创新驱动发展战略的若干意见[EB/OL]. （2015-03-23）[2015-10-27].http://www.gov.cn/xinwen/2015-03/23/content_2837629.htm.

五、人才生态环境

国家统计局公布的数据显示，2018 年年末，全国 16～59 岁的人口为 89 729 万。与 2017 年年末相比，16～59 岁劳动年龄人口减少 470 万，下降 0.6 个百分点。当前我国人口发展处于重大转折期，随着年龄结构的变化，自 2012 年起，我国劳动年龄人口的数量和比例连续 7 年双双降低，7 年间减少了 2600 余万人。受劳动年龄人口持续减少的影响，劳动力供给总量减少，2018 年年末全国就业人员总量也首次出现下降，预计未来几年还将继续下降。同时，老年人口比重的上升加重了劳动年龄人口负担，给经济发展和社会保障带来挑战。要素驱动红利的衰减，促使单纯依靠要素驱动必须向创新驱动转型。

创新创业企业的主要劳动供给是年轻的就业群体，美国统计数据表明，成立 5 年内的企业 27% 的员工年龄在 25～34 岁，超过 70% 的员工年龄小于 45 岁，而成立超过 20 年的企业两者比例分别为 18% 和 50%。年轻的就业群体接受了最新的教育，掌握最新的技能，具有更强的风险容忍性与要求一致性，提供了必要的人力资本，提高了企业存活率。

劳动力稀缺带来的要素相对价格上升，刺激通过创新来更经济地使用昂贵的生产要素。劳动力稀缺是美国采用更先进的技术和普遍创新的诱因，而中国 14 世纪充裕的劳动力是放弃先进纺织技术的主要原因。因此，人口结构的变化，包括人口结构的自然变化和劳动市场管制，如最低工资法，既是新技术的采用和创新的诱因，也是重要的作用机制，影响技术创新的方向和路径。对于劳动力节约型创新，技术进步提高了劳动力的边际产出，劳动力稀缺促进技术进步，而劳动力互补型创新则可能阻碍技术进步。

六、国际生态环境

随着中国加入世界贸易组织（World Trade Organization，WTO）、经济全球化和"一带一路"倡议的推进，中国企业越来越多地参与国际合作与竞争。削减关税直接降低了企业的固定成本，生产率低的企业也开始能够实现销售出口，参与国际竞争。加拿大学者利莱瓦（Lileeva）和特雷尔（Treler）发现，削减关税后，加拿大企业的劳动生产率提高，进行更多的产品创新，采用更先进的制造技术，这些新出口企业的国内市场份额也显著扩大。

2015 年 9 月 17 日，中共中央、国务院《关于构建开放型经济新体制的若干意见》指出，扩大金融开放、发展多层次资本市场体系、放宽证券业股比限制、推进银行业对外开放等一系列金融开放与改革，对银行及证券等金融中介机构的现有经营方式带来改变，为促进大众创业、万众创新，缓解中小企业融资难、融资贵问题创造良好的金融环境[①]。金融的自由化，即是国家开放资本市场，让境外投资者可以参与境内的资本投资。利用 51 个国家和地区的 1980～2008 年的数据进行研究时发现，依赖于外部融资的企业在金融自由化后会有显著的创新增长。

---

① 中共中央，国务院，2015. 关于构建开放型经济新体制的若干意见[EB/OL].（2015-09-17）[2015-12-27]. http://www.gov.cn/xinwen/2015/09/17/content_2934172.htm.

七、自然资源生态环境

自然资源和环境是创新创业企业的硬件,这种"硬性"资源约束不但会影响创业动机和企业存活,还可以改变技术创新的路径选择。当前,中国环境问题十分突出,党的十八大报告首次单篇论述生态文明,首次把"美丽中国"作为未来生态文明建设的宏伟目标,把生态文明建设摆在总体布局的高度来论述。技术创新一直被认为是战胜环境污染的利器,政府对环境污染的治理将会改变企业创新的方向,如对化石燃料的限制将会影响新能源技术的开发和利用。

第八章 "众创时代"的商业生态

从政府和教育工作者普遍认同的观点来分析，推动"众创时代"大学生创新创业不仅可以促进有效的就业率提升，还是经济社会发展和提升国际竞争力重要的潜在动力。2015年10月，李克强给首届"互联网＋"大赛做批示时指出："教育部门和广大教育工作者要认真贯彻国家决策部署，积极开展教学改革探索，把创新创业教育融入人才培养，切实增强学生的创业意识、创新精神和创造能力，厚植大众创业、万众创新土壤，为建设创新型国家提供源源不断的人才智力支撑。"[①]刘延东强调："加快实施创新驱动发展战略，迫切需要深化高校创新创业教育改革。要进一步促进高等教育改革发展，牢固树立科学的教育理念，落实立德树人根本任务，优化专业结构，提高教育质量，促进学生在创新创业中全面发展，适应和服务经济社会发展和国家战略需求。要把创新创业教育融入人才培养体系，改革教育教学内容方法，改进课程，强化实践。"[①]

国内目前对创新创业的研究，已从原先国外经验的学习借鉴，逐渐发展为结合国内地域特色、行业特色、学科特色，"中国化式"来研究中国创新创业教育，这其中比较有代表性的专家学者有浙江大学邹晓东、温州师范大学黄兆信、东北师范大学王占仁等人。当前创新创业教育研究主要集中在教育领域，而在商业领域研究生态变化对创新创业教育影响的成果较少。随着中国经济由总量快速增长到质量提升的战略转变，中国在商业领域中的创新创业领域逐渐成为世界的标杆，如阿里巴巴集团、华为公司和小米公司。从数量上来说，高校是创新创业教育的主战场，其商业模式是高校创新创业教育的指向标，甚至是高校人才培养模式改革的现实基石。

第一节 "众创时代"的商业模式

人类正在从持续了千百年的物理实体社会跨入新兴的虚拟数字社会，商业也随之进入一个虚实交错的时代，改变了我们曾经熟悉的事物。以爱彼迎（Airbnb）为代表的一大批商业新锐正是虚实交错的新时代人们如何生活、如何工作、如何开展商业活动的缩影，也是人类商业史上新的大迁移的一个缩影，这些企业正在形成一个用"互联网＋"颠覆或改造传统商业的终结者模式——C2C商业生态圈模式。

---

① 李克强对首届中国"互联网＋"大学生创新创业大赛作出重要批示[EB/OL]. （2015-10-20）[2015-12-25]. http://www.gov.cn/guowuyuan/2015-10/20/content_2950730.htm.

一、C2C 商业生态圈模式

（一）C2C 商业生态圈

C2C，即从客户需求到客户消费。其中，"2（to）"不仅是"互联网＋"的解决方案的关键，也是物联网解决方案的关键。"2"代表着从客户需求到客户消费的实现路径，即商业模式，也是经济发展的方法。这是因为，如果需求没有形成交易和交付，就没有实现消费，经济就不存在了。

商业生态圈是指一批专业化的利益相关者（包括供应商、价值增值服务商、中介机构、客户等，简称商业微生物）基于一个共同目标，紧密参与为客户提供统一的解决方案，形成一个高度专业化的商业或经济圈。例如，参与小米手机设计、研发、生产、组装、销售、服务、消费等环节的所有成员共同形成一个商业生态圈。商业生态圈不同于商业联盟，前者是基于价值创造和利益分配原则的紧密关系进行的，后者则是较为松散的合作关系。

商业模式是企业战略落地的方式和方法，涉及如何创造价值、如何配置资源、如何盈利等问题。全球商学院将商业模式列为创业和企业成长的重要课程，它由各个价值要素及其之间的关系组成。这些要素决定我们将以怎样的方式去拓展业务和发展企业，最终决定了获得什么样的竞争优势、拥有什么样的商业基因。例如，企业是单纯以营利为目标，依靠消耗资源、重复建设方式营利，还是以社会需求为导向、科学合理、高效整合资源的方式成长？我们能很清楚地判断出前者很难在"众创时代"形成真正的核心竞争力，后者则能建立可持续的竞争优势。

因此，C2C 商业生态圈在微观上，是指企业以人类可持续发展为价值观和商业逻辑，用科学手段实现供与需"即时精准配对"和"先下单后生产"的个性化规模定制，是一个从需求到消费的新的智能化的解决方案。

C2C 商业生态圈在宏观上，是指以该模式发展的所有企业一旦汇集，就可以形成一个国家或地区的新经济。这就消除了经济活动中信息不对称和浪费资源的环节，以挽救地球日益枯竭的资源为宗旨，并以趋于零的交易成本实现供需平衡，形成一种新的共享型经济发展模式。

（二）与传统模式比较

传统的商业模式的典范包括以下几种。

1）希尔顿酒店的商业模式，这种模式早期通过重资产运营，投资优质地产和优质设施、与大企业签约的方式发展业务，后续则以特许经营的方式发展。

2）诺基亚公司的商业模式，是在稀缺时代通过打造产品优质功能的方式占领市场、驱动企业成长为跨国公司的代表。

3）可口可乐公司的商业模式，是在全球化进程中，通过持续的广告宣传方式创造品牌、发展客户的典型。

4）Inter 公司的商业模式则是在信息技术发展初期，以定期强势推出技术更新的迭代产品，提高经营效率、驱动商业进步的方式。

无论什么时代，评价商业模式的基本价值都是一致的。一家企业要找到适合自己的商业模式，至少应该回答以下 4 个重要的基本问题：一是在什么价值主张下，为客户解决了什么问题？二是如何以创新客户关系建立竞争优势？三是如何以创新供给体系建立竞争优势？四是所创造的解决方案能带来什么样的财务优势？这其中，价值主张、客户关系、供应商关系、竞争优势、财务系统是 5 个重要的价值要素。

C2C 商业生态圈模式与传统模式相比，上述 5 个价值要素的内涵及它们之间的结构关系已经发生本质的变化。我们可以从价值主张、客户关系前端、客户关系后端、财务系统的竞争优势角度分析传统模式与 C2C 商业生态圈模式的区别，如表 8-1 所示。

表 8-1 传统模式与 C2C 商业生态圈模式的区别

类型\内容	传统模式	C2C 商业生态圈模式
价值主张	以稀缺资源为前提，商家为主导，追求商业利润最大化为原点。先生产后销售，先投资后经营。生产制造驱动市场需求，生产规模化、标准化	以人类利他的最高境界为原点。以个性化、定制化、多选择、人人参与的人文关怀为消费驱动，最大限度地为他人提供更快乐和更幸福的新生活和工作方式
客户关系前端	产品连接客户重于服务连接客户。客户细分、客户服务、渠道推广、售后服务都是依靠商家常用的广告宣传等手段进行的。客户与商家更多的是单一的交易关系，客户处于被动的劣势地位	以 O2O 客户为主线，发展从用户到客户再到合作者，培育用户体验，增强客户黏性，建立连接供应与需求的信任网络体系
客户关系后端	供应商关系相对封闭，条块分割，以单打独斗或垂直模式为主。大多没有在线经营，前端与后端的各个价值要素大多也是相对独立、相互脱节，信息不对称不及时，没有客户参与	人们的角色具有多重性，既可以是消费者，也可以是供应商，还可以是经营者。人们共同基于客户需求参与设计、制造，优选最佳微生物供应，建立共同按需定制的生产和供应体系
财务系统	先生产后推销，先投资后经营，导致产能过剩、商品积压、财务亏损。企业常常陷入成本高、品质劣、利润低，甚至亏损的困境	实现透明连接、信息对称、资源整合、轻资产运营、先下单后生产、精准配对无库存。无浪费且交易成本低，个性化需求满足高。追求低成本、优品质、高利润、快速度的业绩

注：从传统模式到 C2C 商业生态圈模式，经历了从商家最大限度地控制到客户最大限度地控制，从单向重资产投资驱动到规模化撬动人才资源，从供应链封闭的单打独斗到各类主体最大限度地参与价值链的各个环节，由此形成一个新的商业生态圈

C2C 商业生态圈模式有着无穷的威力，其根本原因是它彻底解决了传统模式无法解决的难题，这些难题往往造成经济发展和管理变革的长期困局。C2C 商业生态圈模式的优势包括以下 5 个主要方面：打破供应与需求信息不对称，让客户与设计制造供应无缝连接；删除无价值、无效率的中间环节，以智能化代替人工，实现高效精准服务；转变消费者固有的被动角色，使消费者既是供应商也是创业者；打破高交易成本的经济困局，让信

任成为解决方案的必要部分；整合商业生态的优质微生物，为客户配置专业优质高效资源。

（三）C2C 商业生态圈模式的三大核心

1. 人文关怀的价值理性

价值主张是企业的精神和灵魂，是企业对客户、员工、供应商及其他合作者要做什么、为什么做及如何做、能否做到的宣言和行动。C2C 商业生态圈发展了新的商业价值理性，即人文关怀。这是"互联网＋"解决方案的前提，企业或个人为客户提供的不仅是有使用价值的产品或服务，它同时发出一种新式的社交信息；它通过互联网这种新的生命体，将原本是冷冰冰的产品或服务转变成为有灵魂、有温度的，并且承载着所有参与者的情感与价值主张。我们称为"人文关怀的价值理性"。

人文关怀体现在商业模式的微观上，往往表现为个性化、参与感和选择性 3 个方面。个性化是个体人生观不同的体现，人的追求和向往是千变万化的，千篇一律是对人性的扼杀，只有个性化才能实现自我，实现人类高层次的精神追求。参与感体现的是人人参与，在创造或接受产品和服务的过程注入个人的情感。选择性体现人人都有选择的权利、空间和时间，人人生而平等，人人自主选择，不受外界的侵扰。

最具人文关怀的商业模式具备 3 个核心层次：一是"一针捅破天"的决心，意为企业真心为客户解决真实的问题。一家伟大的公司往往不是因为一开始就做了多么伟大的事，而是创造性地解决了一个只是像针尖一样的"痛点"，随后用这一根"针"的力量解决天大的问题。例如，谷歌公司初始时就是为了解决在线信息搜索问题，而现在它已成为跨界整合全球信息、提供先进知识和技术的科技服务平台。脸书一开始只是为在校大学生提供交流、社交等服务，而今天它已成为全球最大的连接人与人的社交网络平台。二是"一招赢天下"的招式，意为不断刺激人的"动物精神"，不断发现和挖掘客户的消费心理需求。2001 年诺贝尔经济学奖获得者乔治·阿克洛夫（George Akerlof）与 2013 年诺贝尔经济学奖获得者罗伯特·希勒（Robert Shiller），在 2009 年出版的《动物精神》一书中，证明了资本市场及经济的波动不仅受理性的定量化供应和需求的影响，而且在很大程度上受人们心理和行为的定性影响。三是"一情感动天"的情感，意为企业经营如何与人类的情感产生共鸣，为人类文明建设贡献价值。企业特别是大企业，发展到一定程度后很难转型，这是因为缺乏深层次的人文关怀，难有"与世界共情"的价值追求。"与世界共情"意味着你和你的企业所做的事，对他人、对社会、对世界是有价值的，是利他的，而不是自私的，甚至是损害人的利益的。百度公司创新人李彦宏坚信，技术是一种信仰，移动是一种思维，这正是一种与世界共情的价值主张。技术的信仰，就是相信技术可以改变生活、改变中国、改变世界，让一切变得更美好，而不仅仅是一个工具。1994 年，美国著名的观察家和预言家凯文·凯利（Kevin Kelly）在《失控》一书中，准确地预言了我们今天的时代。2010 年，他在《科技想要什么》中又提出技术是一种生命体，只要我们倾听它，就能拓展我们的潜能。

2. 互助信任的网络连接

即为通过高度发达的 O2O 网络连接，整合社会资源或闲置资源，鼓励人人参与和分享，形成信任的网络体系。我们认为，互联网解决了连接的技术问题，但出现了另一个重要的问题：如何信任这种连接。同样，在 C2C 商业生态圈中，难以解决的问题之一就是网络诚信问题。这个问题可以从两个方面来解决：一是企业自身的商业诚信，认识到诚信是企业之本，诚信能够促进经济效益；二是用创新工具监督和避免违约的事情。

这样的例子不胜枚举。2011 年 7 月，爱彼迎（Airbnb）就遇到过这样一次网络信任危机：一个出租房意想不到地被旅行者洗劫一空，这让整个平台人心惶惶，严重危及 Airbnb 的业务。Airbnb 迅速制订了一系列非常有价值的解决网络信任的方案。例如，"验证身份功能"，即通过关联旅行者或房主的其他社交网络平台（如脸书）来建立有效背书；在 Airbnb 上添加认证功能以实现实名制，帮助旅行者与房主之间加强信任；通过 P2P 社交网络、脸书、人人投等平台点赞、评估，建立旅行者与房主的信任网络。

在中国，诚信似乎更是一个难题和亟须解决的经济问题，特别是中国经济接近引领世界经济的前夜。传统建立诚信的方式只能依靠银行贷款抵押，而基于社交建立诚信的信任网络方式才是"小荷才露尖尖角"，如"7 天无理由退货""实名注册"等。

一旦互助、信任的智能网络平台建立起来，它将产生巨大的威力，不但能够形成超强的、有黏性的客户网络，而且将以更快的速度、更好的品质、低成本的方式整合资源，形成有超级竞争优势的商业生态体系。传统模式下一切商业机会都是固定的，无法让人人参与。在 C2C 商业生态圈模式下，人人都是消费者，人人都是拥有者，人人都是参与者。一个可信任的网络体系是互联网时代的体现，诚信、公平、开放、负责任是新商业文明的真实写照。它能够激发个人潜能，让尽可能多的人参与解决最紧迫的问题，转变个人角色。任何人既可以是消费者，也可以是供应商、经销商、投资者、创业者，即可以是商业生态中的任何一个角色。网络中的每个细胞可以是人，也可以是一个组织，可以自由创新与成长，追求和实现自己的梦想。

3. 智能交互的平台体系

C2C 商业生态圈模式是高智商的，它用科学手段实现"万人同时研究设计、万款同时智能处理、万单同时加工制造、万款同时交付递送"的个性化规模定制或精准配对，一个平台就像是一台万能的超级计算机。这样的高效供需，就必然有超级的智能平台体系与之对应。我们可以说"让机器干流程化的事，让人干创造性和感性的事"，这就是虚拟现实世界最重要的分工原则。

在 C2C 商业生态圈模式的平台上，仅仅有连接的极速是远远不够的，它必须是相当的高智商。这个智能网络系统是一个高度智能化、个性化的体系，它能够"偷窥"到你的关系、喜好、计划、过去等一切信息，它能筛选提供你想要的，甚至在你意识到你要什么之前，它已然不可思议地提前知道你的需求。如果我们坐上了谷歌无人驾驶汽车，你只要对它说自己想去的目的地，随后它会自动确定位置、根据交通情况随时变换路线，尽快到达目的地。当然你可以在这一过程中，随心所欲地做自己想做的一切事情。

人在多维空间运算复杂事件时，智慧决策的程度是极其有限的，但我们可以借助智能运算，使个人、企业有了超级聪明的"外脑"。C2C 商业生态圈模式平台的功能还需要能挖掘、存储、分析数据，这是 C2C 商业生态圈模式智慧决策的必备条件。

　　这里有一个典型的智能交互系统案例。如果你和一万人同时对一家品牌公司下单，期盼"一双与众不同的梦想跑鞋"。其实现路径是这样的：你可以先通过智能手机、平板电脑、计算机等智能设备，通过随意的客户界面入口，与个性化规模定制系统进行人机对话，随心所欲地将你梦想跑鞋信息拼凑成理想的 3D 图，进行人机对话、人企对话，将成型的款型数据输入数据库；数据库中的智能系统利用计算机及 CAD、计算机辅助制造（computer aided manufacturing，CAM）将数字转化为设计技术规范，计算机数控（computerized numerical control，CNC）制造系统执行设计。整个过程自动化、柔性化，系统在同一时间将一些标准的材料、部件和定制分类进行配对，形成了成千上万种的定制品种。这个过程基于计算机数字控制，即使是操作人员，也要听从于计算机系统的指令。这样，一双梦想的跑鞋很快地就产生了。

　　整个智能交互系统依赖大数据、云计算、物联网、人机智能、虚拟现实等前沿技术来实现其功能。现在它已经被广泛使用到商业的前沿，并在消费用品、生活服务、能源、投融资、安全等领域，代替一切低效人工执行流程化的事务，成为实现 C2C 商业生态圈模式的重要手段。运用领域多种多样，但高度智能交互平台体系还要遵循一些商业重要逻辑，包括将客户连接到一个互动设计、制造特定产品和服务的网络系统，实时传感和监控设计、制造、交付、服务的全过程，系统能动态地进行信息累加和自我学习。

　　单个的交互不可能形成经济效应，但若是万千台自动化机器，还有背后连接的不可计数的人或设备，通过互助、自助的交互实现供应与消费的平衡和配对，就能创造新的规模经济。这样的智能交互平台体系的基础骨架，事实上就是个性化规模定制平台。

（四）C2C 商业生态圈模式龙骨——个性化规模定制

　　当前，无论是工作、生活还是商业领域，都出现了虚拟与现实交错的情况。在商业领域，大国之间开启了新一轮惊心动魄的商业大战。美国国家战略要将制造业从海外搬回国内并大力发展 3D 制造业，德国已然将工业 4.0 定为国家战略。分析其中要义，我们不难发现智能制造已经成为各国面对世界商业竞争追攀的制高点。智能制造是一个系统工程，而个性化规模定制则是它的轴心。

　　20 多年前，青岛红领集团有限公司（以下简称红领集团）还只是一个传统小规模的 B2B，每天只能生产 80 套男装。而如今，红领集团已经是一家全球化企业，60%的消费者来自美国，30%来自欧洲，只有 10%来自中国。它设计了当今世界具有个性化规模定制平台——酷特智能。酷特智能创造了 component to manufacture to consumer（C2M2C），一个大规模个性化定制系统，给流行了近百年的大规模标准化流水线换上了大数据的大脑、互联网的翅膀、计算机的心脏，彻底解决了工业标准化与个性化定制之间难以相容的世纪性难题，量产化与个性化比例达到 1.1∶1。

　　传统个性化定制是一种一款（需求）对一件（制造）的手工工匠模式，而传统规模化制造是一种一款（需求）对万件（制造）的标准化规模经济模式。个性化规模定制是一种万款（需求）对万件（制造）的数字化网络智能交互经济模式。个性化规模定制模式很好地发展和承载了人文关怀、信任网络、智能交互为一体的特殊属性。它不是简单的虚拟的互联网解决方案，而是架构在虚拟交错的世界之间，令传统企业拥抱互联网、互联网企业拥抱传统制造业发展构架。它已然将以前单打独斗的模式，包括爱好、逛店、选择、设计、下单、成型、生产、配送、交付、反馈等，都整合到一个系统中。如果没有它，虚拟与现实就会脱节，工业与信息就难以结合。

二、商业史上的 3 次迁移

（一）商业史上的第一次迁移

商业史上的第一次迁移是技术驱动商业从渐进性发展到颠覆性发展。我们都清楚，人类从刀耕火种的洞穴生活到日新月异的现代化生活，技术起到了至关重要的作用。随着技术从渐进性的对简单工具的改变，发展到突变性的科学技术的发展，商业也从小农作坊式的个体交易与发展生产，到具有颠覆性的现代化、智能化的贸易与经营，直接改变了商业创造价值的形态。第一次迁移只有进行时，没有结束时，也就是说这次迁移还处在一直的进化过程中，从来没有停止的一刻。今天我们来看，互联网技术、大数据技术、云计算技术、人工智能技术等技术的进步，仍然是驱动商业从线性到几何级数发展的重要力量。

（二）商业史上的第二次迁移

商业史上的第二次迁移的重要特点是全球化的物理空间从当地扩展到整个世界。"全球化"作为一个名词，首次出现在 1985 年提奥多尔·拉维特（Theoder Levitt）《市场全球化》一文中，那时它更多讨论的是人类在教育方面的经验。今天，我们所指的商业史上的第二次迁移是指经济全球化推动商业进步，从封闭的当地到开放的世界，这也成就了一大批全球化企业的崛起。特别是 1945 年世界银行的诞生，1994 年 WTO 的成立，成就了一批搭上全球化快车的世界 500 强企业，如丰田汽车公司、株式会社日立制作所、爱立信公司、通用电气公司、可口可乐公司、福特汽车公司、IBM 公司、微软公司。与此同时，美国、日本、德国等发达国家亦飞速崛起。

中国作为后来者，2001 年加入 WTO 后，中国企业能够赶上这次全球化浪潮末班车的企业并不多，其中，华为技术有限公司、阿里巴巴集团及一些利基市场企业[①]。例如，华为技术有限公司凭借具有自主知识产权的产品拓展到世界各地；阿里巴巴集团则是运用互联网技术平台方式，将全球不计其数的中小企业产品与全球贸易连接；新大陆数字技术股份有限公司拥有国际领先、完全自主知识产权的物联网二维码核心技术、行业芯片设计技术、环保紫外 C 消毒技术和大型臭氧发生器技术，它在 2010 年正式发布了"全球首颗物联网应用二维码芯片"，使中国在虚拟现实空间纵横交错的世界中顶端占据了一席之地。

---

① 利基市场企业指向那些被市场中的统治者，或者有绝对优势的企业忽略的某些细分市场或者小众市场，处于其中的其他企业选定一个很小的产品或服务领域，集中力量进入并成为领先者，从当地市场到全国再到全球，同时建立各种壁垒，逐渐形成持久的竞争优势。

（三）商业史上的第三次迁移

商业史上的第三次迁移是建立在集技术和全球化于一体的基础上，特别是互联网、物联网、大数据、云计算、人工智能等新技术的突飞猛进，逐渐演变出超越物理世界的虚拟世界，正在形成一个虚实交错的新商业世界。

人类在商业历史上第一次出现了从固定的物理空间向移动的虚实交错的新世界进化，主要表现为颠覆空间意识、重塑新"三观"和新商业模式。

1）颠覆空间意识。虚实交错的新商业世界实际上是一个包含了 3 个维度的网络连接世界，即 E^3 世界。它包括 3 层含义：①每个人与人（Every-one2one），即世界上所有人与人的连接，包括部落、企业、公司、非政府组织、大学、政府机构等，连接的方式是从端对端到脑对脑；②每个人与物或事（Every-one2thing），即所有人与物或事（数据）的连接，如人与智能装置和设备的连接；③每件物与物或事（Every-thing2thing），即所有知识或产品、设施设备、App、手机之间的连接。

E^3 代表人与人、人与物或事、物与物或事同时处于连接时的状态，我们也可以认为它是线上与线下无限连接并且循环的 O2O 网络世界。它无所不在，不仅仅是人类的工具，更是人类生存与发展的基本要素，是阳光雨露、空气土壤，它已经渗透进我们的心灵、我们的思想，构成了我们新的生命体，E^3 世界将完全颠覆人类传统的空间概念。

2）重塑新"三观"。E^3 世界正在改变我们对商业的世界观、价值观与方法论。

在商业的世界观方面，我们看到的是一个前所未有、充满激情和创造力的新世界，人类的潜能得到挖掘，寿命不断得以延长、生存空间无限拓宽。众创时代已然到来，每个充满激情创造力的个人与团队是我们的未来，垄断虽也在不断形成，但其打破的速度在不断地加快。

在商业的价值观方面，一直以来实现股东利益最大化（利己）已成为成功企业目标追求。而在 E^3 世界里，只有实现利他才能实现利己，以他人的需求为导向才能获得成功。E^3 世界让人人都处于连接状态，去除了中心，人人连接共享共创，即我为人人，人人为我，从而创造出意想不到的新价值。

在商业的方法论方面，我们将更依赖科学数据，通过共享、公开、推理来探究商业的本质。对于去哪儿网的创始人庄辰超而言，信息数据好比是生命。他认为，这个世界充满了信息，信息不断流动，构成了一个个完整的生态链。他认为，未来的企业是一个信息枢纽，也可能是一个个相互连接的子引擎。商业的价值在于通过解决客户问题，建立一套有信息网络的社会体系，让产品和服务准确地推送到用户。这是新的世界观，也转变成为互联网时代企业发展的方法论。由此，我们的自然五感已然延伸到了六感，即增加了即时可用的知识、信息、数据。不求拥有，只求拥有科学的方法论，长尾理论让我们以接近零的交易成本创造几乎是几何级数曲线的成长奇迹。

3）新商业模式。技术和商业全球化的进程在某些领域打破了传统全球化竞争中的"先入为主"的僵化格局，处于不同发展阶段的国家，无论是发达国家还是发展中国家，在新的商业机会面前都处于同一起跑线上。例如，在互联网领域，中美企业几乎是同步前行：Google 和百度、雅虎与搜狐、亚马逊与京东等。从 Web 1.0、Web 2.0 到 E^3 世界的 Web3.0，商业发展从单纯的技术驱动升级为人文关怀与技术驱动共存的驱动方式，从数量上来看，Web 的站点数量已经与世界人口相当，每个发展过程同时都伴随着新的商业模式的产生与进化。例如，从开始的 PC 门户和搜索模式到 B2B、B2C 的电子商务模式，到 C2M/C2B 个性化规模定制与交易平台、C2C 交易平台与社交网络模式，再到凝聚新的空间意识、新的世界观与价值观、新的方法论现行的 C2C 商业生态圈模式。

对于企业和个人来说，每一次大迁移必将带来重要契机，包括财富重新分配的契机、重塑商业文明的契机、进化和突变商业基因的契机。今天不论是传统行业还是新兴产业，是线上的电商还是线下的企业，商业发展契机和挑战都受到新技术和新市场（新空间）的双重压力。新技术包括互联网、大数据、人机智能、网真技术、3D 打印技术、生物技术、虚拟现实、新能源等，而新市场包括快速发展的网络世界、人人时代、异客部落等。它们的交错作用，打破了固有的信息不对称，冲破了顽固的层层边界，让商业模式深化、移动化与社交化。

第二节 进行时中的商业大趋势

一、"众创时代"的来临

多少年以来，在商业社会，人与人之间的关系不外乎雇佣与被雇佣关系、投资与被投资关系，如有合作关系也仅仅限于股东或决策者层次。而今天在虚拟现实的 E^3 世界里，人人都有发声的网络连接，人人都有展示自己天赋的机会与平台。现行的效率超过了我们的想象，我们重新定义了个体的属性，它们都是社会资源和财富，我们需要做的就是让每个人的价值最大化，展现个人才华。我们当中已经出现了属于这个时代的"异客"创业者和企业家。众创时代是一个商业机会平等的世界。

1. 异客的崛起

异客是一群具有超前意识、思想独特、才华别致，能够突破创新又接地气，率先进入并活跃在虚拟交错世界里的"普通人"，他们不盲从别人或遵循旧规则，只是为自己兴趣、价值而工作。它包含极客、狂客、艾客、创客、酷客、怪客、奇客等多种衍生称谓。异客是我们这个时代的精英，同时拥有非常特别的想法。他们在互联网时代低门槛的条件下，每个人都真正拥有了自由施展才华和天赋的平台和空间。他们颠覆着现实，创造性地改变着传统产业。

如果我们单纯认为 E^3 世界属于马云（阿里巴巴主要创始人，原阿里巴巴集团董事局主席）、马化腾（腾讯主要创办人之一，现担任腾讯公司控股董事会主席兼首席执行官）、拉里·佩奇（谷歌的创始人之一，2011 年 4 月 4 日正式出任谷歌首席执行官）、谢尔盖·布林（谷歌的创始人之一）、杰夫·贝佐斯（创办全球最大的网上书店亚马逊）、扎克伯格（脸书的创始人，现担任脸书董事长兼首席执行官）、乔布斯（苹果公司联合创办人）这些商界人士，那就大错特错了。他们只是 E^3 世界的异客先锋，是这个时代的引领者、驱动者，但不意味着全部，这个世界还有诸如"U盘""显示器""存储器"等众多人才。我们定义异客，不是来自于电视的教化、互联网的引导、教师的填鸭，而是来自于他们的独特的价值观、人生观和生活方式。独行侠式的异客的崛起"U盘人生"的到来，众创时代是一个人人商业机会平等的世界。过去广泛存在的垄断市场逐渐被打破，市场的特性和结构正在被异客蚕食重建。

2. E^3 世界人人企业家

C2C 商业生态圈模式正是在众创时代帮助每个个体（可以是企业家、个人，也可以是组织），建立一种有独立人格、网络连接、新价值创造的新商业。E^3 世界人人企业家是这个时代的主格调，是人类新的一种生活方式，是一种新的商业文明。

一是人人做主（自主人格）。个人角色与社会角色的自由定位。在今天的 E^3 世界中，人类历史上第一次突破了严格的约束，真正地进行自我定义、自我做主，这意味着世界不属于少数人，而属于全世界全人类。

2014 年阿里巴巴上市之际，马云邀请了 8 位"草根"代表作为敲钟人。其中包括来自美国的农场主皮特·维尔布鲁格，他通过天猫网店把自家果园的车厘子出售给中国消费者；在淘宝上经营木雕工艺制品的前奥运跳水冠军劳丽诗；在澳大利亚求学归来 28 岁的四川姑娘王淑娟，她回到被地震破坏的家乡青川，做起了淘宝店主，把当地的蜂蜜销售到世界各地。

阿里巴巴在中国，为普通人创业提供了前所未有的机遇，你也可以成为蚂蚁金服的合作伙伴，微信社交、酷特智能（青岛酷特智能股份有限公司）、福瑞至（福瑞至控股有限公司）、京东商城正在成就一个人人都是消费者、人人都是设计师、人人都是创客、人人都是管理者、人人都是领导人、人人都是企业家的众创时代，中国真正规模化创造全球卓越、顶级人才或独特天才的时代已然到来。

二是人人参与（群体合作）。熊彼特（2012）认为，企业家就是要整合社会资源，而当人人参与成为新的人力资源形式时，意味着整合社会资源满足客户需要的方式将产生根本性的改变。从消费者主动参与创造，到供应商、生产者提供物资资料和产品的更为快速、优质、便利，这是一种比以往效率更高的 C2C 商业生态圈模式，前端 C 建立社交网络，后端 C 整合商业微因子。

三是人人贡献（群体创造）。人人参与要满足绝大多数人的需求，需要将个人狭隘的小我意识转变为胸怀天下的大我意识，"利他＝利己"的人文关怀是 C2C 商业生态圈的核心价值主张。这个主张不仅包括大到谷歌、亚马逊、微信、QQ 等平台，还包括这些平台上小到出售鲜花、大米、旧书的普通人。

在互联网虚拟世界中，我们已感知到基于大我的商业世界，从免费入手、从用户需求入手为用户提供个性化的价值，给大众连接知识、信息、资源的平等机会。我们或许适应了搜狐、新浪创造的门户信息，谷歌、百度提供的信息搜索，奇虎 360 提供的安全卫士，QQ、微信提供的社交连接，去哪儿网、携程旅行网提供的出行选择等服务。我们通过定位，能够瞬时获得方便、快捷、有价值的信息。虽然，我们会经常因虚拟世界浏览轨迹被"偷窥"而感到愤慨，但我们还可以改造它们，任何限制都不能阻挡商业世界的参与者前行。

二、异客部落的崛起

2011 年，美国著名的风险投资家多尔提出了社交本地移动（SoLoMo）的概念。在当今时代，人们的生活是活动的（social）、本地的（local）、移动的（mobile）。进入 E^3 世界后，人们的生活方式发生了一些变化，即"SoLoMo＋O2O"。就像生活在互联网各种平台世界的人们，他们是线上与线下的结合，他们就是新市场，就是市场需求的内涵和结构。

异客部落由此产生，来自全世界的人们在宇宙空间创建的有着共同兴趣、不同天赋和想法的虚拟群落，我们称为"异客部落"。成员之间不需要谋面，就能聚集到同一个虚拟空间。或许我们可以想象，在不久的将来，我们没有距离意识，全球的朋友就像处于一个互联网村落一样没有边界之分，我们在这个村落中各取所需。碎片化的时间都花费在与异客部落的相处上，我们没有更多的习惯进行线下交易，这就改变了商业的模式。

异客部落使我们改变了原有的朋友和熟人之间交往的习惯，我们开始喜欢陌生人的交往。过去我们可能穷尽一生都难以获得的重要资源和能量，在现在，只要有创意，在微信或其他平台上，只要 4 个简单的流程：微信扫码支付、智慧扩展门店空间、会员体系搭建、支付后默认关注＋红包即可获得。或者你也可以在异客部落里创建一个众筹项目，开始自己的创业生涯。异客部落成为人们新的生活方式和工作方式，事实上也改变了传统经济市场需求的内涵和市场结构。

（一）异客部落的雏形

在那些处于 C2C 商业生态圈模式企业的平台上，异客部落进化和迭代都非常迅速。我们可以从参与者和管理类型两个维度，观察 4 种典型的有商业价值的异客部落。部落面对参与者时，可以是开放的，也可以是封闭的，申请和审核后才能参与。它的管理类型，可以是扁平化的共同管理，也可以是具有不同层级的上下级管理。由此，这形成了精英圈子、专业圈子、创新中心、创新社区 4 种不同的异客部落。这 4 种异客部落又可以拥有无数的以价值、兴趣、爱好等内容为驱动的子分类，它们拥有不同的操作规范、适用环境和效用。

1）精英圈子。精英圈子基于解决共同性的问题，通常会有加入条件。它通常会由一个公司或组织驱动，只有被邀请才能参与。成员虽来自不同领域，但他们在需要解决的问题上存在共性。他们可以用线上互动交流解决相关简单的问题，复杂的问题也可通过交易来寻求解决方法。

2）专业圈子。专业圈子基于解决共同性和个性问题，通常它也会设置进入条件，大多数部落由一个核心人物、一家专业公司或一个专业组织进行驱动，参与时只能通过邀请或缴费成为会员。成员可以来自于不同的专业领域，但会在一个或一类问题上实现成员间的合作。例如，IBM 公司、思爱普（System Applications and Products，SAP）和海尔集团是这类专业部落的积极践行者，强基因部落解决的是传统企业学习转型问题，O2O 公园是探索和实践 O2O 新模式的平台。这是一种基于信任、收费的领域，更容易互助、解决问题和实现发展合作。

3）创新中心。创新中心是由专人或组织主持的开放式众包智慧平台模式。中心成员进出是自由的，但有明确的任务分工和管理制度。由主持人专门提出问题，集体众包提出解决方案，最终方案的确定也由主持人决定。通常这类部落是由一家公司或组织来运营的，美国的创意交易网站创新动力公司（Inno Centive）就是这样一家公司。在公司的平台上，一方是那些需要创新产品的公司，如美国国家航空航天局等；另一方则是来自全球的最顶尖的创新者，他们为解决难题在平台上竞争。这种创新中心高依赖于能够成功解决问题的"交易"模式，同时创新产品提供方也能体现出自我实现的价值，这是一种用金钱不一定能衡量的精神满足。

4）创新社区。创新社区是与上述 3 种不同的异客部落，它更为松散，人人都是"系铃人"，同时人人都是"解铃人"。像维基百科、Linux 都是这种类型，它由自由客提出，要取得共识，就必须具有共情的社会性和对人类的人文关怀。这个社区，众人自我管理、自我服务、自我约束，其运营是由群体来决定的。它是基于价值观的高度认同的自组织。

所有异客部落不是单纯的富人专属，同时是普通群体的活跃的场所。决定一个部落得以创建和维持的因素不是财富、地位和身份，而是每个个体的能力与诉求、智慧与天赋、关怀与灵感。这是成员被所属部落接受，或创建一个所属的部落去连接志趣相投的人。

（二）部落经济的特征

现在我们越来越多地把大部分时间花在了如 QQ、微信、脸书等社交平台上。因为有关注就会有市场，而且越来越多的异客部落蜕变成有商业价值的部落，所以传统 C 端消费者市场结构发生巨变。由部落这一存在物产生了潜在的商业市场，新的部落经济逐渐展现出来。这种部落经济有 3 个重要的特征。

1）不同品类市场。因为千差万别的异客部落的建立基于迥异的价值观、兴趣爱好，这就很容易形成品类市场。它不断地演变而形成新的市场载体，优胜劣汰、自然选择地形成同类用户和客户、供应者和合作者的栖息地。

微信平台是 E^3 世界中一个巨大商业市场的入口。用户自由选择进入微信服务平台，而这些平台又是由千万个异客部落提供的，于是形成巨大的市场能量。以城市服务二级入口为例，有常用服务、看病就医、车辆服务、气象环保、交通出行、政务综合等三级服务入口。在常用服务入口处又有公积金查询、交通违法、生活缴费、市民卡等入口，由此不断衍生发展，各种服务都能在这一平台上找到，通过使用不同的微信功能就可以实现不同的价值。如果说微信的初级功能是社交沟通工具平台，中级功能是媒体营销平台，那么高级功能则是市场交易平台。

2）多维网状市场。每位部落成员具有多重的职能，跨越多重部落，交叉传播，形成网状市场。在传统经济市场中，种种因素使一个人的角色不可能既是消费者又是供应商。但在 E^3 世界中，一切限制条件显得非常脆弱，人们在这个动能空间释放个人潜能，成为无所不能的"多面人"。

3）消费个性化定制。传统经济下，生产者生产什么，消费者就被动接受什么。异客部落的人文关怀给我们带来新的客户细分窗口，通常一个"异客部落"就可以代表一个细分市场，每个细分市场可能人数不一定很多，但是有不同的个性化需求。小米受众的细分是根据一些人对颜色的偏好或对手机社群功能的喜爱，由此，小米为不同偏好小众人群定制不同类别型号的产品。现在越来越多的人已经不喜欢大规模生产出来的产品，他们需要的是专门为自己生产的、最适合自己的、独一无二的产品。

（三）阿基米德式的市场聚变

阿基米德是古希腊伟大的哲学家、数学家、物理学家。静态力学和流体静力学的奠基人。有一天，国王与阿基米德以棋局打赌，国王输了，国王问阿基米德要什么奖赏？阿基米德对国王说："我只要在棋盘上第一格放一粒米，第二格放两粒米，第三格放四粒，第四格放十六粒……按这个比例放满整个棋盘就可以了。"国王以为不需要太多的粮食，就很爽快地答应了。可是很快，粮官就来报告："国库中所有的米都用上了，还不够一半！"国王很吃惊。阿基米德的故事告诉我们，当一粒米在64格棋盘上的每个格中都以数倍增加时，最后一格需要1800亿兆粒米，相当于全世界米粒总数的10倍，这就是倍增学原理。

阿基米德是在用一个方法论与无知的国王博弈，这个方法论就是从潜伏到爆发的几何级数的网络效应。在 E^3 世界中，我们分析微信发展的潜伏期、引爆点，这恰恰是与阿基米德的方法论吻合的。2011 年 1 月 21 日，iOS 平台微信 1.0 版上线时，它不过是一个有语音对讲，视频、图片等沟通功能和基于位置服务（location based service，LBS）的摇一摇、漂流瓶等交友功能的手机终端产品。同年，微信拥有 5000 万注册用户。2012 年 9 月 17 日，马化腾在腾讯微博上宣布微信用户突破 2 亿。2018 年微信用户数量首次突破 10 亿。这个从潜伏期到发展期再到暴涨期的成长轨迹，事实上就是异客部落市场聚变的结果。

（四）长尾变成全尾

2004 年，安德森提出了长尾理论，这是网络时代兴起的一种新理论。长尾理论被注解为由于成本和效率的因素，当商品储存流通展示的场地和渠道足够宽广，商品生产成本急剧下降以至于个人都可以进行生产，并且商品的销售成本急剧降低时，几乎任何以前看似需求极低的产品，只要出售，就会有人购买。这些需求和销量不高的产品所占据的共同市场份额，与主流产品的市场份额相当，甚至更大。

长尾理论的前提是处于稀缺品的时代，传统企业的目的貌似是生产大批量同质化产品，产量越大，单位成本越小，其利润率就越高。传统经济专注于规模、标准、效率，严重打击和挤压了那些基于个性化需求的供应商，他们大多是没有地位的"长尾"。市场竞争的游戏规则是优胜劣汰。可是现在的时代是富裕的时代，网络连接和智能交互技术的信息技术削除原来的中间成本，使原本处于个性化的弱势群体变成无数利基市场，使这个长尾的正态分布曲线逐渐趋于平缓。

长尾还创造和引领新的竞争规则，通过社交网络、口碑传播促进消费者主权革命，使个性化成为一种高智商、高情商的新潮流，让购买大众市场产品的行为被视为是一种没有个性的缺陷行为。当长尾的部落在网络平台足够多时，它就能形成鱼群效应，汇集成产品类商业生态规模，逐渐取代同质化的大众市场。例如，滴滴打车、滴嗒出行，甚至与之相关联的好车无忧等 C2C 商业生态圈模式企业崛起，形成一个全新的、有鲜明特征的"出行服务业"部落经济，共同冲击和颠覆那些低价值、低工资的传统出租业，同时也为人们提供新的商业机会和工作机会。

C2C 商业生态圈模式就是长尾侵蚀大众、小鱼淹没大鱼的有效载体。它从根本上颠覆了传统的企业结构和经营管理方式，在前端培育出包括异客部落出现的用户体验方法，以大规模个性化定制为龙骨支撑，通过社交、群落、社群、O2O 平台，赋予消费者更多的身份，使其参与到长尾经济的创造过程中，成为驱动新业务、发展新经济的轴心。

（五）重塑中心化

传统商业具有中心化的特点，它以大规模、垄断性的企业为中心。在企业管理上，内部主要以金字塔模式设置员工岗位，从上到下配置资源，设置层层的考核及培训晋升机制。这是一台运转精准的大机器，来自企业组织结构最顶端的位置，也是一切管理活动的中心，其他岗位只不过是这台机器上的紧密衔接的部件而已。而在 E^3 世界中，原本非常有序的、属于垄断者的资源突然间变得不那么稀缺了；原本只是从属的被选择的对象，现在可以自主做出选择。商业中的关键因素——人、产品和服务，都发生了显著的变化，传统的中心化的垄断格局由此被瓦解。

那么，互联网思维是去中心化吗？这是一个美丽的谎言，提出这种想法的人或是对互联网的公平自由有着乌托邦式的向往，或是对互联网一知半解，或是摇旗呐喊为自己创造受众。真正的去中心化是要打破过去官僚、权力、关系等垄断资源的绝对中心话语权格局，消除仅仅是信息和资源垄断而造成的人为的中心化。事实上，中心化一直是事物运营的规律，商业也不可例外。去中心化的本质还是要遵循世界运行的规律，重塑中心化，重建以利他、利天、人文关怀、智能化和技术驱动等为新中心的 E^3 世界。

1）重塑中心化的准度。其一是"个人即组织"，一个人发自肺腑的利他主义，得到的却是全世界以他为中心的旋转；无论我们来自何方、身处何地，以什么样的身份，如果有一个想法或是创意，只要是利他的、有人文关怀的，那他就能成为新的中心，就能够调动社会资源，改变世界的进程，这就是"个人即组织"的逻辑起点。其二是"组织即平台"，一个以人文关怀为宗旨的平台，所有商业都会以其为中心旋转。自从互联网进入商业领域，互联网企业都有一个共同的特征，那就是为大众带来实惠和便利，例如百度、谷歌、阿里巴巴等让用户无偿使用信息资源，同时把用户留在平台上，其结果是全世界的商家围绕这些平台活动运转。2018 年，阿里巴巴电商交易额是 4 万亿元，取得这样的业绩，是依靠科学的方法建立平台组织，从而调动社会资源，成就千百万个个人和组织。全世界绝大多数产品流、信息流、资金流围绕这个平台运转，完全颠覆了传统官僚企业以垄断资源经营的逻辑。

2）重塑中心化的逻辑方法。其一是互联网架构上的转接的分权与节点的集权。互联网的架构是由一个个像枢纽一样的节点连接而成的。其设计理论是，假设网络中的一个或多个节点遭到破坏，剩余的网络节点也能照常工作。从这层意义上说，任何人都可以连接任何一个节点，而一个节点可以连接无数人。从物理硬件上来分析，人与整个网络的连接关系就是一种分权实施的方式，节点是依靠集权运行的。建立在这个格局上的商业，也必须遵从这个逻辑。可以说任何一个平台本质上都不可能一家独大，必须与其他平台开放连接。其二是内容的分权和模因的集权。在 E^3 世界中，人人都可以创造内容、发布内容，因此内容上是分权的。但是，只有具有吸引力的内容才会得到广泛传播，具有吸引力的内容是集中的、聚焦的。根据《牛津英语词典》，模因被定义为："文化的基本单位，通过非遗传的方式，特别是模仿而得到传递。"模因是在诸如语言、观念、信仰、行为方式等的传递过程中与基因在生物进化过程中所起的作用相类似的事物。我们如果把互联网上被传播的内容称为模因，那么它包括了思想、行为、故事、风俗等，任何一个模因都有可能成为中心。"重塑中心化"的关键在于内容本身，而不是权威、名望等外在因素，可以说是以内容为主。在虚实交错的 E^3 世界中，人们能在瞬间分享想法，而且能在第一时间将有共情的人聚集起来，这就形成了内容的分权与模因的集权的新格局。在商业的 C2C 商业生态圈模式中，前端 C 将彻底颠覆市场营销的经营逻辑。其三是传播的分权与创造的集权。人人都可以传播信息，这是每个人的自由和权利。世界上所有的信息、数据都可以在互联网上找到，但只有非常小部分有价值的知识是在线创造的，有价值的数据、信息、思想仍然是有专属权的。尽管大多数人可以在互联网上自由地搜索和分享信息，但一旦涉及如 Google 的知识库（Knowledge Vault）这样的顶尖技术，不是普通人可以创造使用和接近的。

重塑中心化后，商业世界经营逻辑被重新建立，这也给了每个人建立新中心化的机会。从以自我为中心的垄断，转变为重建以利他和天赋驱动的人文关怀为中心；从以庞大金字塔官僚体制为中心，转变为重建以技术驱动的智能化的解决方案为中心。

第三节　传统企业转型发展

C2C 商业生态圈模式让我们预见，新的商业竞争格局正在颠覆商业世界长期遵循的大企业、中小企业、个体户的旧有格局和规则。处在其中的企业组织和个人，都不能独善其身，一同接受崛起或沉沦的时代挑战。企业如何转型，创业者如何在创业初始就迈入时代的轨道是值得思考的。

在这个时代，传统企业的通病包括以下几种情况：一是认知缺陷，导致企业战略观失误。虚实交错的 E^3 世界发展迅速，已经远远超出了传统企业经营者的认知水准，带来的格局变化已超出了其控制的程度。二是方法落后，导致经营管理混乱。在 E^3 世界中，数据、信息、知识、技术、智慧手段彻底颠覆了传统的企业决策和管理惯用的方法和手段。如何在瞬息万变的世界中系统地创造、重构、整合、建立适合的商业模式，显得十分苍白。三是资源散乱，导致资源观落后。很多传统企业不能真正理解资源转化的效率，分不清事件的轻重缓急，因此对如何获得资源特别是重要资源显得不合时宜。

一、战略观的转型发展

网络是一个开放透明的世界，一般人认为战略已经无法发挥作用。这是将战略观与行动能力、学习能力混淆在一起，在认识上也将战略等同于计划与规划了。战略观的核心在于点与面、近与远、地与空的系统思维。那些在互联网时代崛起的企业，不是仅依靠"爆发"就能发展的，而是从一开始就拥有明确的战略观。例如，雷军的小米按照从手机到电子产品再到生活用品新型电商的发展策略进行发展就是一种战略观。这种战略观可以从痛点效应、网络效应和锁定效应3个重要的维度来构建战略观，这是战略观的原点和理想目标，我们通过分析可以找到从原点到理想点的路径和途径。

（一）痛点效应

通常客户认为越重要的因素越是他们的痛点，就越会依赖企业。通过产品与服务，形成企业与客户之间的紧密关系的状态就是痛点效应。

小米公司是"痛点效应"的典型。在手机行业，处于顶级地位的苹果公司和三星集团早已占据了中高端市场，而小米公司之所以可以异军突起，最重要的是找到了消费者的"痛点"。那就是作为人数最多的"底层"手机消费群体，他们最关注的是满足其低价、物超所值、参与感、尊重等的需求，可以说这是这一批群体的"痛点"。小米公司专门为他们开设了专属的手机群，聆听他们的需求，并让他们参与产品的设计、开发，使他们得到前所未有的尊重和满足。凭借痛点效应，小米公司创造了"得底层用户者得天下"的战略优势，使小米手机能够与三星、苹果手机分庭抗衡。同时在站稳手机市场后，小米公司跨界进入电商领域，所涉及的领域涵盖人们生活有关的各个领域，如生活用品、家用电器、电子产品、家具家居等，并在不断地扩大其范围。

（二）网络效应

痛点效应解决了客户与企业生存和发展的问题，这是点与面、近与远的问题，而网络效应则是战略的地与空问题。它要解决的问题是痛点效应是否可以复制推广，是否可以形成聚变，以实现几何级的增长。

分析携程、京东等互联网企业，它们的成长特征通常都有一个从"潜伏期"到"爆发期"，一般需要3～5年的时间才能开始非直线式的加速上升。与传统的企业经营效应"大鱼吃小鱼、小鱼吃虾米"的不同之处在于，无论是PC时代的互联网，还是智能手机时代的移动互联网，那些具有网络效应的翘楚通常能获得具有绝对优势的格局。所以，互联网时代的企业都要具有网络效应的战略观。

在潜伏期，企业需要在客户界面，分析潜在客户兴趣、爱好、特征等并进行布局，形成异客部落，培育种子用户。以一种服务或产品为标准将用户细分，使之呈保龄球形状布阵。然后像打保龄球一样，选择一个恰当的入口打入，从而引起球阵的连锁反应，这样貌似完整的市场堡垒在瞬间就不攻自破了。

在爆发期，在社交网络上以部落为单位，遵循互联网平台网络效应的增长方式，而且，其通用的规律可以用以下公式来表示：

$$T=\sum_{n=1}^{n}A^{(n-1)}$$

式中，T 为总用户连接数量；A 为原种子部落的人数；n 为部落传播次级（度）数。当 n 为 1 时，保持原状；当 n 为 2 时，从原状开始传播，这可以称为二度社交。

网络效应隐含了一个重要的聚变条件，那就是受众应与企业的价值主张相一致。作为企业而言，以用户为主的战略是正确的，但"受众≠用户"，即企业拥有的受众不是越多越好，有时并不一定会成为潜在用户，反而会浪费很多宝贵的机会。

（三）锁定效应

在战略观空间中，锁定效应意指解决问题的难易程度。痛点效应和网络效应是在战略上确定战略位置和成长的商业逻辑，而锁定效应则是从战略角度将商业逻辑转化为实施的技术手段。锁定效应一旦建立，就会形成向内的锁定目标和对外部竞争对手的高阶门槛。

基于 C2C 商业生态圈模式，建立锁定效应就是要创建智能交互网络平台体系，即企业级的运营支撑系统。该体系至少由 3 个专业平台组成：客户界面技术（customer interface technology，CIT）平台、信息技术（information technology，IT）平台、数据技术（data technology，DT）平台，这 3 个专业平台可以简称为 3T 系统。CT 的作用是 O2O 空间中企业与用户交互的平台，用户需求分析、管理、反馈、评价，用户下单或是参与企业产品设计及提供服务。这是企业推送产品及服务，服务客户的界面。这个界面可以是 PC、TV、微信、QQ、脸书，以及智能穿戴、虚拟现实等；IT 的作用包括将整体业务目标、岗位、产品、服务、供应、物流、资金等业务，以科学的手段进行结构化和流程化改革，实现个人即平台、平台即组织的作用最优化。DT 的作用是在海量的数据中进行统计分析，以供企业家决策，包括对海量用户需求变化的分析，做出产品设计与选择调整、产品迭代与发展、资源配置与管理决策等。这 3 个专业平台是实现个性化定制、智能交互解决方案的前提要求。如果建立，企业就在战略上实现了超级竞争优势。

二、经营观的转型发展

（一）转变决策判断依据

经营观的转变不是盲目的、冒险的变革行动，可以从创新者（innovator）、创新（innovation）和风险（insecurity），即三 I 维度分析，确定组织变革的性质，是改造、整合还是重建。这是由人才原则、创新追求和变革风险决定的。

1）人才原则。在互联网这个巨变的时代，人才是驱动科学、技术、信息、网络等新兴技术发展的核心条件。在选人上，不能墨守成规，找到合适的人比改造人更为重要。要创新思维，寻找既有能力又与企业价值观契合的人才，这种人才还需具备"否定之否定"的能力，能够通过不断地自主学习寻求自我进化。在用人上，要处理好领导者与人才的关系，这种关系不是传统的雇佣与被雇佣的关系，而是一种从"要我干"到"我要干"、从"满足生存需要"到"追求幸福指数和自我实现"的新型关系。

2）创新追求。经营观上的转型在战略上需要确立创新的深度与广度目标，但不能无主次之分。对于颠覆性的创新在战术上需要找准切入点，进行渐进性创新或微创新以逐渐渗入迭代，减少风险。随意地进行颠覆式创新是不明智的，需要具备"天时、地利、人和"。IBM 公司的每一次变革都选择了前瞻性的技术驱动，当很多需要 IT 解决方案的公司还处于转型的摸索阶段时，IBM 公司已经完成了大数据驱动的战略布局，对于 IT 行业来说，这是颠覆性的，但对于 IBM 公司而言，选择是基于对 IT 行业前瞻分析和企业本身的技术基础得出的正确选择。

马云在 2016 年 10 月的云栖大会上提出了"新零售"的概念。从 2017 年开始，北京很多便利店、生鲜店纷纷推开新零售的大门，多种新零售形态在北京迎来集体爆发期。无论是阿里巴巴对银泰百货的私有化，还是亚马逊收购全食超市，具有吸引力的新零售，正在构建一种别具一格的商业形态。引领者不断尝试着用新的语言，将技术与灵感融为一体，为大众定义出一个精彩绝伦的未来空间或趣味蓝图。

3）变革风险。变革风险的大小会影响决策的变化。如果变革风险较高，就需要从设计"群体创新"的结构与流程入手，采用多数人等待、少数人尝试的结构与流程；对于变革风险较小的，可以采取全面展开的方案。

（二）树立"组织即平台"生态观念

C2C 商业生态圈模式将人文关怀、网络连接、智能交互的特性嵌入新的组织形式，必然将组织变革为一个生态平台。组织即平台，组织是否良性发展，可以从企业的成长将取决于帮助多少其他企业和个人成长，即整合其他企业的能力；也可以从企业本身的成长同时能被什么能量等级的商业生态平台整合，即被其他企业整合这两个相互交错的方面来分析。这需要有包容的心态、有个性的方案、有灵魂的企业文化。

组织即平台的核心思想，是虚怀若谷、胸怀大志，要容得下别人的成功，并为别人成功而欢欣雀跃，要允许他们超越自己。只有容得下顶尖人才的公司，才是一流的公司。只有具有大智慧、大胸怀的企业家，才能将企业搭建成大平台。

提出针对产品与工具的平台有个性的解决方案。技术解决方案会因适用平台的驱动力不同而有本质区别。以产品为核心的平台需要的是产品个性化规模定制平台方案，其前端为消费者提供产品选择和服务，后端制定行业标准化规则，选配和整合合适的供应商。以小米为例，它从手机产品入手，然后逐步进入家电、智能电子等领域，未来还可能发展为综合的 C2C 商业生态微电商，其业务聚焦在产品解决方案的设计、制作、传送上。以工具为核心的平台需要模块化、个性化规模定制平台方案，前端为消费者提供免费的信息平台服务，后端为各类企业、商家提供业务开展所需的平台支撑工具，支付宝、微信就是其中的典型代表。例如，微信在前端为大众提供免费的社交平台，后端为企业、商家提供企业号、公众号，其业务聚焦在建立配对市场的支付、挖掘、控制、价格、价值、交易系统上。

文化是一个企业软组织的载体，创新创业文化包含创办事业科学性的创新创业方法，也包含用一种打破陈规、突发创意的开源创新文化氛围。价值观是一个企业软组织中的核心基因。通常我们可以通过分析企业在做什么、怎么做判断出该企业倡导的价值观和企业文化。没有价值观和企业文化的企业，就像没有了灵魂。

海尔集团企业文化分为 3 个层次：最外层是物质文化，这是最显性的部分；中间层是制度行为文化，如规章制度等；最深层是海尔精神文化。精神文化的核心是价值观，而海尔的价值观就是两个字：创新。制度的东西可以学，但创新无法模仿。海尔集团的科研人员平均每个工作日开发 1.3 个新产品，每个工作日申请 2.5 项专利，是中国企业中获专利数量最多的企业。海尔集团的创新文化最大限度地给每一位员工提供一个创新的空间，让他们从知情者转变为创业者。在海尔集团，你甚至不用与员工交谈，便可感受到他们充满活力的精神世界。一旦平凡而机械的工作与远大的目标紧紧联系在了一起，就变为愉快的创造。从当年创造中国冰箱的金牌，到今天努力跻身世界五百强，海尔人靠它振奋精神、战胜自我、永远创业、创新进取。

（三）转换个人成功观念

刚开始找工作时，一般人期望先进入知名企业工作，择时择机进行自主创业或岗位创业，这一观念在今天已过时，世界上最好的工作是你为自己争取的工作。在 E³ 世界中，最好的创意往往来自于不经意的灵感。或许下一个"爱迪生"就是身边的懵懂少年或来自大山深处的孩童，他们凭借自身的努力、天赋、激情为自己赢得一片天空，成为自由的人，做伟大的事。自己即组织，个人就是领导，做成这一切所需要的有效工具就是互联网的"连接天下"。

另外，个人获得成功最重要的并不是自身收获什么，而是帮助社会他人解决多大的问题。解决问题的能力并不需要有文凭和证书证明，技术的飞跃使每个人都有可能实现弯道超车，个人所需要做的只是制订一个能解决问题的方案。在大规模定制的平台，客户参与成为主角之一，挖掘在每个平台转接价值链的各个节点，这就是创业的机会，也是获得成功的起点。

三、资源观的转型发展

一切竞争的本质都离不开资源。自从 1776 年亚当·斯密的《国富论》问世以来，劳动力、土地、资本三大要素一直是竞争所需的重要资源，它们会越用越少，是稀缺资源。而在今天的 C2C 商业生态圈模式中，竞争所需的资源会越来越多。所以，资源观的转型发展，就是要把传统的稀缺资源观转变为现代的富裕资源观。富裕资源包括人才与知识、虚拟土地、数据资源等。富裕资源观认为，资源使用后会越来越多，最终会使企业实现几何级的增长。这些资源需要转型，其重点需要 3 个步骤：升级客户、创造虚拟地产、组建数据资产。

1. 升级客户

升级客户成为合作者。C2C 商业生态圈改变了人的属性，使人从单纯的消费者转变为创业家，成就了人人经济，把大众的智慧转变企业的资源，最终转化为客户价值。以已有交易的客户为起点，挑选优质客户，逐步将优质客户培育成为企业的支持者、倡导者和合作者。一旦优质客户成功确定，就能使企业以几何级数复制传播。从支持企业的产品与服务，参与企业产品设计和制造，个人兴趣爱好与企业成长合二为一，众筹、众包、连锁经营或创造个性品牌发展，个人成长成就企业共同发展。

通过事件营销，吸引潜在客户的关注。基于潜在用户的不同兴趣、爱好，建立不同类别的用户群、异客部落；设置专门的岗位管理用户，专门负责部落运营，提出不同的话题内容，解决客户的问题或满足客户的期待，最终将潜在客户发展为新的客户。

2. 创造虚拟地产

在传统经济条件下，土地是稀缺资源，企业获得一块土地，意味着企业资产将会升级。但是在虚实交错的 E^3 世界中，"新经济"重要的生产要素之一是信息网络，我们可以称为"虚拟经济"。美国在 20 世纪 90 年代就确定了新经济的特征，信息网络及虚拟地产是新经济发展的新方式，可以大规模、高效率、高质量、低消耗地创造和应用知识，驱动经济的发展。

虚拟地产是由晶体管、比特等元素组成的资源，与传统地产中水泥、砖、钢筋等元素相比，有着等同的甚至超越传统地产的使用价值。虚拟地产是一个包含各种平台、各类异客人群、异客部落及 App、内容、智能设备、流量等元素的动能空间。从计价方式看，与传统地产以有形的位置来衡量价值不同，虚拟地产是以网络效应的访问量、流量来计价的，虚拟地产被使用得越多，价值就越大。它是一种弹性极强的无穷尽的资源，呈现指数级增长态势。传统地产是有垄断性、不可复制性的，是一种刚性的稀缺资源；虚拟地产是可以创造的，现在必须用智能设备来增长和引流潜在用户，并提升流量变现的能力。

3. 组建数据资产

石器时代以来，人类的资源都是物理存在物，如动物、植物、石油、矿产、土地、劳动力。而在信息化时代，大数据成为最有效的资源。创业企业通过数据合伙人（专业数据公司），将自身有价值的数据变成资源或资产。这种数据不是财务数据，而是客户行为分析数据，是一种战略资源。这种数据的收集、分析、使用、管理是集体行为，不是个体能单独完成的；这种数据是有战略意义的，透过数据能够"拨开云雾见天日"，洞悉表象背后的真相，寻求事物的内在规律，而且使用频率越高，数据就越鲜活、越有价值。数据是不等价的，有用的数据千金难买，无用的数据如同"鸡肋"。

参考文献

阿克夫，格林伯格，2010. 翻转式学习：21 世纪学习的革命[M]. 杨彩霞，译. 北京：中国人民大学出版社.

阿里研究院，2015. "互联网＋"研究报告[EB/OL].（2015-03-12）[2019-01-02]. http://www.199it.com/archives/401585.html.

埃茨科维兹，2005. 三螺旋[M]. 周春彦，译. 北京：东方出版社.

埃茨科维兹，2007. 麻省理工学院与创业科学的兴起[M]. 王孙禺，袁本涛，等译. 北京：清华大学出版社.

埃茨科维兹，2009. 创业型大学与创新的三螺旋模型[J]. 科学学研究，27（4）：481-488.

艾瑞斯，2014. 大数据思维与决策[M]. 宫相真，译. 北京：人民邮电出版社.

爱因斯坦，2016. 培养独立工作和独立思考的人[M]//爱因斯坦. 爱因斯坦论科学与教育. 许良英，李宝恒，赵中立，等译. 北京：商务印书馆.

安德森，2006. 长尾理论[M]. 乔江涛，译. 北京：中信出版社.

安德森，2012. 创客：新工业革命[M]. 萧潇，译. 北京：中信出版社.

保罗，埃尔德，2013. 批判性思维工具[M]. 侯玉波，姜佟琳，等译. 北京：机械工业出版社.

贝尔，1984. 后工业社会的来临：对社会预测的一项探索[M]. 高铦，王宏周，魏章玲，译. 北京：商务印书馆.

博克，2001. 走出象牙塔：现代大学的社会责任[M]. 徐小洲，陈军，译. 杭州：浙江教育出版社.

蔡克勇，2002. 90 年代中国教育改革大潮丛书·综合卷[M]. 北京：北京师范大学出版社.

蔡莉，彭秀青，SATISH NAMBISAN，等，2016. 创业生态系统研究回顾与展望[J]. 吉林大学社会科学学报，56（1）：5-16.

蔡元培，1993. 普通教育和职业教育[M]//沈善洪. 蔡元培选集. 杭州：浙江教育出版社.

曹胜利，雷家骕，2010-01-03. 中国高校需要怎样的创新创业教育[N]. 中国教育报，5.

陈汉聪，邹晓东，2011. 发展中的创业型大学：国际视野与实施策略[J]. 比较教育研究，9：32-36，59.

陈洪波，潘家华，2012. 我国生态文明建设理论与实践进展[J]. 中国地质大学学报（社会科学版）（5）：13-17，138.

陈娟，2003. 杜威实用主义教育观及其现实意义[J]. 辽宁行政学院学报，5（5）：69-77.

陈丽鸿，孙大勇，2009. 中国生态文明教育理论与实践[M]. 北京：中央编译出版社.

陈庆滨，2015. 天津大学"搭伙"创客空间激发创新创业灵感[EB/OL].（2015-05-11）[2016-05-20]. http://news.cnr.cn/native/city/20150511/t20150511_518524877.shtml.

陈瑞清，2007. 建设社会主义生态文明 实现可持续发展[J]. 北方经济（7）：4-5.

陈小筑，2015. 众创时代大学的创新创业教育[J]. 中国高等教育（13/14）：1.

陈晏清，1998. 当代中国社会转型论[M]. 太原：山西教育出版社.

程立显，2002. 伦理学与社会公正[M]. 北京：北京大学出版社.

崔建霞，2009. 构建人与自然和谐关系的两种尺度：自然生态规律与人的内在需求[J]. 理论学刊（5）：68-71.

戴世洪，2016. 微信自媒体的去中心化传播再讨论[D]. 长春：吉林大学.

戴维奇，2014. 创业型大学是如何组织创业教育的？——以荷兰特温特大学为例[J]. 比较教育研究（2）：36-41.

笛卡儿，2000. 谈谈方法[M]. 王太庆，译. 北京：商务印书馆.

蒂蒙斯，斯皮内利，2005. 创业学[M]. 周伟民，吕长春，译. 北京：人民邮电出版社.

刁承湘，2014. 高等教育发展应彰显生态文明理念[J]. 中国高等教育（2）：27-30.

丁立群，吴金秋，2004. 创业教育的目标与功能[J]. 中国高等教育（22）：14-15.

董桄福，1993-06-24. 中国语文教育的困境和拯救之路[N]. 语文报，03.

杜威，1981. 杜威教育论著选[M]. 赵祥麟，王承绪，译. 上海：华东师范大学出版社.

杜威，2001. 民主主义与教育[M]. 王承绪，译. 北京：人民教育出版社.

杜威，2004. 哲学的改造[M]. 许崇清，译. 北京：商务印书馆.

多恩，2015. 没有人是一座孤岛[EB/OL].（2015-03-11）[2017-11-20]. https://baike.so.com/doc/7053263-10497675.html.

范国睿，2000. 教育生态学[M]. 北京：人民教育出版社.

范惠明，邹晓东，吴伟，2012．常春藤盟校工程科技人才创业能力培养模式探究[J]．高等工程教育研究，1：46-52．

傅华，2002．生态伦理学探究[M]．北京：华夏出版社．

盖茨，2014．哈佛大学毕业典礼演讲[EB/OL]．（2014-06-09）[2017-10-24]．http://blog.sciencenet.cn/blog-1374168-801725.html.

顾明远，2016．中国教育路在何方：顾明远教育漫谈[M]．北京：人民教育出版社．

郭德红，2012-01-11．现代大学制度与学术生态系统平衡[N]．中国科学报，5．

郭晓科，2013．大数据[M]．北京：清华大学出版社．

何郁冰，丁佳敏，2015．创业型大学如何构建创业教育生态系统？[J]．科学学研究，33（7）：1043-1051．

何郁冰，周子琰，2015．慕尼黑工业大学创业教育生态系统建设及启示[J]．科学学与科学技术管理，36（10）：41-49．

亨德森，1993．教育学[M]//瞿葆奎．教育学文集·教育与教育学．北京：人民教育出版社：295．

洪谦，1982．西方现代资产阶级哲学论著选辑[M]．北京：商务印书馆．

胡贝贝，王胜光，任静，2015．互联网时代创业活动的新特点：基于创客创业活动的探索性研究[J]．科学学研究，10：1520-1527．

胡弼成，邓杰，2015．大数据时代的教育变革：挑战、趋势及风险规避[J]．教育科学研究（6）：31．

胡伯项，胡文，孔祥宁，2007．科学发展观研究的生态文明视角[J]．社会主义研究（3）：53-55．

胡建华，2008．论近年来的我国高等教育转型[J]．南京师大学报（社会科学版）（6）：75-79，116．

胡庆芳，2016．学习科学发展的历史轨迹概论[J]．当代教育论坛（1）：27-29．

花一朵，2015．云校，用数据"搅动"中国教育的未来[EB/OL]．（2015-3-19）[2019-01-08]．http://edu.qq.com/a/
　　20150319/073837.htm.

黄承梁，余谋昌，2010．生态文明：人类社会全面转型[M]．北京：中共中央党校出版社．

黄书光，2000．实用主义教育思想在中国的传播与再创造[J]．高等师范教育研究（9）：1-11．

黄蔚，2015-12-01．吹响数字化学习的号角[N]．中国教育报，08．

黄英杰，2012．走向创业型大学：中国的应对与挑战[J]．清华大学教育研究，33（2）：37-41．

黄兆信，罗志敏，2017．多元理论视角下高校创业教育的发展策略研究[J]．教育研究（11）：58-64．

黄兆信，王志强，2017．高校创业教育生态系统构建路径研究[J]．教育研究（4）：37-42．

黄兆信，曾尔雷，施永川，2010．美国创业教育中的合作：理念、模式及其启示[J]．高等教育研究（4）：105-109．

黄兆信，赵国靖，唐闻捷，2015．众创时代高校创业教育的转型发展[J]．教育研究（7）：34-39．

极客公园，2017．举办了15年的微软创新杯比赛，为什么会让大学生们如此着迷？[EB/OL]．（2017-05-19）[2017-10-24]．http://
　　www.sohu.com/a/141708914_413980.

蒋建军，谭福河，2010．实现价值理性与工具理性的和谐统一：论高校创业教育的使命[J]．浙江学刊（5）：196-198．

焦方红，李海红，2008．大学生创业教育[M]．长春：吉林人民出版社．

卡普拉，1989．转折点：科学、社会、兴起中的新文化[M]．冯雷，译．北京：中国人民大学出版社．

康宇，2009．儒释道生态伦理思想比较[J]．天津社会科学，2：38-42．

柯林斯，哈尔弗森，2013．技术时代重新思考教育[M]．陈家刚，程家铭，译．上海：华东师范大学出版社．

克拉克，2001．高等教育新论：多学科的新论[M]．王承绪，徐辉，郑继伟，译．杭州：浙江教育出版社．

克拉克，2003．建立创业型大学：组织上转型的途径[M]．王承绪，译．北京：人民教育出版社．

克里斯蒂安，2016．极简人类史：从宇宙大爆炸到21世纪[M]．王睿，译．北京：中信出版社．

雷家骕，2011．我国大学创业教育现状及应做的调整[J]．青年探索（1）：15-18．

李碧武，2015．"互联网＋教育"的冷思考[J]．中国信息技术教育（17）：96-99．

李春秋，王彩霞，2008．论生态文明建设的理论基础[J]．南京林业大学学报（人文社会科学版），8（3）：7-12．

李福华，2000．创业型就业与创业教育[J]．软科学，14（1）：60-62．

李培根，2016-11-24．创新创业还需要一种力量[N]．中国教育报，6．

李倩，2015．从"互联网＋"本质与进程看传统媒体的数字化转型[J]．中国出版（21）：45-47．

李世超，苏竣，2006．大学变革的趋势：从研究型大学到创业型大学[J]．科学学研究，24（8）：552-558．

李远煦，2015．社会创业：大学生创业教育的新范式[J]．高等教育研究，36（3）：78-83．

里夫金，2012．第三次工业革命：新经济模式如何改变世界[M]．张体伟，孙豫宁，译．北京：中信出版社．

林格，2011．学习是不需要教的：发现与解放的教育[M]．北京：新世界出版社．

林娟娟，施永川，2010．地方大学创业型人才培养的困境与发展策略[J]．中国高教研究（9）：53-54．

林嵩，2011．创业生态系统：概念发展与运行机制[J]．中央财经大学学报（4）：58-62．

刘宝存，2015-03-10．美国产学研协同创新机制什么样：评蓝晓霞《美国产学研协同创新机制研究》[N]．中国教育报，9．

刘春花，2010．学术资本：促进大学生创业能力提升的要素[J]．教育发展研究（21）：67-70．

刘军仪，2009．建立创业型大学：来自美国研究型大学的回应[J]．比较教育研究（4）：42-46．

刘林青，夏清华，周潞，2009．创业型大学的创业生态系统初探：以麻省理工学院为例[J]．高等教育研究，30（3）：19-26．

刘敏，2010．法国创业教育研究及启示[J]．比较教育研究（10）：72-75．

刘沁玲，2004．创业教育再探[J]．教育探索（12）：11-12．

刘思华，1987．生态经济价值问题初探[J]．学术月刊（11）：9-11．

刘燕敏，2005．瑞士钟表匠塔·布克断言 金字塔的建造者不是奴隶[EB/OL]．（2005-08-01）[2017-10-24]．http://news.163.
　　com/05/0801/09/1Q2FKM6P00011249.html.

刘叶，2011．建立学术导向的创业型大学：兼论洪堡理想与学术资本主义融合的途径[J]．高等工程教育研究（1）：73-77．

刘永芳，龚放，2012．创业型大学的生成机制、价值重构与途径选择[J]．清华大学教育研究，33（10）：95-101．

刘月秀，2012a．生态系统视域下美国高校创业教育探析[J]．中国高等教育（10）：61-63．

刘月秀，2012b．中美高校创业教育生态因子比较研究[J]．实验室研究与探索（7）：372-375．

刘振亚，2014．美国高校创业教育生态化对我国的启示[J]．中国高教研究（2）：52-55．

刘宗超，1997．生态文明观与中国可持续发展走向[M]．北京：中国科学技术出版社．

柳友荣，2013．高等教育发展的"生态文明"[J]．中国高教研究（3）：32-35．

卢彦，2015．未来"它"将无处不在！[EB/OL]．（2015-04-25）[2019-02-10]．http://www.sohu.com/a/12377469_115163．

罗志敏，夏人青，2011．高校创业教育的本质与逻辑[J]．教育发展研究（1）：29-33．

罗志敏，夏人青，2013．欧美发达国家创业教育发展新动向[J]．高等工程教育研究（2）：128-132．

雒亮，祝智庭，2015．创客空间2.0：基于O2O架构的设计研究[J]．开放教育研究，21（4）：35-43．

马化腾，等，2012．互联网＋国家战略行动路线图[M]．北京：中信出版社．

毛家瑞，1995．从创业教育研究到创业教育工程[J]．教育评论（2）：6-8．

毛家瑞，彭钢，1996．"创业教育的理论与实验"课题研究报告[J]．教育研究（5）：8-18，67．

梅伟惠，2012．创业人才培养新视域：全校性创业教育理论与实践[J]．教育研究（6）：144-149．

梅伟惠，2015．论创业体验学习及其应用[J]．教育研究（2）：117-122．

梅伟惠，徐小洲，2009．中国高校创业教育的发展难题与策略[J]．教育研究（4）：67-72．

宁家骏，2015．"互联网＋"行动计划的实施背景、内涵及主要内容[J]．电子政务（6）：199．

牛金成，陆静，2013．发达国家的创业教育及其启示：基于美、英、德、澳大利亚四国的比较[J]．黑龙江高教研究（1）：
　　46-49．

珀金，2001．历史的观点[M]//克拉克．高等教育新论：多学科的研究．王承绪，徐辉，郑继伟，译．杭州：浙江教育
　　出版社．

普里戈金，斯唐热，2005．从混沌到有序：人与自然的新对话[M]．曾庆宏，译．上海：上海译文出版社．

钱学森，2001．钱学森论第六次产业革命通信集[M]．北京：中国环境科学出版社．

乔杉，2014．20年互联网带来的改变才刚开始[J]．红旗文稿（10）：41．

全球化智库，2017．2017中国高校学生创新创业调查报告[EB/OL]．（2017-09-26）[2017-11-17]．https://www.sohu.com/
　　a/194771971_800517．

余正荣，2002．中国生态伦理传统的诠释与重建[M]．北京：人民出版社．

舍恩伯格，库克耶，2013．大数据时代：生活、工作与思维的大变革[M]．盛杨燕，周涛，译．杭州：浙江人民出版社．

沈洁，黄宇星，2011．智慧校园及其构建初探[J]．福建教育学院学报（6）：122-125．

施冠群，刘林青，陈晓霞，2009．创新创业教育与创业型大学的创业网络构建：以斯坦福大学为例[J]．外国教育研究，38
（6）：79-83．

施拉姆，2007．创业力：美国的经济奇迹如何改变世界，改变你的生活[M]．王莉，李英，译．上海：上海交通大学出版社．

施永川，2013．我国高校创业教育十年发展历程研究[J]．中国高教研究（4）：69-73．

施永川，黄兆信，李远煦，2010．大学生创业教育面临的困境与对策[J]．教育发展研究（21）：71-75．

宋述强，钟晓流，焦丽珍，等，2016．创客教育及其空间生态建设[J]．现代教育技术（1）：13-20．

素质教育的概念、内涵及相关理论课题组，2006．素质教育的概念、内涵及相关理论[J]．教育研究（2）：3-10．

孙正林，2014．高校生态文明教育的困境与路径[J]．教育研究（1）：92-97．

唐维，2015．慕课来了[EB/OL]．（2015-09-11）[2018-06-11]．http://www.cjedu.cn/newsInfo.aspx?pkId=75766．

陶行知，2005．陶行知全集：第2卷[M]．成都：四川教育出版社．

腾讯研究院，2015．关于以"互联网＋"为驱动　推进我国经济社会创新发展的建议[EB/OL]．（2015-04-13）
[2019-01-02].http://www.tisi.org/Article/lists/id/3776.htm．

瓦格纳，2013．教育大未来[M]．余燕，译．海口：海南出版公司．

万力勇，康翠萍，2016．互联网＋创客教育：构建高校创新创业教育新生态[J]．教育发展研究（7）：59-65．

汪金英，刘伟杰，2013.实然与应然：生态文明视阈下大学生创业教育的反思与重构[J].思想政治教育研究，29(5)：112-115.

汪小红，2012．农村社区权力关系建构：一种善治的话语分析[J]．社会主义研究（1）：105-109．

王斌，王莹，马建章，2006．佛教、道教文化中生态意识及环保实践的比较研究[J]．生命科学研究，10（3）：10-16．

王如松，2000．论生态革命走向生态文明[J]．当代生态农业（1）：12-19．

王雁，李晓强，2011．创业型大学的典型特征和基本标准[J]．科学学研究，29（2）：175-180．

王雁，孔寒冰，王沛民，2003．创业型大学：研究型大学的挑战和机遇[J]．高等教育研究，24（3）：52-55．

王雁，孔寒冰，王沛民，2005．两次学术革命与大学的两次转型[J]．浙江大学学报（人文社会科学版），35（3）：162-167．

王一兵，1990．提高教育质量迎接21世纪的挑战：面向21世纪教育国际研讨会侧记[J]．教育研究（2）：17-21．

王永进，邬泽天，2004．我国当前社会转型的主要特征[J]．社会科学家（11）：41-43．

王佑镁，叶爱敏，2015．从创客空间到众创空间：基于创新2.0的功能模型与服务路径[J]．电化教育研究（11）：5-12．

王佑镁，王晓静，包雪，2015．创客教育连续统：激活众创时代的创新基因[J]．现代远程教育研究（5）：38-46．

王玉庆，2014．生态文明与大学使命：深刻认识和加快推进生态文明建设[J]．中国高等教育（2）：17-21．

王占仁，2015．"广谱式"创新创业教育的体系架构与理论价值[J]．教育研究（5）：56-63．

王占仁，2016-02-04．推进高校创新创业教育的策略创新[N]．光明日报，15．

王长恒，2012．高校创新创业教育生态培育体系构建研究[J]．继续教育研究（2）：124-126．

王志强，卓泽林，2016．"创新驱动"战略下高等教育与社会互动机制研究：基于大学变革的视角[M]．北京：中国社会科
学出版社．

魏忠，2014-08-06．大数据时代的教育革命[N]．江苏教育报，4．

维克多·黄，霍洛维茨，2017．硅谷生态圈：创新的雨林法则[M]．诸葛越，许斌，林翔，等译．北京：机械工业出版社．

吴汉东，于洋，郭雪松，等，2015．高校创新创业教育师资队伍建设的研究：以辽宁医学院食品科学与工程专业为例[J]．继
续教育（6）：9-10．

吴金秋，2004．创业教育的目标与功能[J]．黑龙江高教研究（11）：99-101．

吴伟，邹晓东，吕旭峰，2010．德国研究型大学向创业型大学转型的改革：基于慕尼黑工业大学的分析[J]．教育发展研究
（13/14）：100-104．

吴志功，2015．创新创业应成为大学的文化和自觉[J]．中国高等教育（17）：1．

西蒙斯，2005．关联主义：数字时代的一种学习理论[J]．李萍，译．全球教育展望（8）：17-20．

席升阳，2008．我国大学创业教育的观念、理念与实践[M]．北京：科学出版社．

夏人青，罗志敏，2011．基于创业教育的高校人才培养质量的新走向[J]．中国高教研究（12）：53-55．

向春，2008．创业型大学的理论与实践[J]．高等工程教育研究（4）：72-75．

项国鹏，宁鹏，罗兴武，2016．创业生态系统研究述评及动态模型构建[J]．科学学与科学技术管理，37（2）：79-87．

项立刚，2015-03-09．"互联网＋"是第七次信息革命[N]．环球时报，16．

肖惠杰，2012．生态文明视阈下的大学生创业教育[J]．山西财经大学学报，34（2）：115-116．

新华社，2015．两会授权发布：政府工作报告中相关词语注释[EB/OL]．（2015-03-01）[2017-09-08]．http://news.xinhuanet.com/politics/2015/03/13/c_11146299.htm.

熊彼特，2012．经济发展理论[M]．邹建平，译．北京：中国画报出版社．

徐思彦，李正风，2014．公众参与创新的社会网络：创客运动与创客空间[J]．科学学研究，32（12）：1789-1796．

徐小洲，胡瑞，2010．英国高校创业教育新政策述评[J]．比较教育研究（7）：67-71．

徐小洲，李志永，2010．我国高校创业教育的制度与政策选择[J]．教育发展研究（11）：12-18．

徐小洲，倪好，2018．面向2050：创新创业教育生态系统建设的愿景与策略[J]．中国高教研究（1）：53-57．

徐小洲，梅伟惠，倪好，2015．大学生创业困境与制度创新[J]．中国高教研究（1）：45-53．

徐小洲，倪好，吴静超，2017．创业教育国际发展趋势与我国创业教育观念转型[J]．中国高教研究（4）：92-97．

许霆，2012．新建本科院校转型与创业文化建设[J]．高等教育研究（4）：52-57．

宣勇，2009．论大学的自觉[J]．高等教育研究，30（5）：1-5．

宣裕方，2011．高校创业教育系统构建与运行[J]．教育发展研究（17）：72-75．

宣裕方，2012．农林高校新农村建设创业人才培养的实践探索[J]．中国高等教育（2）：36-37．

严毛新，2015．从社会创业生态系统角度看高校创业教育的发展[J]．教育研究（5）：48-55．

杨斌，2015-05-05．创业教育的本质是育人兴国[N]．人民日报，19．

杨桂华，1998．转型社会控制论[M]．太原：山西教育出版社．

杨鲜丽，2018．基于"校社协同"的创新创业继续教育路径探析[J]．继续教育研究（2）：44-47．

杨现民，2016．建设创客课程："创课"的内涵、特征及设计框架[J]．远程教育杂志（3）：3-14．

杨晓慧，2015．我国高校创业教育与创新型人才培养研究[J]．新华文摘（1）：39-44．

杨绪辉，沈书生，2016．创客空间的内涵特征、教育价值与构建路径[J]．教育研究（3）：28-33．

叶谦吉，2006．"人类纪"新地质时期理论研析之一："人定胜天"还是"天人合一"[J]．西南农业大学学报（社会科学版），4（2）：1-5．

佚名，2016．两位女研究生研发的应急灯被联合国征用，造福千万人![EB/OL]．（2016-8-31）[2017-10-24]．http://www.toutiao.com/i6324918698763092481.

易高峰，2011．崛起中的创业型大学：基于研究型大学模式变革的视角[M]．上海：上海交通大学出版社．

易高峰，赵文华，2009．创业型大学：研究型大学模式的变革与创新[J]．复旦教育论坛（1）：53-57．

殷朝晖，龚娅玲，2013．创业生态中的创业教育[J]．教育（旬刊）（2）：61．

余谋昌，1996．生态文化的理论阐释[M]．哈尔滨：东北林业大学出版社．

俞可平，2000．治理与善治引论[M]．北京：社会科学文献出版社．

俞可平，2005．科学发展观与生态文明[J]．马克思主义与现实（4）：15-20．

臧立，2003．马克思恩格斯论环境[M]．北京：中国环境科学出版社．

曾尔雷，黄新敏，2010．创业教育融入专业教育的发展模式及其策略研究[J]．中国高教研究，12：70-72．

张宝蓉，2005．从萎缩到发展：创业型大学的崛起：伯顿·克拉克《建立创业型大学：组织上转型的途径》评述[J]．煤炭高等教育，23（4）：42-45．

张超，钟周，2017．创业型大学视角下的创业教育研究：清华大学与新加坡国立大学创业教育比较[J]．清华大学教育研究，38（3）：91-97．

张富强，2007. 美国"以学生为中心"教育理念的启示：兼论从"以教师为中心"到"以学生为中心"的转变[J]. 华南理工大学学报（社会科学版），9（2）：68-72.

张昊民，张艳，马君，2012. 麻省理工学院创业教育生态系统成功要素及其启示[J]. 创新与创业教育（2）：56-60.

张焕庭，1979. 西方资产阶级教育论著选[M]. 北京：人民教育出版社.

张茂聪，秦楠，2017. 再论创客及创客教育[J]. 教育研究（12）：81-88.

张娜，2015. 众创空间："互联网＋"时代本土化的创客空间[J]. 科协论坛（10）：22-25.

张萍，2016. 创新应注重培养批判性思维[EB/OL].（2016-11-18）[2017-10-24]. http://www.chinadaily.com.cn/micro-reading/2016-11/18/content_27419450.htm.

张务农，2014. 我国学校创业教育发展：形态、问题及路径[J]. 教育发展研究（3）：49-55.

张晓峰，2006. 关键：智力资本与战略性重构[M]. 北京：中国经济出版社.

张岩，2016. "互联网＋教育"理念及模式探析[J]. 中国高教研究（2）：70-73.

张彦，2010. 高校创新创业教育的观念辨析与战略思考[J]. 中国高等教育，23：45-46.

赵祥麟，王承绪，1981. 杜威教育论著选[M]. 上海：华东师范大学出版社.

赵晓声，司晓宏，2016. 创客教育：信息时代催生创新的教育新形态[J]. 电化教育研究（4）：11-17.

赵中建，张燕南，2012. 与大数据同行的学习与教育：《大数据时代》作者舍恩伯格教授和库克耶先生访谈[J]. 全球教育展望，43（12）：3-9.

郑刚，郭艳婷，2014. 世界一流大学如何打造创业教育生态系统：斯坦福大学的经验与启示[J]. 比较教育研究（9）：25-31.

郑旭东，桑新民，2010. 当代创业型大学校长的成功之道：杜德斯达特职业生涯的解读与启示[J]. 高等教育研究，31（3）：46-51.

郑燕林，2015. 美国高校实施创客教育的路径分析[J]. 开放教育研究，21（3）：21-29.

郑燕林，李卢一，2014. 技术支持的基于创造的学习：美国中小学创客教育的内涵、特征与实施路径[J]. 开放教育研究，20（6）：42-49.

中文互联网数据资讯中心，2013. 大数据究竟是什么？一篇文章让你认识并读懂大数据[EB/OL].（2013-11-04）[2018-12-16]. http://www.thebigdata.cn/YeJieDongTai/7180.html.

钟庆辉，2017-07-15. 首提双创"生态环境"总理深意何在[N]. 第一财经日报，8.

周春彦，2006. 大学—产业—政府三螺旋创新模式：亨利·埃茨科维兹《三螺旋》评介[J]. 自然辩证法研究，22（4）：75-77.

周辅成，1964. 西方伦理学名著选辑：下卷[M]. 北京：商务印书馆.

朱健，2015. 高校创业教育应着力构建创业生态体系[J]. 中国高等教育（17）：14-17.

朱永新，杨树兵，1999. 创新教育论纲[J]. 教育研究（8）：8-15.

祝智庭，孙妍妍，2015. 创客教育：信息技术使能的创新教育实践场[J]. 中国电化教育（1）：14-21.

祝智庭，雒亮，朱思奇，2016. 创客教育：驶向创新教育彼岸的破冰船[J]. 创新人才教育（3）：32-38.

卓泽林，赵中建，2016. 高水平大学创新创业教育生态系统建设及启示[J]. 教育发展研究（3）：64-71.

邹晓东，陈汉聪，2011. 创业型大学：概念内涵、组织特征与实践路径[J]. 高等工程教育研究（3）：54-59.

KURATKO D F, HODGETTS R M, 2004. 创业学：理论、流程与实践（英文版）[M]. 6版. 北京：清华大学出版社.

YOUNG T A, 2012. 来自美国大学的技术转移：经济繁荣的原动力[EB/OL].（2012-01-17）[2015-10-27]. http://www.ntem.com.cn/bfkx2/djyth/ydl.htm.

ABRAM S, 2013. Makerspaces in libraries, education, and beyond[J]. Internet@schools, 20(2):18-20.

ASHBY E, 1966. Universities: British, Indian, African; a study in the ecology of higher education[M]. London: The Weldenfeld and Nicilson Press.

BECHARD J P, GREGOIRE D, 2005. Entrepreneurship education reasearch revisitied: the case of higher education [J]. Academy of management learning and education, 4(1):22-43.

BOHNET D W, HARMON D L, LARSON, BT, 2013. MIT: The impact of innovation[EB/OL].（2013-07-23）[2015-05-17].

http:Mweb.mit.edu/ newsoffice/ founders/ T ofC. html.

BROWN R T, 1989. Creativity:what are we to measure[M].New York:Plenum Press.

CARVALHO L C, COSTA T M, DOMINGUINHOS P, 2010.Creating an entrepreneurship ecosystem in higher education[C]// SOOMRO S. New achievements in technology education and development. New York:InTech.

COHEN B, 2006. Sustainable valley entrepreneurial ecosystems[J]. Business strategy and the environment, 15(1): 1-14.

COLEGROVE T, 2013. Editorial board thoughts:libraries as makerspace?[J]. Information technology and libraries, 3:1-4.

DRUCKER P F,1985. Innovation and entrepreneurship [M]. New York: Harper & Row.

DUNN K, 2005. The entrepreneurship ecosystem[J]. MIT technology review (9): 232-235.

ROBERT E B, EESLEY C E, 2013. Entrepreneurial impact: the role of MIT [EB/OL]. (2013-04-23)[2015-07-05]. http://www. Kauffman. org/uploadedFiles/ MIT_impact_full_report. pdf.

FETTERS M L,GREENE P G,RICE M P,et al., 2010. The development of university- based entrepreneurship ecosystems:global practices[M]. Cheltenham :Edward Elgar Publishing Limited.

GERSHENFELD N, 2005. FAB:The Coming Revolution on Your Desktop—From Personal Computers to Personal Fabrication[M]. New York:Basic Books.

GORMAN G, HANLON D, KING W, 1997. Some research perspectives on entrepreneurship education [J]. International small business journal, 15(3):56-57.

ISENBERG D J, 2010. How to start an entrepreneurial revolution[J]. Harvard Business Review, 88(6):40-50.

ISENBERG D J,2011. The entrepreneurship ecosystem strategy as a new paradigm for economic policy: principles for cultivating entrepreneurship[J].Presentation at the institute of international and european affairs, 108(12):47-52.

JONES C, JACK E, 2004. A contemporary Approach to entrepreneurship education[J].Education and training, 46(8/9):416-423.

KATZ J A, 2003. The chronology and intellectual trajectory of American entrepreneurship education 1876-1999[J].Journal of business venturing, 18(2):283-300.

KERA D,2012.NanoSmano lab in Ljubljana:disruptive prototypes and experimental governance of nanotechnologies in the hackerspaces[J].Journal of science communication,11(4):1-5.

LARSO D, SAPHIRANTI D, WULANSARI A, 2012. Educating technology-based entrepreneurs:the development of an MBA program in creative and cultural entrepreneurship[R]. Technology Proceedings of PICMET, 2012.

MARS M M, GINTER M B, 2012. Academic innovation and autonomy:an exploration of entrepreneurship education within American community colleges and the academic capitalist context[J].Community college review, 40(1):75-95.

MASON C, BROWN R, 2014. Entrepreneurial ecosystems and growth oriented entrepreneurship[R]. Final Report to OECD.

MIKHAK B, LYON C, GORTON T ,2013.FAB LAB: an alternate model of ICT for development[EB/OL]. (2013-03-05) [2016-01-03]. http://www.cba.mit.edu/events/03.05.fablab/fablab-dyd02.pdf.

MOORE J F, 1993. Predators and prey: a new ecology of competition[J].Harvard business review, 71 (3):75-83.

MORRISON R, 1995. Ecological democracy [M]. Boston: South End Press.

PLASCHKA P R, WELSCH H P,1990.Emerging structures in entrepreneurship education: Curricular designs and strategies[J]. Entrepreneurship theory and practice, 14(3): 55-71.

TANSLEY A G, 1935. The use and abuse of vegetational concepts and terms[J].Ecology, 16(3):284-307.

TIMMONS J A, 1999. New venture creation[M].New York:McGraw Hill Higher Education.

VOGEL P, 2013. The employment outlook for youth: building entrepreneurship ecosystems as a way forward[R].Conference Proceedings of the G20 Youth Forum.